Orientalisch
VEGETARISCH

Orientalisch VEGETARISCH

über 130 Rezepte für Genießer

GREG & LUCY MALOUF

DK

Inhalt

Salate mit gegartem Gemüse

Warme Gemüsegerichte

Getreidegerichte

Reisgerichte

Gerichte mit Hülsenfrüchten

Pasta- & Couscousgerichte

Eiscreme

Desserts

Süßes Gebäck

Kuchen & Kekse

Orientalisch vegetarisch – die gesunde Art zu schlemmen

Es begann mit einem dieser seltsamen Zufälle: Genau zur gleichen Zeit – vor etwa einem Jahr – entdeckten Lucy und ich, dass wir beide ziemlich unabhängig voneinander unsere Ernährungsgewohnheiten geändert hatten. Wir aßen viel weniger tierisches Eiweiß, aber deutlich mehr pflanzliche Lebensmittel. Für Lucy war das vielleicht nichts Besonderes, weil sie schon seit Studentenzeiten einen Hang zum Vegetarismus hat. Für mich, den Koch und bekennenden Fleischesser, war es jedoch eine geradezu dramatische Wende.

Die Gründe für diese Veränderungen sind wohl kaum überraschend. Wir gestanden einander ähnliche Sorgen ein: über das Älterwerden, den Wunsch, so fit und gesund wie möglich zu sein, um den Herausforderungen begegnen zu können, und die Gewissensbisse, die uns angesichts unserer gelegentlichen Ernährungsexzesse seit Langem plagten.

Das Wort »Exzess« beschreibt mein Dilemma ziemlich gut. Ich habe zwei Herztransplantationen hinter mir und bin jemand, der das Leben genießt, der begierig nach allem greift, was es zu bieten hat – besonders, wenn es um mein leibliches Wohl geht. Tatsache ist: Ich liebe Essen. Das ist einer der Hauptgründe, warum ich Koch geworden bin! Aber ich war an einem Punkt angekommen, an dem ich – mit 25 kg Übergewicht und neuen beruflichen Herausforderungen in einem fremden Land mit ungewohntem Klima – erkannte, dass ich mich der Realität stellen musste. Das Schlemmen musste ein Ende haben – oder sich zumindest stark verändern.

Also, was tun?

Fett- und kalorienreiche Snacks oder zuckerlastige Getränke wegzulassen, war für mich kein Thema. Sie standen nie auf meinem Speiseplan. Tatsächlich war ich immer überzeugt, mich recht gut zu ernähren. Das Problem war nur, dass ich von all den guten Sachen viel zu viel aß. Ich begann, mich schlau zu machen. Und erfuhr, dass man, um zukünftige gesundheitliche Probleme auf ein Minimum zu reduzieren, unbedingt mehr unverarbeitete pflanzliche Lebensmittel zu sich nehmen sollte. Während viele Ernährungsratschläge kommen und gehen, bleibt dieser eine Konstante. Tatsächlich weisen die Ernährungsrichtlinien vieler westlicher Länder darauf hin, dass selbst die bekannte Empfehlung »Fünf am Tag« unzulänglich ist und wir täglich bis zu zehn Portionen Gemüse und (zu geringerem Anteil) Obst verzehren sollten.

Der Umkehrschluss von »Esst mehr Gemüse« ist »Esst weniger Fleisch«. Mehr und mehr Studien weisen darauf hin, dass der Fleischkonsum – und damit die Aufnahme von gesättigten Fettsäuren – in den westlichen Ländern viel zu hoch ist. Ich muss gestehen, dass ich alle Teile eines Tieres mag (und zu viel davon esse): Muskelfleisch, Fett, Innereien … Ich war nie daran interessiert, Vegetarier zu werden. Ich esse Fleisch, Fisch und Meeresfrüchte viel zu gern, als dass ich sie von meinem Speiseplan streichen könnte. Ich überlegte, wie schwer es mir wohl fallen würde, tierisches Eiweiß nicht vollständig wegzulassen, sondern nur die Menge zu reduzieren. Würde ich in der Lage sein, mich wieder mehr auf Qualität statt auf Quantität zu konzentrieren?

Das war etwas, von dem ich glaubte, dass ich es schaffen könnte, denn ich war immer ein passionierter, aber auch bewusster Fleischesser. Es ist mir wichtig zu wissen, woher ein Tier kommt – einerseits hat das mit Qualität und Geschmack zu tun, andererseits damit, dass ich sicher sein will, dass das Tier wertgeschätzt wurde. Im Großen und Ganzen habe ich Glück gehabt: Als Küchenchef hatte ich Zugang zu Fleisch aus artgerechter Haltung und Fisch aus nachhaltigem Fang von Lieferanten, denen das Wohl der Tiere am Herzen lag.

Die Maxime »Mehr Gemüse, weniger Fleisch« begann mir zu gefallen, auch weil mir mein libanesisches Erbe zugutekam. Denn selbst wenn ich in der Gastronomie viele Jahre der Völlerei gefrönt habe, so stamme ich doch aus einer Familie, in der Fleisch bei den Mahlzeiten eine untergeordnete Rolle spielte. Sofern es verwendet wurde, waren es meist preiswertere und keine edlen Stücke. Rückblickend wird mir klar, wie abhängig wir von dem waren, was der Garten hergab: Vaters Bohnen waren in der Familie legendär, genauso wie seine daumengroßen Gurken und die herrlich aromatischen Tomaten. Ich erinnere mich an die Salatherzen, die Mutter für *fattoush* verwendete, die winzigen Auberginen, die zum Einmachen gedacht waren, an Lorbeer- und Zitronenbäume, Paprika und Möhren und an Koriander, Petersilie und Minze, die überall wucherten ... Wie für viele Libanesen, so war auch für meinen Vater der Garten sein Ein und Alles. Er hat diese Leidenschaft nicht an mich weitergegeben, aber ich habe von ihm gelernt, welche Freude es macht, Gemüse und Obst zu essen, die zwischen Beet und Küche nur wenige Meter zurückgelegt haben.

Doch worauf es wirklich ankommt: Gemüse liegt mir im Blut. Die Ernährung im Vorderen Orient ist (mit einigen regionalen Ausnahmen) überwiegend vegetarisch. Sie setzt stark auf Gemüse und Obst, Kräuter und Gewürze sowie komplexe Kohlenhydrate (Hülsenfrüchte und Getreide). Dazu kommen, in Maßen, Milchprodukte – und reichlich Olivenöl. Man isst Fleisch, Geflügel und Fisch in sehr geringen Mengen als Ergänzung des alltäglichen Speiseplans. Das liegt auch daran, dass Klima und Gelände sich eher für den Anbau von Gemüse als für Tierhaltung im großen Stil eignen. Fleisch war immer teuer und bleibt deshalb besonderen Anlässen vorbehalten. Ich glaube, dass dies der Grund ist, warum Menschen im Vorderen Orient so meisterhaft mit Gemüse und Getreide umgehen können. Über die Jahrhunderte entwickelten sie zahllose interessante Methoden, wie man Gemüse als Hauptdarsteller präsentiert – und nicht als Statisten neben einem Batzen tierischem Eiweiß.

Es stellte sich heraus, dass es so einfach und so köstlich war, weniger Fleisch und mehr pflanzliche Produkte zu essen, dass ich mich fragte, warum ich nicht schon immer so gegessen hatte. Während dieses Abenteuer voranschritt, besann ich mich auf die Gemüsegerichte meiner Kindheit und ließ mich von meinen alten Reisetagebüchern inspirieren. Es dauerte nicht lange und ich entwickelte daheim in meiner Küche neue Varianten. Lucy und ich begannen, am Telefon Notizen zu vergleichen und Rezepte zu tauschen – und bald war die Idee zu einem neuen Buch geboren.

Etwas, dem Lucy und ich während der Recherchen und beim Testen der Rezepte auf den Grund gehen wollten, war, warum viele Menschen ein so ambivalentes Verhältnis zu Gemüse haben: Sie wissen, dass sie mehr davon essen sollten – sie wollen mehr davon essen –, aber finden es langweilig, es zuzubereiten. Häufig fällt ihnen aufgrund ihrer fleischzentrierten Essgewohnheiten kein interessantes Gemüsegericht ein, das sie kochen könnten. Andere Leute befürchten, dass sie ohne ein Stück Fleisch auf dem Teller nicht satt werden. Wenn Sie sich jetzt wiedererkannt haben, mehr pflanzliche Produkte in Ihre Ernährung aufnehmen wollen und neue, spannende Arten der Zubereitung suchen, dann ist dieses Buch wie für Sie geschaffen.

Wir hoffen, dass die Rezepte darin sowohl denen gefallen, die die Küche des Vorderen Orients bereits kennen und lieben, als auch jenen, die mehr darüber erfahren möchten. In unseren früheren Kochbüchern findet sich eine große Anzahl vegetarischer Rezepte (logisch! Wie ich gerade ausgeführt habe, ist Gemüse ein wichtiger Bestandteil des orientalischen Lebensmittelkanons), aber bis auf wenige Ausnahmen sind die Rezepte in diesem Buch neu.

Aber was ist mit all denen unter Ihnen, die bereits fleischlos leben? Lucy und ich haben bei unseren Vorbereitungen gelesen, dass es für jeden etwas anderes bedeuten kann, Vegetarier zu sein. Gesundheitliche Gründe einmal ausgenommen, gibt es viele Motive, weniger oder gar kein Fleisch zu essen: dazu gehören politische, ethische, spirituelle oder religiöse Gründe genauso wie Umweltbewusstsein. So gibt es die Veganer, die nicht nur beim Essen auf sämtliche Produkte tierischen Ursprungs verzichten, Vegetarier, die pflanzliche Lebensmittel und häufig auch Eier und Milchprodukte zu sich nehmen, Pescetarier, die Fleisch und Geflügel weglassen, gelegentlich aber Fisch und Meeresfrüchte verzehren, und Flexitarier, die sich als Vegetarier bezeichnen, aber hin und wieder ein Steak oder ein Schinkenbrot essen. Welcher Gruppe Sie sich auch zuordnen – wir hoffen, dass Sie in diesem Buch Rezepte entdecken, die spannende und inspirierende Bereicherungen für Ihr Repertoire sein werden. Alle Gerichte sind fleischlos, allerdings enthalten einige Milchprodukte und/oder Eier. Falls Sie vegan leben oder dazu tendieren, können Sie vegane Alternativen verwenden.

Hier ist sie also, unsere Sammlung von modernen, orientalisch inspirierten vegetarischen Rezepten. Bis auf wenige Ausnahmen sind sie unserer Meinung nach leicht nachzukochen. Je älter ich werde, desto mehr tendiere ich zum einfachen Leben und muss mein kulinarisches Können nicht mehr mit aufwendigen, komplizierten Kreationen unter Beweis stellen. Bei diesen Rezepten geht es daher nicht um Kochkunst, sondern darum, Geschmack und Frische großartiger pflanzlicher Lebensmittel ins rechte Licht zu rücken.

Warum auch immer jemand seine Ernährung umstellen möchte, für uns steht das Vergnügen an erster Stelle. (Auch aus diesem Grund haben wir in dieses Buch eine nicht zu kleine Auswahl süßer Speisen aufgenommen. Wir empfehlen aber, sie auf orientalische Art – nur ausnahmsweise und nicht täglich – zu genießen.) Vor allem hoffen wir, dass diese Zusammenstellung Ihnen zeigt, wie viel man mit Gemüse anstellen kann, außer es bloß zu kochen und dann mit einem Stück Fleisch auf den Teller zu befördern. Sie werden sehen: Verzicht und Entbehrung spielen in der orientalischen Küche keine Rolle. Vielmehr geht es darum, dass man viele unterschiedliche Gerichte mit verschiedenster Konsistenz und unterschiedlichsten Aromen auf den Tisch bringt und miteinander teilt. Egal wie bescheiden die Zutaten sind, im Vorderen Orient wird das Essen zelebriert.

Zum Schluss noch ein Wort zur Verfügbarkeit. Seit Lucy und ich vor 15 Jahren unser erstes Kochbuch schrieben, hat sich die Welt verändert. Damals war es schwierig, in Australien orientalische Zutaten zu bekommen. Heute gibt es Salzzitronen, Harissa, Blütenwasser und Würzmischungen dort selbst in manchem gewöhnlichen Supermarkt. Je nachdem, wo Sie leben, finden Sie diese Zutaten in gut sortierten Supermärkten, in orientalischen Lebensmittel- oder in Feinkostgeschäften. Noch werden einige orientalische Kräuter- und Gemüsesorten im Westen nicht kommerziell angebaut. Doch wir dürfen nicht vergessen, dass wir in einer Welt des Wohlstands leben. Sicher, er ist nicht gleichmäßig verteilt, aber die meisten von uns haben leichteren und besseren Zugang zu hochwertigen Zutaten als jemals zuvor. Wochenmärkte und Hofläden übertreffen einander in dem Bemühen, uns dazu zu bringen, frische, regionale Produkte zu kaufen, produziert von Menschen, denen sie nicht egal sind. Sogar Supermärkte reagieren auf Verbraucherwünsche, haben ihre Sortimente erweitert und bieten mehr Informationen über die Herkunft der Produkte an. Auch das Prinzip der Bio- oder Gemüsekisten kann den Gemüsehorizont erweitern. Sie fordern uns dazu heraus, mit dem zu experimentieren, was die Saison bietet – und werden nach Hause geliefert.

Warum also noch warten? Fangen Sie an und entdecken Sie mit uns die gesunde Art zu schlemmen!

GREG & LUCY MALOUF

ÜBER DIESES BUCH

Im Vorderen Orient hat man dem Essen gegenüber eine entspannte, lässige Haltung. Anders als in Europa, wo Gerichte streng in Gänge eingeteilt werden, stellt man viele kleine Gerichte gleichzeitig auf den Tisch und jeder bedient sich selbst. So essen wir immer und finden es sehr schön, dass man während einer Mahlzeit viele Unterschiede in Aroma und Konsistenz erleben kann.

Außer den Speisen fürs Frühstück können alle Gerichte in diesem Buch zu jeder Mahl- und Tageszeit gegessen werden (allerdings mögen wir einige der Frühstücksspeisen nicht nur morgens). Wir haben sie daher nach ihrer Art und nicht nach Gängen zusammengestellt. Die 20 kurzen Kapitel zeigen zudem, wie vielseitig Gemüse ist. Man kann es nicht nur rösten oder kochen, sondern in Suppen, Eintöpfe oder Salate geben, füllen, für Gebäck verwenden, ausbacken, zu Dips verarbeiten oder einmachen. Es gibt auch ein Kapitel mit Rezepten für Brot, das zu jeder orientalischen Mahlzeit gehört, und ein paar köstliche Aufstriche.

Vier Kapitel sind süßen Speisen gewidmet (auch Vegetarier naschen, oder?) und die meisten Rezepte basieren auf Obst – mit einer Auswahl für jede Jahreszeit. Sie werden merken, dass wir gern Sahne und Zucker verwenden – aber dies ist ja schließlich kein Diätbuch. Trotzdem raten wir Ihnen, diese Speisen besonderen Anlässen vorzubehalten. In den Ländern des Vorderen Orients isst man selten Nachtisch, sondern beschließt die Mahlzeiten mit frischem Obst.

Wir glauben, dass Gemüse sich großartig für diese flexible, demokratische Art zu essen eignet. Bei Fleisch gibt es immer ein Gericht, das toller zu sein scheint als die anderen. Gemüsegerichte sind da anders: Sie vertragen sich bestens miteinander und das bedeutet, dass Sie sich bei der Planung des Menüs nicht zu sehr unter Druck setzen müssen.

Im Grunde wünschen wir uns, dass das Leben einfach ist – Ihnen geht das vermutlich genauso. Deshalb haben wir fast alle Gerichte für 4 Personen konzipiert, als Teil einer Kombination mehrerer Gerichte. Doch die meisten lassen sich auch für mehr oder weniger Leute zubereiten. Wenn Sie viele Gäste bewirten, erhöhen Sie die Anzahl der Gerichte oder kochen Sie von einem Gericht eine größere Menge.

Ansonsten können Sie die Gerichte kombinieren, wie es Ihnen gefällt. Es gibt dafür wirklich keine Regeln und vermutlich werden Sie instinktiv eine abwechslungsreiche Mahlzeit zusammenstellen, die z. B. aus einem Dip, einer Pastete und einem Salat oder aus einer Tajine mit einem Getreidegericht und einem Relish besteht (allerdings wäre es nicht ideal, eine Getreidespeise mit einem Couscous- und einem Linsengericht zu kombinieren).

Zwar möchten wir Sie an die orientalische Art zu essen heranführen, doch machen wir Ihnen keine Vorschriften. Natürlich können Sie einige der Gerichte auch als Beilage zu Fleisch reichen. Oder Sie servieren die Speisen westlich-konventionell, etwa eine leichte Suppe als Vorspeise, ein gehaltvolleres Gericht als Hauptgang und etwas Süßes als Dessert. Die Entscheidung liegt ganz bei Ihnen!

Auf den Seiten 4 und 5 sind alle Gerichte aufgeführt. Orientieren Sie sich daran, wenn Sie Ihre Mahlzeiten planen. Folgen Sie Ihrem Instinkt und stellen Sie zusammen, was Ihrer Meinung nach gut harmoniert. Richtig und falsch gibt es dabei nicht. Als kleine Starthilfe finden Sie aber auf den Seiten 14 und 15 ein paar Vorschläge.

MENÜVORSCHLÄGE

Romantisches Dinner für zwei

Zatar-Kekse 129
Zucchiniblütenrisotto mit Parmesan & Ricotta 198
Persischer Kräutersalat mit Feigen & Labneh 136
Negroni-Sorbet mit Blutorange & Granatapfel 231

Herbstliche Dinnerparty

Kartoffelsalat mit Erbsen & persischen Gewürzen 157
Tomaten-Kichererbsen-Curry mit Kokos & Koriander 209
Langkornreis mit Zitrone & gerösteten Mandeln 193
Fladenbrote aus der Pfanne mit Kokos & Datteln 39
Sauer-scharf eingelegte Möhren 84
Labneh 73
Apfel-Rosinen-Puffer mit Zuckerguss 24
Crème-fraîche-Eiscreme 223

Leichtes Abendessen im Frühling

Pilzsuppe mit frischem Zatar 97
Honigmöhren mit Datteln, Löwenzahn & marokkanischem Dressing 160
Quinoa-Salat mit Gurke, Estragon & Joghurt 178
Buttermilchsorbet mit Lorbeer & Zitrone 228
Fenchel-Shortbread 259

Unvergessliches Geburtstagsmahl

Ausgebackenes Gemüse in Safranhefeteig 116
Fladenbrote aus der Pfanne mit Ziegenkäse & Zatar 39
Harissa-Butter 56
Geschmorte Artischocken, Salzzitrone & Hörnchenkartoffeln mit Basilikum-Crème-fraîche 158
Salat mit türkischem Brot & geröstetem Gemüse 150
Geröstete Nüsse, Saaten & Körner mit Kirschen, Kräutern & Ziegenfrischkäse 185
Baiser-»Blüten« mit Apfelgelee, Himbeeren & Vanille-Labneh 236

Umwerfendes Festmenü

Fetastangen mit türkischem Chili 130
Bärlauchkugeln mit Korinthen & Honig 113
Nordafrikanische Auberginenpastete mit Pimentzucker 124
Möhrentajine mit Joghurt & Honigpinienkernen 174
Hochzeitscouscous mit Kräutern & Blüten 219
Zitrussalat mit Radicchio & Granatapfeldressing 139
Persische Safrantarte mit Passionsfruchtcreme & Mascarpone-Mousse 247

Frühstück

Vor vielen Jahren, bevor wir begonnen hatten, den Vorderen Orient zu bereisen, war uns Frühstück eher egal. Oft ließen wir es ganz ausfallen und stürzten nur auf die Schnelle einen Milchkaffee hinunter. Heute aber frühstücken wir richtig gern.

Wenn wir im Libanon sind, isst Greg am liebsten *knafeh bi jibneh,* eine sündhafte, mit Orangenblütensirup getränkte Pastete aus zerkleinertem Filoteig mit einer Füllung aus weichem Frischkäse. (Vorsicht: nur mit sehr starkem schwarzem Kaffee genießen!) Lucys Frühstück besteht aus riesigen ofenwarmen Fladenbroten mit Safrankonfitüre und dicker Sahne, zu denen sie reichlich starken Tee trinkt.

Leider sind solche Schlemmerorgien nicht immer alltagstauglich und daher besteht die erste Mahlzeit des Tages meist aus Joghurt und frischem oder pochiertem Obst, je nachdem was gerade Saison hat. Manchmal gibt es auch ein hart gekochtes Ei, mit etwas Kreuzkümmelsalz bestreut, gegrilltes Fladenbrot mit Dips oder eine Art Feta mit Gurken, Tomaten und Oliven. Lucy mag außerdem Knuspermüsli sehr gerne. Eine großartige, nicht zu süße orientalische Variante – mit Sauerkirschen, Pistazien und etwas Rosenwasser – finden Sie in diesem Kapitel.

Am Wochenende nehmen wir uns oft Zeit für etwas Substanzielleres. Die orientalische Küche bietet viele Anregungen für herzhafte Frühstücksgerichte – Speisen mit Bohnen und anderen Hülsenfrüchten sind wichtig, um Arbeitern Kraft bis zur nächsten Mahlzeit zu geben, besonders in den strengen Wintern und dort, wo Menschen schwere körperliche Arbeit verrichten. Wir haben auch unsere bevorzugten Eierspeisen sowie, als besondere Süßigkeit, Apfel-Rosinen-Puffer in dieses Kapitel aufgenommen. Weil zu jedem Frühstück – und eigentlich zu jeder Mahlzeit – Brot gehört, haben wir diesem ein eigenes Kapitel gewidmet (S. 32–49). Sie finden es im Anschluss an dieses hier. Wer außerdem Butter & Marmeladen (S. 50–63) oder Dips & pikante Aufstriche (S. 64–75) sucht, wird ebenfalls fündig.

Beerensalat mit Ingwer, Limette & Labneh

Ein schöner, sommerlicher Obstsalat mit perfekt gereiften Beeren und einem leichten, dezent aromatisierten Sirup. Verwenden Sie die Beeren, die Sie am liebsten mögen; auch Steinobst wie Nektarinen oder weiße Pfirsiche macht sich gut.

Die Mengen an Sirup und Labneh sind größer als für den Salat benötigt. Doch lässt sich beides gut im Voraus zubereiten und ist im Kühlschrank bis zu 24 Stunden haltbar. Den Labneh können Sie vor dem Abtropfen mit 2 EL Honig, 1 Schuss Orangenblütenwasser und den leicht angedrückten Samen aus 4 Kardamomkapseln verfeinern. Diese Variante können Sie mit frischen Beeren servieren, als Füllung für die Baisers auf Seite 236 verwenden oder anstelle von Sahne zu sirupgetränkten Kuchen reichen. Sehr gut passt sie zu Baklava-Röllchen (S. 252), Korinthen-Sfihas (S. 250) oder Brombeerstreuselkuchen (S. 258).

FÜR 4 PERSONEN

Beerensalat

450 g Beeren (z. B. Himbeeren, Brombeeren, Erdbeeren, Rote oder Weiße Johannisbeeren)
1 kleine Handvoll Minzeblättchen, fein geschnitten
Holunderblüten (nach Belieben)

Ingwer-Limetten-Sirup

150 g Zucker
4 Kardamomkapseln, zerdrückt
4 dünne Scheiben Ingwer
Saft und 1 Streifen Schale von 1 Bio-Limette

Vanille-Labneh

1 EL Honig oder Ahornsirup
Mark von 1 Vanilleschote oder 1 TL Vanilleextrakt
500 g Joghurt

Für den Sirup den Zucker mit Kardamom, Ingwer, Limettenschale und 150 ml Wasser in einen kleinen Topf geben. Aufkochen, dann etwa 5 Minuten köcheln lassen. Vom Herd nehmen und abkühlen lassen. Den Limettensaft unterrühren und den Sirup bis zur Verwendung kalt stellen. Unmittelbar vor dem Servieren durch ein feines Sieb gießen.

Für den Labneh Honig oder Ahornsirup und Vanille unter den Joghurt mischen und diesen auf ein Geschirrtuch geben. Die vier Ecken des Tuches darüber so zusammenbinden, dass ein Beutel entsteht. Den Beutel oben fest zusammendrehen, damit der Abtropfprozess beginnt. Dann an einem Kochlöffelstiel über eine große Schüssel hängen und den Joghurt mindestens 4 Stunden, besser über Nacht, abtropfen lassen. (Je länger der Beutel hängt, desto dicker wird der Labneh. Falls nötig, kann er mit etwas Joghurt oder Sahne wieder verdünnt werden.)

Für den Beerensalat die Beeren mit der Minze und nach Belieben mit Holunderblüten in eine Schüssel geben und den gekühlten Sirup darübergießen. Alles behutsam mischen, dann auf Schalen verteilen und mit dem Labneh servieren.

Blutorangen in würziger Karamellsauce mit Ashta

Wer diese Orangen einmal probiert hat, will das Obst nie mehr anders essen. Sie machen wirklich süchtig! Sie halten sich gut im Kühlschrank und können kalt oder warm serviert werden. Wenn Sie weder Zeit noch Lust haben, Ashta zuzubereiten, können Sie auf griechischen Joghurt oder Crème fraîche zurückgreifen. Wir mögen die Orangen gern zum Frühstück, aber sie eignen sich auch gut als Dessert.

FÜR 4 PERSONEN

4 Blutorangen oder Orangen
100 g Zucker
2 TL Honig
(z. B. Leatherwood-Honig)
3 Sternanis
½ TL Kardamomsamen, zu Pulver zerstoßen
¼ TL Pfefferkörner, zu Pulver zerstoßen
½ kleine Zimtstange
2 TL Orangenblütenwasser (oder nach Geschmack)
1 Spritzer Zitronensaft

Die Orangen so schälen, dass auch die weiße Haut entfernt wird. Die Filets mit einem sehr scharfen Messer zwischen den Trennwänden herausschneiden und beiseitestellen, dabei den Saft in einer Schüssel auffangen. Vom Saft 100 ml abmessen (sollte nicht genug da sein, mit Wasser auffüllen).

Den Saft mit Zucker und Honig in einen kleinen Topf geben und erwärmen, bis sich der Zucker aufgelöst hat. Den Topf dabei gelegentlich schwenken. Sternanis, Kardamom, Pfeffer und Zimt hinzufügen. Die Flüssigkeit aufkochen, dann 8–10 Minuten kräftig köcheln lassen, bis sie dunkelbraun ist (oder bis ein Zuckerthermometer 130 °C anzeigt). Sofort vom Herd nehmen. Orangenblütenwasser, Zitronensaft und Orangenfilets hinzufügen und behutsam unterheben (Vorsicht, der heiße Karamell kann heftig spritzen!). Die Blutorangen bis zum Servieren kalt stellen.

Ashta

Ashta – oder *kaymak* – ist eine dicke, herrlich üppige, leicht saure Sahnemischung. Sie ist in vielen orientalischen Ländern beliebt, besonders aber in der Türkei, wo man sie mit Wabenhonig oder Konfitüre zum Frühstück isst. Oft wird *ashta* aus Büffelmilch hergestellt, ansonsten aus Kuhmilch. Man kann sie fertig kaufen, aber in vielen Haushalten macht man sie noch selbst, was ganz einfach ist und keine Kunstfertigkeit, nur Zeit erfordert.

ERGIBT ETWA 300 ML

250 g Sahne
50 g saure Sahne
40 g milder Honig
abgeriebene Schale von 1 Bio-Orange
1 TL Orangenblütenwasser

Die Zutaten in einen Topf geben und verrühren. Ganz, ganz langsam zum Kochen bringen. Sobald die Mischung aufwallt, die Hitze reduzieren. Die Mischung 10 Minuten schwach köcheln lassen. In eine Schale (nicht aus Kunststoff) füllen. Die Schale in eine Decke wickeln und über Nacht bei Raumtemperatur stehen lassen. Bis zur Verwendung kalt stellen (*ashta* ist 3–4 Tage haltbar).

Frühstückscouscous mit Nüssen, Saaten & Heidelbeeren

Couscous eignet sich erstaunlich gut fürs Frühstück. Dieses Gericht – es ist ein bisschen wie ein Müsli, reich an Saaten, Nüssen und Trockenfrüchten – kann man gut im Voraus zubereiten, denn es ist im Kühlschrank mehrere Tage haltbar. Den Krokant sollten Sie allerdings erst direkt vor dem Servieren darüberstreuen, damit er knusprig bleibt.

FÜR 4 PERSONEN

Couscous

150 ml Orangensaft
1 EL Zucker
200 g Couscous
Schale von 1 Bio-Orange oder -Zitrone
1 TL Pflanzenöl
35 g getrocknete Aprikosen (vorzugsweise in Bio-Qualität), in rosinengroße Stücke geschnitten
35 g Sultaninen
35 g Korinthen
1 TL gemahlener Zimt
1 EL Sonnenblumenkerne
1 EL Kürbiskerne
1 EL Sesamsamen
1 Schuss Orangenblütenwasser
200 g Heidelbeeren, verlesen und gewaschen
heiße oder kalte Milch, Buttermilch, Joghurt oder Schlagsahne zum Servieren

Nusskrokant

Der Krokant kann vorab zubereitet, eingefroren und etwa 1 Stunde vor dem Essen aufgetaut werden.

50 g Zucker
20 g Haselnusskerne
10 g Pinienkerne
10 g Mandelblättchen
10 g gehobelte Pistazienkerne

Für den Krokant den Zucker mit 50 ml Wasser in einen kleinen Topf geben und bei schwacher Hitze erwärmen. Den Topf gelegentlich schwenken, damit sich der Zucker gleichmäßig auflöst.

Sobald sich der Zucker aufgelöst hat, die Mischung bei mittlerer Hitze etwa 5 Minuten köcheln lassen, bis ein Zuckerthermometer* 110 °C anzeigt.

Haselnüsse, Pinienkerne und Mandeln unter den Sirup rühren. Bei schwacher Hitze unter ständigem Rühren etwa 2 Minuten köcheln lassen, bis der Zucker kristallisiert. (Keine Panik! Einfach weiterrühren, dann löst sich der Zucker langsam wieder auf und nimmt Farbe an.) Die Pistazien hinzufügen. 4–5 Minuten weiterrühren, bis der Zucker goldbraun karamellisiert ist. Die Mischung auf ein mit Backpapier ausgelegtes Backblech geben und grob darauf verstreichen. Abkühlen lassen, dann mit einem Nudelholz grob zerschlagen und einfrieren.

Für den Couscous den Orangensaft mit 150 ml Wasser in einen Topf geben und den Zucker unterrühren. Aufkochen, dann 5 Minuten köcheln lassen.

In der Zwischenzeit den Couscous mit Zitrusschale und Öl mischen. Das Öl mit den Fingern so gleichmäßig wie möglich auf den Körnern verreiben. Trockenfrüchte und Zimt hinzufügen, dann den heißen Sirup darübergießen und alles verrühren. Mit einem Geschirrtuch abdecken und 10 Minuten quellen lassen, dabei gelegentlich mit einer Gabel auflockern.

Sobald der Couscous abgekühlt ist, vorhandene Klümpchen mit den Fingern auflockern. Die Kerne und Samen unterrühren und den Couscous luftdicht verpackt kalt stellen.

Den Couscous 20 Minuten vor dem Frühstück aus dem Kühlschrank nehmen und in Schalen geben. Unter jede Portion einige Tropfen Orangenblütenwasser mischen (nicht übertreiben!). Die Portionen mit Heidelbeeren und je 1 EL Krokant garnieren. Mit heißer oder kalter Milch servieren oder in der Mikrowelle erhitzen und mit kalter Buttermilch, Joghurt oder Sahne genießen.

***Anmerkung:** Falls Sie kein Zuckerthermometer besitzen – die richtige Temperatur ist erreicht, wenn 1 Tropfen Sirup in langem, ununterbrochenem Faden von einem Löffel läuft.

Orientalisches Knuspermüsli mit Granatapfel, Sauerkirschen & Pistazien

Selbst gemachtes Knuspermüsli ist unschlagbar, nicht zuletzt, weil man selbst bestimmen kann, wie süß es ist (gekaufte Knuspermüslis enthalten oft furchtbar viel Zucker), und hineingeben kann, was man am liebsten mag. Diese Mischung verdankt ihre orientalische Note herbem Granatapfelsirup, exotischem Rosenwasser, getrockneten Sauerkirschen und Pistazien (Sie könnten aber auch gehackte Aprikosen und Datteln mit Kokosnuss, Haselnüssen und Orangenblütenwasser probieren).

Die Basismischung enthält Apfelpüree, ein Vorschlag von Nigella Lawson (aus *Festessen*), die ihn Andy Rolleri verdankt. Die Idee ist großartig, denn so kann man den Fettgehalt senken und das Müsli wird besonders knusprig. Andere Fruchtpürees eignen sich auch gut, experimentieren Sie ruhig ein wenig. Und falls Sie das Apfelpüree nicht selbst machen möchten (wir haben für dieses Rezept 1 großen Granny Smith verwendet), nehmen Sie gekauftes Apfelmark – möglichst ungesüßt und in Bio-Qualität.

ERGIBT ETWA 800 G (DIE MENGE LÄSST SICH ABER LEICHT VERVIELFACHEN)

Basismischung

250 g Haferflocken
60 g Sonnenblumenkerne
60 g Sesamsamen
150 g blanchierte ganze Mandeln, grob gehackt
60 g heller Muscovadozucker
½ TL Meersalz
1 TL gemahlener Zimt
½ TL gemahlener Ingwer
100 g ungesüßtes Apfelpüree
50 g flüssiger Honig
40 ml Granatapfelsirup
1 EL Pflanzenöl

Außerdem

100 g Pistazienkerne, grob gehackt
100 g getrocknete Sauerkirschen oder Süßkirschen (auf keinen Fall Cocktailkirschen)
80 g Korinthen
2 TL Rosenwasser (nach Belieben)
1½ EL getrocknete Rosenblütenblätter (nach Belieben)

Den Backofen auf 150 °C (Umluft) vorheizen.

Für die Basismischung die Haferflocken in einer großen Schüssel mit Sonnenblumenkernen, Sesam, Mandeln, Zucker, Salz und Gewürzen mischen.

Das Apfelpüree in einem Kännchen mit Honig, Sirup und Öl verrühren. Zur Haferflockenmischung gießen und alles mit den Händen sehr gründlich mischen.

Die Mischung in eine große ofenfeste Form geben und gleichmäßig verteilen. Im heißen Ofen rösten, bis sie goldbraun ist (das dauert je nach Backofen 45–60 Minuten). Damit die Mischung gleichmäßig Farbe annimmt, sollte sie etwa alle 20 Minuten umgerührt werden. Gegen Ende der Röstzeit die Pistazien hinzufügen (sie sollten etwa 10 Minuten mitrösten).

Die Mischung aus dem Ofen nehmen und kurz abkühlen lassen. Kirschen, Korinthen, Rosenwasser und nach Belieben die Blütenblätter untermischen. Das Knuspermüsli luftdicht verschlossen aufbewahren.

Apfel-Rosinen-Puffer mit Zuckerguss

Einfach umwerfend und großartig für einen entspannten Brunch am Wochenende, zur Teestunde oder als Mitternachtssnack. Auch als schnelles Dessert machen die Puffer Eindruck, sofern Sie sie mit Eiscreme oder Crème fraîche veredeln.

ERGIBT ETWA 20 STÜCK

Puffer

140 g Mehl
1½ TL Backpulver
30 g Zucker
1 Prise gemahlener Zimt
½ TL Meersalz
1 Ei
140 ml Milch
3 große Äpfel (vorzugsweise eine herb-süße Sorte)
Sonnenblumenöl zum Frittieren
2 EL Rosinen oder Sultaninen, sehr grob gehackt

Apfelguss

140 g Puderzucker
40 ml Apfelwein oder Apfelsaft (notfalls Zitronensaft)

Für die Puffer das Mehl mit dem Backpulver in eine Schüssel sieben. Zucker, Zimt und Salz untermischen.

In einer weiteren Schüssel das Ei mit der Milch verquirlen. Zur Mehlmischung geben und alles mit einem Schneebesen zu einem glatten Ausbackteig verrühren.

Die Äpfel schälen, halbieren und entkernen (das geht am leichtesten mit einem Kugelausstecher). In 5 mm dicke Scheiben und diese in 5 mm breite Stifte schneiden.

Einen Topf mit schwerem Boden oder eine Fritteuse 5 cm hoch mit Öl füllen und das Öl auf 170 °C* erhitzen.

Apfelstifte und Sultaninen unter den Teig mischen. Den Teig löffelweise oder mit einer Gabel in das Öl geben. (Es sollten immer ein paar Rosinen und 4–5 Apfelstifte dabei sein. Die Puffer müssen nicht alle gleich aussehen, im Gegenteil. Nicht zu viele Puffer auf einmal frittieren!) Die Puffer portionsweise unter gelegentlichem Wenden etwa 5 Minuten frittieren, bis sie gleichmäßig goldbraun und knusprig sind. Mit einem Schaumlöffel herausheben und auf Küchenpapier abtropfen lassen.

Für den Apfelguss Puderzucker und Apfelwein oder -saft mit einem Schneebesen zu einem dickflüssigen Guss verrühren. Die heißen Puffer damit beträufeln und sofort servieren.

***Anmerkung:** Wichtig beim Frittieren ist, dass das Öl nicht zu heiß wird. Verwenden Sie möglichst ein Zuckerthermometer. Falls Sie keins besitzen: Die richtige Temperatur ist erreicht, wenn 1 Brotwürfel im heißen Öl in etwa 30 Sekunden hellbraun wird. Geschieht das schneller, ist das Öl zu heiß.

Türkische Eier mit Spinat, Chili & Joghurtcreme

Weich zerfließende Eier ergeben mit Spinat und einer pikanten Joghurtcreme ein unschlagbares Frühstücksgericht. Wichtig ist, dass die Eier nicht zu fest werden. Richten Sie sich bei der Garzeit nach den Eigenheiten Ihres Backofens.

FÜR 4 PERSONEN

Türkische Eier

500 g Blattspinat, von festen Stielen befreit, oder 500 g Spinat (TK), aufgetaut
50 g Butter und Butter für die Form
3 große Schalotten, in dünne Ringe geschnitten
2 Knoblauchzehen, fein gewürfelt
1 TL türkische Chiliflocken
½ TL gemahlener Zimt
½ TL frisch gemahlener Pfeffer
4 Eier (Größe L)
Meersalz
warmes, knuspriges Brot zum Servieren

Joghurtcreme

200 g griechischer Joghurt
80 g Sahne
½ TL Paprikapulver (edelsüß)
Meersalz und frisch gemahlener Pfeffer

Den Backofen auf 180 °C (Umluft) vorheizen.

Für die Türkischen Eier den Spinat in kleinen Portionen für 10 Sekunden in kochendes Salzwasser geben, dann in kaltem Wasser abschrecken. Herausnehmen und so viel Flüssigkeit wie möglich herausdrücken. Mögliche Klümpchen auflockern und den Spinat fein hacken.

Die Butter in einer großen Pfanne bei mittlerer Hitze zerlassen. Schalotten und Knoblauch darin mit Gewürzen, Pfeffer und 1 TL Salz unter gelegentlichem Rühren anschwitzen, bis sie weich sind. Den Spinat hinzufügen und etwa 5 Minuten mitgaren.

Eine ofenfeste Form großzügig mit Butter einfetten. Die Spinatmischung gleichmäßig auf dem Boden der Form verteilen. 4 kleine Mulden hineindrücken und je 1 Ei hineinschlagen. Die Form für etwa 12 Minuten in den heißen Ofen stellen (nach Ablauf der Garzeit sollte das Eiweiß bereits gestockt, das Eigelb aber noch sehr flüssig sein).

Für die Joghurtcreme den Joghurt mit Sahne, Paprikapulver, Salz und Pfeffer verrühren. Auf den Eiern verteilen und das Ganze weitere 3–4 Minuten backen, bis die Eier den gewünschten Härtegrad erreicht haben. Sofort mit warmem Brot servieren.

Weißes Zucchiniomelett mit Minze & Gouda

Wie man *kuku-ye sabzi* macht, ein in Persien außerordentlich populäres Omelett, lernten wir während unserer Iranreisen. Es ähnelt einer Frittata, ist reich an Kräutern und grünem Gemüse (*sabzi* ist das Farsi-Wort für »Grünzeug«) und wird oft mit Walnüssen oder Berberitzen garniert. Wir geben gern geraspelte Zucchini dazu, insbesondere die weißen, die weniger bitter sind als die dunkelgrünen – geeignet sind aber beide. Käse gehört eigentlich nicht in dieses Gericht, aber wenn er heiß zerläuft, ist er einfach unwiderstehlich. Versuchen Sie für dieses Rezept Gouda mit Kreuzkümmel zu bekommen.

Eine beschichtete ofenfeste Pfanne mit höchstens 20 cm Durchmesser ist perfekt für dieses Omelett. Wir haben es aber auch schon erfolgreich in einer beschichteten Backform zubereitet.

FÜR 4 PERSONEN

100 ml Olivenöl
1 Zwiebel, fein gewürfelt
1 TL frisch geriebene Muskatnuss
1 TL getrocknete Minze
3 weiße oder gewöhnliche Zucchini (etwa 350 g), geraspelt
4 Eier
2 EL Mehl
1 Prise Backpulver
abgeriebene Schale von 1 Bio-Zitrone
½ TL Meersalz
½ TL frisch gemahlener Pfeffer
200 g Gouda mit Kreuzkümmel oder ein anderer gut schmelzender Käse, gerieben
griechischer Joghurt und Rosmarinzweige, zerzupft, zum Servieren (nach Belieben)

Den Backofen auf 180 °C (Umluft) vorheizen.

Die Hälfte des Öls in einer Pfanne bei schwacher Hitze erwärmen. Die Zwiebel darin anschwitzen, bis sie weich ist. Muskat und Minze unterrühren und 1 Minute mitbraten. Vom Herd nehmen und abkühlen lassen.

Das restliche Öl in eine beschichtete ofenfeste Pfanne geben und im heißen Ofen 5–10 Minuten erhitzen.

Die Zucchiniraspel kräftig ausdrücken. Die Eier in einer großen Schüssel mit einem Schneebesen schaumig rühren. Erst Mehl, Backpulver, Zitronenschale, Salz und Pfeffer unterrühren, dann Zucchini, Zwiebelmischung und Käse. (Die Mischung bleibt recht flüssig.)

Die Mischung in das heiße Öl gießen. Die Pfanne mit einem Deckel oder mit Alufolie verschließen und das Omelett im heißen Ofen 10 Minuten backen, bis es fast gestockt ist. Den Deckel oder die Folie entfernen. Das Omelett weitere 10 Minuten backen, bis die Oberfläche gebräunt ist.

Das Omelett in Stücke schneiden und heiß aus der Pfanne servieren. Dazu nach Belieben Joghurt und Rosmarin reichen. (Alternativ können Sie das Omelett auf Küchenpapier abtropfen lassen, kalt in Stücke schneiden und mit sauer eingelegtem Gemüse oder Relish servieren. Die Sauer-scharf eingelegten Möhren von Seite 84 oder das Auberginen-Relish von Seite 82 würden sehr gut dazu passen.)

Ägyptische Frühstücksbohnen mit Feta, Zitronenöl & Chili-Relish

Der ägyptische Frühstücksklassiker *ful medames* ist auch in anderen Ländern des Vorderen Orients beliebt. Dort findet man ihn häufig in kleinen Buden oder Ständen, die nur dieses eine Gericht servieren.

Ful medames ist sehr herzhaft und wohltuend – ideal für einen kalten Wintermorgen. Diese Version ist schnell und einfach zu machen. Einweichen ist nicht nötig! Das Relish bringt extra Schärfe ins Spiel. Es geht auf ein *ful* zurück, das Greg auf einer Jordanienreise gut schmeckte. Soll das Frühstück reichhaltiger werden, können Sie zu den Bohnen hart oder weich gekochte Eier servieren. Auf jeden Fall aber gehören Zitronenschnitze sowie reichlich Fladenbrot zum Auftunken dazu.

FÜR 4 PERSONEN

Frühstücksbohnen

400 g Kichererbsen (aus der Dose)
300 g Dicke Bohnen (aus dem Glas)
40 ml natives Olivenöl extra
Saft und abgeriebene Schale von ½ Bio-Zitrone
4 Frühlingszwiebeln, fein gehackt
1 Knoblauchzehe, mit ½ TL Meersalz zu einer Paste zerdrückt
1 TL gemahlener Kreuzkümmel
¼ TL türkische Chiliflocken
¼ TL frisch gemahlener Pfeffer
2 Rispentomaten, gewürfelt
2 EL fein geschnittene glatte Petersilienblättchen
weicher Weißkäse (z. B. Feta oder Ziegenfrischkäse), zerbröckelt, zum Garnieren
Zitronenschnitze und Fladenbrot zum Servieren

Chili-Relish

6 sauer eingelegte grüne Chilischoten (Fertigprodukt), in feine Ringe geschnitten
1 kleine Knoblauchzehe, sehr fein gehackt
40 ml natives Olivenöl extra
1 Spritzer Zitronensaft
Meersalz und frisch gemahlener Pfeffer

Für das Relish alle Zutaten mit Salz und Pfeffer in einer Schüssel mischen und beiseitestellen.

Für die Frühstücksbohnen Kichererbsen und Dicke Bohnen in ein Sieb abgießen, abspülen und abtropfen lassen.

Das Öl mit Zitronensaft und -schale in einen Topf geben und bei schwacher Hitze erwärmen. Frühlingszwiebeln und Knoblauchpaste darin unter Rühren 6–8 Minuten anschwitzen.

Kichererbsen, Dicke Bohnen und Gewürze untermischen und alles 5 Minuten heiß werden lassen. Die Tomaten unterrühren und 1 Minute mitgaren. Das Gericht abschmecken und auf Schalen verteilen. Mit Petersilie und Käse garnieren, dann mit Relish, Zitronenschnitzen und Fladenbrot servieren.

Brote

Der Vordere Orient ist zu Recht berühmt für seine wunderbaren Fladenbrote. Man isst sie zu jeder Mahlzeit und auch als Snack zwischendurch. Die Brote dieser Region sind überwiegend flach, können aber dick oder dünn, weich oder fest, weiß oder dunkel, süß oder herzhaft sein – und sogar als hauchdünne Knusperbrote daherkommen. In einigen Gegenden werden sie mit Saaten bestreut oder man aromatisiert den Teig vor dem Backen mit Gewürzen. Manche Brote haben Taschen, andere sind gefüllt. Einige Sorten werden auf gewölbten oder flachen Metallrosten gebacken, andere auf heißen Steinen, in holzbefeuerten Lehmöfen oder in tiefen, zylindrischen Tandoor-Öfen.

Zwar sind Fladenbrote am verbreitetsten, doch findet man auch stärker aufgegangenes Gebäck wie Brötchen oder Brotlaibe. *Simit* aus der Türkei und *kaak* aus dem Libanon sind beliebte Frühstücks-Brotkringel, und im Norden der Türkei sowie in Nordafrika ließen wir uns Bauernbrot aus feinem oder grob gemahlenem Mais schmecken.

In dieses Kapitel haben wir einige unserer Favoriten aus dem Vorderen Orient aufgenommen. Neben den einfachen und äußerst vielseitigen gebratenen Broten, die man im heißen Wok oder in der Pfanne backen kann, gibt es Joujou-Brote. Das sind Mini-Pitas, die zu fast allem passen. Außerdem finden Sie das Rezept für unsere feinen Frühstücksbrötchen mit glasierter Kruste sowie einen üppigen Teekuchen mit Safran und Trockenfrüchten. Was wir außerdem unbedingt vorstellen möchten, sind der libanesische *Manoushi*-Teig und eine Auswahl köstlicher Beläge. *Manoushi* ist die orientalische Version der italienischen Pizza. Genau genommen handelt es sich dabei nicht um Brot, doch gehört es zu den beliebtesten Snacks der Region.

Joujou-Brote mit Sesam

Dieses Rezept ergibt etwa 40 kleine Fladenbrote, aber Sie können die Mengen auch halbieren. Die Brote eignen sich als Beilage zu fast allem. Der Teig kann bis zu 24 Stunden im Kühlschrank aufbewahrt und sogar für bis zu 4 Wochen eingefroren werden (bei Bedarf einfach bei Raumtemperatur auftauen, dann ausrollen und backen).

Falls Sie Trockenhefe verwenden, muss diese nicht wie frische Hefe in warmem Wasser aufgelöst werden. Allerdings befolgen wir im Allgemeinen den Ratschlag des legendären Bäckers Paul Hollywood, Salz und Hefe weit voneinander entfernt an den Schüsselrand zu geben (Salz kann Hefe abtöten), bevor alles miteinander vermischt wird.

ERGIBT ETWA 40 STÜCK

625 g Weizenmehl Type 550 und Mehl zum Verarbeiten
2 Päckchen Trockenhefe
40 ml natives Olivenöl extra und Öl für die Schüssel
1 gehäufter TL Meersalz
150 ml Milch
75 g Sesamsamen

Das Mehl in die Schüssel einer Küchenmaschine sieben. Die Hefe hinzufügen. Das Öl mit 450 ml warmem Wasser verrühren und in die Schüssel gießen. Alles mit dem Knethaken auf niedrigster Stufe 4 Minuten kneten. Das Salz dazugeben und den Teig auf mittlerer Stufe 4–6 Minuten kneten, bis er glatt und seidig ist. Den Teig zu einer Kugel formen und in eine große, dünn mit Öl ausgestrichene Schüssel geben. Mit einem Geschirrtuch abdecken und an einem zugluftfreien Platz 45–60 Minuten gehen lassen, bis sich das Volumen verdoppelt hat.

Den Teig erst kräftig durchkneten, dann einige Minuten weiterkneten. In 4 gleich große Portionen teilen. (In diesem Stadium können Sie die Teigstücke in Frischhaltefolie wickeln und kalt stellen oder einfrieren.)

Den Backofen auf höchste Stufe (Umluft) vorheizen. Ein Backblech mit Backpapier auslegen.

Auf der bemehlten Arbeitsfläche 1 Teigkugel zu einem etwa 3 mm dünnen Quadrat ausrollen. Mit einem scharfen Messer die Teigränder gerade schneiden und die Teigplatte in 8 cm große Quadrate oder Kreise schneiden. Die Stücke dünn mit der Milch bestreichen und großzügig mit dem Sesam bestreuen. Die Samen behutsam in den Teig drücken. Die Teigstücke auf ein Backblech legen (vorsichtig, damit sie die Form behalten). 10 Minuten ruhen lassen und in der Zwischenzeit den restlichen Teig verarbeiten.

Die erste Partie Joujou-Brote im heißen Ofen 4 Minuten backen (die Brote sollten etwas Farbe annehmen und sich zu hübschen kleinen Kissen aufblähen). Aus dem Ofen nehmen und zum Warmhalten in ein Geschirrtuch oder eine große Stoffserviette geben. Mit den restlichen Broten ebenso verfahren.

Fladenbrote aus der Pfanne

Dies ist ein wunderbarer Vielzweckteig, der in der Pfanne gebacken oder für Naan (siehe unten) verwendet werden kann. Beides sind die im Vorderen Orient beliebtesten Beilagen. Sie können die Brote pur backen oder vorher füllen (s. S. 39). Die angegebenen Mengen reichen für 6 recht große oder 8 kleinere Fladenbrote.

ERGIBT 6–8 STÜCK

450 g Weizenmehl Type 550 und Mehl zum Verarbeiten
1 TL Backpulver
½ TL Meersalz
1 Päckchen Trockenhefe
2 TL Zucker
150 ml warme Milch
30 ml Pflanzenöl und Öl zum Verarbeiten
150 g Joghurt, glatt gerührt
1 Ei, verquirlt
geklärte Butter, zerlassen, zum Bestreichen

Mehl und Backpulver in die Schüssel einer Küchenmaschine sieben. Salz und Hefe weit voneinander entfernt an den Schüsselrand geben (Salz kann Hefe abtöten).

Den Zucker in der warmen Milch auflösen. Die Mischung mit Öl, Joghurt und Ei in die Schüssel geben. Alles kurz verrühren, bis sich eine Kugel bildet.

Den Teig mit dem Knethaken auf niedriger bis mittlerer Stufe 10 Minuten kneten (falls nötig, gelegentlich vom Schüsselboden losschaben). Sobald der Teig glatt und seidig ist, mit dünn eingeölten Händen zu einer Kugel formen und in eine große Schüssel legen. Mit einem Geschirrtuch abdecken und an einem zugluftfreien Platz 1 Stunde gehen lassen, bis sich das Volumen verdoppelt hat.

Den Teig erst kräftig durchkneten, dann einige Minuten weiterkneten. In 6–8 Portionen teilen. (Sie können die Brote jetzt sofort backen oder sie vorher wie auf Seite 39 beschrieben füllen.)

Auf der bemehlten Arbeitsfläche 1 Teigportion zu einem 30-cm-Kreis (groß) oder einem 23-cm-Kreis (klein) ausrollen. Währenddessen den übrigen Teig abdecken.

Eine große Pfanne mit schwerem Boden sehr stark erhitzen. Das Brot darin ohne Fett backen, bis sich auf der Oberfläche große Blasen bilden (das dauert nur 1–2 Minuten). Wenden und 1 weitere Minute backen, bis es leicht gebräunt ist.

Das Brot noch warm mit geklärter Butter bestreichen und servieren. Mit dem restlichen Teig ebenso verfahren.

Naans

Üblicherweise werden sie an der Wand eines Tandoor-Ofens gebacken. Wir haben aber auch schon einen Pizzastein, einen unglasierten Dachziegel oder ein schweres Backblech verwendet, jeweils im Backofen bei höchster Temperatur erhitzt.

Den Teig in 6 gleich große Kugeln teilen. 5 Teigkugeln abdecken, 1 Kugel auf der bemehlten Arbeitsfläche zu einem tropfenförmigen Naan ausrollen (etwa 30 cm lang und an der breitesten Stelle etwa 15 cm breit).
Das Naan auf das vorgeheizte Backblech befördern und 3 Minuten backen (es sollte etwas Farbe annehmen und aufgehen). Wenden und 1 weitere Minute backen. In ein Geschirrtuch wickeln, während die restlichen Brote gebacken werden. Die Naans noch warm mit geklärter Butter bestreichen und servieren.

Ziegenkäse & Zatar

(links)
Aus dem gleichen Teig können Sie eine Art Focaccia backen.

ERGIBT 2 STÜCK

- 50 ml natives Olivenöl extra
- 150 g Ziegenkäse, grob zerbröckelt
- 2 TL getrockneter Zatar oder Thymian
- 1 TL gemahlener Sumach
- 1 kleine Handvoll Oreganoblättchen, fein geschnitten
- Salzflocken und frisch gemahlener Pfeffer

Den Teig kräftig durchkneten, dann halbieren und jede Portion zu einem flachen Oval ausrollen (etwa 30 × 18 × 2 cm). Auf ein schweres Backblech legen und an einem zugluftfreien Platz etwa 30 Minuten gehen lassen.

Die Brote großzügig mit dem Öl bestreichen. In die Oberfläche Mulden drücken und die Käsebröckchen hineindrücken. Die Brote mit Zatar, Sumach und Oregano bestreuen, dann salzen und pfeffern. 12–15 Minuten backen, bis sie goldbraun sind. (Beim Klopfen auf die Unterseiten muss es hohl klingen.) Auf einem Gitter abkühlen lassen.

Kokos & Datteln

ERGIBT 6–8 STÜCK

- 40 g Medjool-Datteln, entsteint und grob gehackt
- 50 g Mandelblättchen
- 20 g Kokosraspel
- ½ TL gemahlener Kreuzkümmel
- 1 EL Crème fraîche
- 1 Prise Meersalz

Während der Teig aufgeht, die Zutaten in einem Mixer zu einer Paste verarbeiten, die ungefähr die Konsistenz von Marzipan hat. Die Paste in 6–8 Portionen teilen (je nachdem, wie viele Brote gebacken werden sollen).

Nacheinander je 1 Teigkugel flach drücken und mit dem Daumen eine flache Mulde hineindrücken. 1 Portion Paste hineinpressen. Den Teig darüber behutsam schließen. Die Kugel auf der bemehlten Arbeitsfläche flach drücken und zur gewünschten Form ausrollen. Das Brot wie im Hauptrezept (S. 36) beschrieben backen. Mit geklärter Butter bestreichen und warm servieren. Mit dem restlichen Teig ebenso verfahren.

Fenchel & Chili

ERGIBT 6–8 STÜCK

- 1 EL Fenchelsamen
- 1½ TL türkische Chiliflocken
- ½ TL Meersalz

Eine kleine Pfanne stark erhitzen. Den Fenchel darin ohne Fett etwa 1 Minute rösten, bis die Samen zu hüpfen beginnen und aromatisch duften. In einen Mörser geben und zu mittelfeinem Pulver zerstoßen. In eine kleine Schüssel füllen und mit Chili und Salz mischen.

Die Teigkugeln auf der bemehlten Arbeitsfläche zu dicken Versionen der gewünschten Form ausrollen. Gleichmäßig mit der Würzmischung bestreuen, dann dünn ausrollen. Die Brote wie im Hauptrezept (S. 36) beschrieben backen. Mit geklärter Butter bestreichen und warm servieren.

Haselnuss & Rosmarin

ERGIBT 6–8 STÜCK

- 80 g Haselnusskerne
- 1 TL Olivenöl
- 1 EL grob gehackte Rosmarinnadeln
- ½ TL Meersalz

Eine kleine Pfanne stark erhitzen. Die Nüsse darin mit Öl, Rosmarin und Salz etwa 5 Minuten rösten, bis sie goldbraun sind. Dabei die Pfanne ständig rütteln. In ein Geschirrtuch geben und mit einem Nudelholz grob zerkleinern.

Die Teigkugeln auf der bemehlten Arbeitsfläche zu dicken Versionen der gewünschten Form ausrollen. Gleichmäßig mit der Nussmischung bestreuen, dann dünn ausrollen. Die Brote wie im Hauptrezept (S. 36) beschrieben backen. Mit geklärter Butter bestreichen und warm servieren.

Türkische Milchbrötchen mit Joghurtglasur

Diese feinen Frühstücksbrötchen haben eine zarte Krume und eine köstliche Kruste. Sie halten sich recht gut im Brotkasten und können vor dem Servieren im Ofen aufgebacken werden. Zum Frühstück schmecken sie besonders gut mit Butter und Marmelade, sie passen aber auch gut als Beilage zu Suppe oder Eintopf.

ERGIBT 6 STÜCK

Brötchen

425 g Weizenmehl Type 550
1 TL Meersalz
1½ Päckchen Trockenhefe
200 ml warme Milch
125 g geklärte Butter, zerlassen, und Butter für die Form
1 Ei
Öl für die Form
1 EL Schwarzkümmelsamen (Nigella)
½ TL Salzflocken

Joghurtglasur

1 EL Joghurt
1 EL zerlassene geklärte Butter

Für die Brötchen das Mehl in die Schüssel einer Küchenmaschine sieben. Salz und Hefe weit voneinander entfernt an den Schüsselrand geben (Salz kann Hefe abtöten).

Milch, Butter und Ei hinzufügen. Alles kurz verrühren, bis sich eine Kugel bildet. Mit dem Knethaken auf niedriger bis mittlerer Stufe etwa 10 Minuten kneten, bis der Teig glatt und seidig ist. Den Teig zu einer Kugel formen und in eine große, dünn mit Öl ausgestrichene Schüssel legen. Mit einem Geschirrtuch abdecken und an einem zugluftfreien Platz 1–1½ Stunden gehen lassen, bis sich das Volumen verdoppelt hat.

Den Teig kräftig durchkneten, dann in 6 gleich große Portionen teilen. Jede Portion zu einer dicken Rolle formen und in die vorbereitete Form legen (die Rollen gehen weiter auf und schließen dabei die Lücken). Abdecken und weitere 30 Minuten gehen lassen.

Kurz vor Ende der Gehzeit den Backofen auf 200 °C (Umluft) vorheizen und eine kleine Kastenform (maximal 15 × 20 cm) dünn mit Butter einfetten. Für die Glasur den Joghurt mit der Butter verquirlen.

Die aufgegangenen Brötchen mit der Joghurtglasur bestreichen. Mit einer Gabel feine Linien in den Teig ritzen. Die Brötchen mit Schwarzkümmel und Salzflocken bestreuen und im heißen Ofen 30–40 Minuten backen, bis sie goldbraun sind. (Beim Klopfen auf die Unterseite muss es hohl klingen.) Die Brötchen auf einem Gitter auskühlen lassen.

Grießbrot mit Anis & Sesam

Mit seiner glänzenden Oberfläche und dem ungewöhnlichen Geschmack ist dieses nordafrikanische Brot sehr verführerisch. Es hat eine weiche Krume, eine knusprige Kruste und besticht durch die feine Orangen-Anis-Note.

ERGIBT 1 STÜCK

225 g Weizenmehl Type 550
225 g feiner Hartweizengrieß
½ TL Meersalz
1 Päckchen Trockenhefe
½ TL Zucker
90 g Butter, zerlassen
abgeriebene Schale von ½ Bio-Orange
2 TL Anissamen, grob zerstoßen
4 TL Sesamsamen
1 Ei, leicht verquirlt
Öl für die Form
Butter für das Blech
1 Eigelb, verquirlt, zum Bestreichen
½ TL Salzflocken

Mehl und Grieß in die Schüssel einer Küchenmaschine sieben. Salz und Hefe weit voneinander entfernt an den Schüsselrand geben (Salz kann Hefe abtöten).

Den Zucker mit der zerlassenen Butter verrühren und mit Orangenschale, Anis, Sesam und 75 ml warmem Wasser in die Schüssel geben. Alles gut verrühren. Das Ei und so viel warmes Wasser (höchstens 75 ml) hinzufügen, dass ein weicher Teig entsteht. Den Teig mit dem Knethaken auf niedriger bis mittlerer Stufe 10 Minuten kneten, bis er glatt und seidig ist. Zu einer Kugel formen und in eine große, dünn mit Öl ausgestrichene Schüssel legen. Mit einem Geschirrtuch abdecken und an einem zugluftfreien Platz 1–1½ Stunden gehen lassen, bis sich das Volumen verdoppelt hat.

Den Backofen auf 180 °C (Umluft) vorheizen.

Den Teig auf ein dünn mit Butter eingefettetes Backblech geben und flach drücken, bis er etwa 2,5 cm dick ist. Die Oberfläche mit dem Eigelb bestreichen, mit den Salzflocken bestreuen und mit einem scharfen Messer einritzen oder mit dem Rand eines Glases vorsichtig runde Abdrücke hineindrücken. Das Brot im heißen Ofen 30–40 Minuten backen, bis es ein dunkles Kastanienbraun angenommen hat. (Beim Klopfen auf die Unterseite muss es hohl klingen.) Auf einem Gitter auskühlen lassen.

Teekuchen mit Safran & Trockenfrüchten

Eigentlich ist dies eine Kreuzung aus Kuchen und Brot. Aber die Hauptsache ist doch, dass es zum Frühstück und zur Teestunde ausgezeichnet schmeckt. Es ist recht gut haltbar, was ein Segen ist, denn wir finden, dass es am Tag nach dem Backen, getoastet und mit selbst gemachter Crème-fraîche-Butter (S. 52) und Marmelade bestrichen, noch besser schmeckt.

ERGIBT 1 STÜCK

20 Safranfäden
300 ml heiße Milch
500 g Weizenmehl Type 550
1 TL Meersalz
150 g kalte Butter, in Würfel geschnitten, und Butter für die Form
50 g brauner Zucker
1 Päckchen Trockenhefe
60 g Korinthen
40 g gemischte Trockenfrüchte, gewürfelt, oder eine Mischung aus Zitronat und Orangeat
1 EL Mehl
1 Ei, leicht verquirlt

Die Safranfäden in die heiße Milch rühren und 1–2 Stunden ziehen lassen.

Das Mehl mit dem Salz in eine Rührschüssel geben. Die Butter hinzufügen und alles mit den Fingerspitzen zu feinen Streuseln verreiben. Den Zucker gleichmäßig unterrühren und in die Mitte der Mischung eine Mulde drücken.

Die Milch lauwarm erhitzen (weil sie so dekorativ sind, müssen die Safranfäden nicht entfernt werden). Einige EL Milch mit der Hefe zu einem dünnen Brei verrühren. Die restliche warme Milch unterrühren und die gesamte Flüssigkeit in die Mulde gießen. Die Mischung zu einem Teig verkneten.

Den Teig in die Schüssel einer Küchenmaschine geben und mit dem Knethaken auf niedriger bis mittlerer Stufe 10 Minuten kneten, bis er glatt und seidig ist.

Korinthen und Trockenfrüchte mit dem Mehl mischen, damit sie beim Backen nicht nach unten sinken. Die Hälfte der Mischung unter den Teig kneten, dann den Rest hinzufügen und unterarbeiten.

Eine Kastenform (etwa 20 × 10 cm) mit Butter einfetten. Den Teig hineingeben und mit einem Geschirrtuch abdecken. An einem zugluftfreien Platz 1–1½ Stunden gehen lassen, bis sich das Volumen verdoppelt hat. (Lassen Sie sich nicht dazu verleiten, die Form auf die Heizung zu stellen, um den Gehvorgang zu beschleunigen.)

Den Backofen auf 180 °C (Umluft) vorheizen.

Den aufgegangenen Teig mit dem Ei bestreichen und nach Belieben mit einem scharfen Messer einritzen. Im heißen Ofen 50–60 Minuten backen, bis die Oberfläche goldbraun ist. (Beim Klopfen auf die Unterseite muss es hohl klingen.) Den Kuchen aus der Form nehmen und auf einem Gitter abkühlen lassen. Vor dem Anschneiden 1 Stunde ruhen lassen, dann mit Butter (S. 57) oder Ashta (S. 20) sowie selbst gemachter Konfitüre (S. 58) servieren.

Orientalische Pizza

Varianten dieser Pizza auf orientalische Art findet man überall im Vorderen Orient und am östlichen Mittelmeer. Dort isst man sie überwiegend zum Frühstück oder als Imbiss am Vormittag. Wir haben hier einige der Beläge aufgenommen, die wir am liebsten mögen. Dazu gehört auch Zatar, eine herrliche Kombination aus wildem Thymian, herbem Sumach und Sesam. *Manoushi* – Pizzabrote mit Öl und Zatar – gehören zu den beliebtesten Frühstücksgerichten im Libanon und Greg zeigt Entzugserscheinungen, wenn er sie nicht mindestens einmal in der Woche essen kann!

Dieses Rezept für Pizzateig gehört zu den besten, die wir gefunden haben. Man kann den Teig problemlos bis zu 4 Wochen einfrieren. Es lohnt sich daher, größere Mengen davon herzustellen. Beim Pizzabacken zu Hause erzielt man die besten Ergebnisse, wenn man einen Pizzastein oder einen unglasierten Dachziegel verwendet und sie im Backofen so stark erhitzt wie es nur geht.

ERGIBT 4–6 STÜCK

600 g Weizenmehl Type 550 und Mehl zum Verarbeiten
10 g Meersalz
1½ Päckchen Trockenhefe
30 g Zucker
30 ml Olivenöl und Olivenöl für Schüssel und Pizzaboden
2 Eier, leicht verquirlt

Das Mehl in die Schüssel einer Küchenmaschine sieben. Salz und Hefe weit voneinander entfernt an den Schüsselrand geben (Salz kann Hefe abtöten).

Den Zucker in 250 ml warmem Wasser auflösen. Mit Öl und Eiern in die Schüssel geben. Alles mischen, bis sich eine Kugel bildet.

Den Teig mit dem Knethaken auf niedriger Stufe 7 Minuten, dann auf mittlerer Stufe weitere 7 Minuten kneten. Sobald er glatt und seidig ist, den Teig zu einer Kugel formen und in eine große, dünn mit Öl ausgestrichene Schüssel legen. Mit einem Geschirrtuch abdecken und an einem zugluftfreien Platz etwa 1 Stunde gehen lassen, bis sich das Volumen verdoppelt hat.

Den Backofen auf höchste Stufe (Umluft) vorheizen. Einen Pizzastein, einen unglasierten Dachziegel oder ein schweres Backblech darin heiß werden lassen.

Den Teig erst kräftig durchkneten, dann einige Minuten weiterkneten. In 4 oder 6 gleich große Portionen teilen. Die Portionen zu Kugeln formen und mit einem Geschirrtuch abdecken. Auf der bemehlten Arbeitsfläche 1 Kugel dünn zu einem 30 cm großen Kreis ausrollen. Dünn mit Olivenöl (oder mit Würzbutter, s. S. 55–56) bestreichen. Nach Belieben belegen (s. S. 47), dabei aber nicht übertreiben. Die Pizza im heißen Ofen 4–6 Minuten backen, bis sie aufgegangen und leicht gebräunt ist. Sehr heiß servieren. Mit dem restlichen Teig ebenso verfahren.

Pizza-Toppings

Es gibt unendlich viele ...

- Für klassische *manoushi* getrockneten Zatar oder Thymian und gemahlenen Sumach (im Verhältnis 3:1) mit Olivenöl zu einer streichfähigen Paste vermischen. Die Pizzaböden damit bestreichen und backen.
- Geröstete Tomaten (S. 79) sind köstlich mit frischem Oregano, cremigem Labneh (S. 73) und vielleicht ein paar Oliven.
- Die Pizzaböden mit eingelegten Artischockenböden (Fertigprodukt oder s. S.158) belegen, Burrata-Stücke hinzufügen und mit fein gehackter Salzzitrone (Fertigprodukt) vollenden.
- Blanchierten, gehackten Spinat mit Knoblauch und Schalotte in Butter anschwitzen, dann mit abgeriebener Zitronenschale und getrockneter Minze würzen. Auf dem Pizzaboden verteilen. Labneh (S. 73) in Klecksen daraufgeben und ein Ei daraufschlagen. Die Pizza backen, bis es gestockt ist.
- Für Käsefreunde: 180 g selbst gemachten Shanklish (S. 72) mit 180 g grob geriebenem Mozzarella, 100 g grob geriebenem Parmesan, 1 TL türkischen Chiliflocken und 1 EL nativem Olivenöl extra mischen. Die Pizza dünn damit bestreichen und backen.
- Die Pizzaböden mit Labneh (S. 73) bestreichen und mit in Scheiben geschnittenen gekochten Kartoffeln belegen. Mit getrocknetem Zatar oder Thymian und fein gewürfelter Salzzitrone (Fertigprodukt) bestreuen. Labneh oder Ziegenfrischkäse darauf verteilen.
- Dünn geschnittenes Gemüse (Zucchini, Champignons, Paprikaschoten, Zwiebeln) auf die Pizzaböden geben – gut eignen sich auch Reste vom Gegrillten Gemüse auf tunesische Art (S. 167). Mit Feta, Mozzarella, Labneh (S. 73) oder Shanklish (S. 72) bestreuen.
- Die Kürbisfüllung mit Oregano (S. 128) auf der Pizza verteilen.
- Bunter Mangold mit marinierten Korinthen & Pinienkernen (S. 155) passt auch auf Pizza. Vor dem Backen Mozzarella und türkische Chiliflocken darauf verteilen.
- Vor dem Belegen können Sie die Pizzaböden mit Würzbutter (S. 55–56) oder Türkischer Paprikapaste (S. 69) bestreichen.
- Falls Sie Süßes mögen, können Sie die Pizzaböden mit einer der süßen Buttermischungen (S. 57) bestreichen und mit Feigen oder in Scheiben geschnittenem Steinobst belegen. Mit braunem Zucker bestreuen. Am Ende der Backzeit Labneh (S. 73) darauf verteilen und die Pizza noch 1 Minute backen, bis er zerläuft.

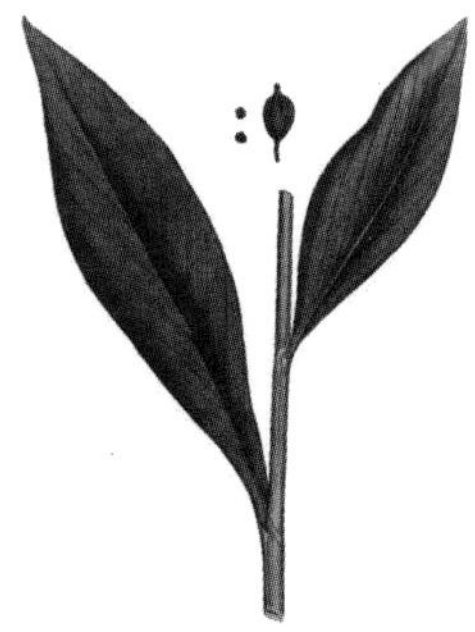

Butter & Marmeladen

In diesem Kapitel kommt recht viel Butter vor; sie ist unser neuester Favorit! Tatsächlich ist in den meisten Ländern des Vorderen Orients Olivenöl das Kochfett der Wahl und wird auch auf Brot geträufelt. Doch es gibt einige große Ausnahmen. Man verwendet Butter für Kuchen und Kekse und besonders für die äußerst beliebten süßen und herzhaften Pasteten. Dafür wird sie geklärt, bevor man sie zwischen Filoteig-Schichten streicht, damit das Gebäck üppig und knusprig wird. Oft gibt man Butter gegen Ende der Garzeit an Reisgerichte – insbesondere im Iran –, gelegentlich mit einem Löffel Safranwasser, das Farbe und Aroma beisteuert. Wir essen – und genießen – sowohl Olivenöl als auch Butter, und beide haben ihren Platz in unserer Küche und unseren Gerichten.

Erst kürzlich haben wir gelernt, wie einfach es ist, Butter selbst zu machen, und nun stellen wir regelmäßig im Handumdrehen Süß- und Sauerrahmbutter her. Gern bereiten wir auch verschiedene Buttermischungen zu, die als unkomplizierte Saucen dienen. Eine besondere Affinität haben sie zu schlicht gegartem Gemüse und sie bringen schnell viel Geschmack, wenn man sie auf heiße Getreide- oder Hülsenfruchtgerichte gibt. Außerdem eignen sie sich prima als Basis für anspruchsvollere Buttersaucen, beispielsweise für eine Sauce hollandaise.

In diesem Kapitel geht es aber nicht nur um Butter. Sie finden hier auch einige unserer süßen Lieblingsaufstriche. Die Menschen im Vorderen Orient machen großartige Marmeladen, vor allem weil dort überall das wunderbarste Obst heranreift. Wenn Sie selbst Obst anbauen, sind Sie möglicherweise bereits versiert darin, das Beste aus der Ernte zu machen. Doch selbst wenn nicht, werden Sie merken, dass es dabei darum geht, die intensiven Aromen des Sommers einzufangen, damit man sich in den kälteren Monaten daran erfreuen kann.

Selbst gemachte Crème-fraîche-Butter

Seit Neuestem widmen wir uns mit Begeisterung der Kunst des Butterns. Es geht schnell und ist einfach, und weil das Resultat so viel besser ist als Massenware, werden Sie keine andere Butter mehr essen wollen. Ein Bonus: Zusätzlich zur Butter erhalten Sie Buttermilch! Die ist nicht nur Bäckers Liebling, weil sie Kuchen, Kekse und Pasteten wunderbar leicht und locker macht, sondern eignet sich auch für Kartoffelpüree, Salatdressings oder Eiscremes und Sorbets (S. 220–231).

Wir starteten mit Crème double in unser Butterabenteuer. Aus ihr wird eine schöne helle, glänzende Butter mit frischem Geschmack. Dann aber entdeckten wir Crème fraîche, aus der man Sauerrahmbutter herstellen kann. Diese besticht durch feine Säure und echten Buttergeschmack.

Auch wenn Buttern ungemein einfach ist, beschreiben wir es hier in allen Einzelheiten. Haben Sie es einmal gemacht, verstehen Sie den Vorgang ganz genau.

Sollte Crème fraîche bei Ihnen sehr teuer sein, können Sie sie ganz einfach selbst machen. Wie das geht, steht unten links.

ERGIBT ETWA 550 G

1 kg zimmerwarme Crème fraîche
1 TL feines Meersalz (nach Belieben)

Selbst gemachte Crème fraîche

Ganz im Ernst: Man braucht nur eine ordentliche Portion Buttermilch in eine Schüssel Sahne zu gießen, umzurühren und das Ganze 12–24 Stunden stehen zu lassen, damit die Milchsäure ihre Wirkung entfalten kann. Je länger Sie warten, desto dickflüssiger und saurer wird die Mischung. Wir messen selten genau ab, aber Sie benötigen etwa 50 ml Buttermilch pro 500 g Sahne. Die fertige Crème fraîche ist im Kühlschrank etwa 1 Woche haltbar.

Einen Krug mit mindestens 2 l Eiswasser bereitstellen.

Die Crème fraîche in einen Mixer geben und 2–4 Minuten mixen (unser Gerät braucht 3 Minuten). Sie wird erst dick wie Schlagsahne, dann wird sie steif und bildet Klümpchen und die Farbe verändert sich nach und nach zu hellstem Sahnegelb. Weitermixen, bis die Flüssigkeit (Buttermilch) in der Schüssel herumzuspritzen beginnt. Das Ganze in ein Sieb gießen und vorsichtig drücken, damit die Buttermilch abtropfen kann. Die Butter wieder in den Mixer geben und weitermixen, bis mehr Flüssigkeit ausgetreten ist. Diese ebenfalls abgießen. Den Vorgang noch einmal wiederholen, bis alle Flüssigkeit freigesetzt ist.

Nun die Butter waschen, um Buttermilchreste zu entfernen. (Dies muss sehr sorgfältig geschehen, sonst wird der Geschmack verfälscht und die Butter verdirbt schneller.)

Die Butter in eine große Schüssel schaben und 1 guten Schuss Eiswasser dazugießen. Mit zwei Teigschabern die Butter in der Schüssel hin und her quetschen, dabei immer wieder anheben und wenden. Das trübe Wasser abgießen. Frisches Eiswasser in die Schüssel geben und fortfahren wie beschrieben. Zügig arbeiten, damit die Butter nicht zu warm wird, und das Ganze etwa sechsmal wiederholen, bis das Wasser klar bleibt.

Jetzt die Butter mit einer Gabel zerdrücken und die letzten Flüssigkeitsreste entfernen. Nach Belieben das Salz unterarbeiten. Die Butter in 2 Portionen teilen und in ein Gefäß drücken, zu einer beliebigen Form klopfen oder zu Rollen formen. Sie ist im Kühlschrank 3–4 Wochen oder eingefroren einige Monate haltbar.

Pikante Buttermischungen

Salzzitrone

(links, zweite von oben)

ERGIBT 220 G

175 g weiche Butter
Schale von 1 Salzzitrone (Fertigprodukt), fein gehackt
2 Schalotten, fein gewürfelt
½ Knoblauchzehe, fein gehackt
1 EL fein gehackte glatte Petersilienblättchen
1 TL fein gehackte Thymianblättchen
½ TL gemahlener Sumach

Die Zutaten in eine Rührschüssel geben. Mit dem elektrischen Handrührgerät gut mischen. Die Mischung auf ein Stück Backpapier oder Frischhaltefolie löffeln und zu einer Rolle formen. In das Papier oder die Folie wickeln. Die Enden verdrehen und mit Garn zubinden. Die Butter bis zur Verwendung kalt stellen. Luftdicht verpackt ist sie im Kühlschrank 2 Wochen oder eingefroren bis zu 3 Monate haltbar.

Mandeln & Safran

(links, dritte von oben)

ERGIBT 250 G

40 g blanchierte ganze Mandeln
15 Safranfäden
½ TL Meersalz
½ TL natives Olivenöl extra
abgeriebene Schale von 1 Bio-Orange
1 Spritzer Orangenblütenwasser
125 g weiche Butter

Die Mandeln in nicht zu kleine Stücke hacken.

Mit Safran, Salz und Öl mischen. Eine kleine Pfanne bei mittlerer Hitze erwärmen. Die Mandelmischung darin unter ständigem Rühren 1–2 Minuten erwärmen, aber nicht bräunen. Vom Herd nehmen, dann Orangenschale und Orangenblütenwasser unterrühren. Abkühlen lassen.

Die Mischung zur Butter geben und gleichmäßig unterschlagen. Die Butter auf ein Stück Backpapier oder Frischhaltefolie löffeln und zu einer Rolle formen. In das Papier oder die Folie wickeln. Die Enden verdrehen und mit Garn zubinden. Die Butter bis zur Verwendung kalt stellen. Luftdicht verpackt ist sie im Kühlschrank 2 Wochen oder eingefroren bis zu 3 Monate haltbar.

Persischer Sabzi

(links unten)

Für dieses Rezept sollten Sie die großblättrigen Kräuter in Streifen schneiden, statt sie zu hacken. Beim Hacken können sie gequetscht werden – Farbe und Geschmack der Butter werden dann möglicherweise durch austretenden Saft beeinträchtigt.

ERGIBT 225 G

40 g Walnusskerne
40 g Feta, abgespült und fein zerbröckelt
2 EL Schnittlauchröllchen
je 2 EL gehackte Estragonblätter und Dillspitzen sowie in Streifen geschnittene Minze-, glatte Petersilien- und Thai-Basilikumblättchen
125 g weiche Butter

Den Backofen auf 180 °C (Umluft) vorheizen. Die Walnüsse darin etwa 5 Minuten rösten, bis sie Farbe annehmen. Auf ein Geschirrtuch geben und möglichst viel Haut abrubbeln. Die Nüsse grob hacken, dann Staub und Hautreste absieben.

Mit den restlichen Zutaten zur Butter geben und gleichmäßig unterschlagen. Die Butter auf ein Stück Backpapier oder Frischhaltefolie löffeln und zu einer Rolle formen. In das Papier oder die Folie wickeln. Die Enden verdrehen und mit Garn zubinden. Die Butter bis zur Verwendung kalt stellen. Luftdicht verpackt ist sie im Kühlschrank 2 Wochen oder eingefroren bis zu 3 Monate haltbar.

Pikante Buttermischungen

Harissa-Butter

(Seite 54, oben)

ERGIBT 140 G

1 kleine Schalotte, fein gewürfelt
1 Knoblauchzehe, fein gewürfelt
¼ TL Meersalz
½ TL Rote oder Grüne Harissa (siehe rechts)
125 g weiche Butter

Die Schalotte in einem Mörser mit Knoblauch und Salz zu einer Paste zerstampfen. Mit der Harissa zur Butter geben und unterschlagen. Die Butter auf ein Stück Backpapier oder Frischhaltefolie löffeln und zu einer Rolle formen. In das Papier oder die Folie wickeln. Die Enden verdrehen und mit Garn zubinden. Die Butter bis zur Verwendung kalt stellen. Luftdicht verpackt ist sie im Kühlschrank 2 Wochen oder eingefroren bis zu 3 Monate haltbar.

Grüne Harissa

ERGIBT ETWA 250 ML

125 g große grüne Chilischoten, entkernt und in Streifen geschnitten
1 Knoblauchzehe, geschält
100 g Blattspinat, von den Stielen befreit
2 Handvoll Korianderblättchen
1 TL Kümmelsamen
1 TL Koriandersamen
1 TL getrocknete Minze
60 ml Olivenöl
Meersalz und frisch gemahlener Pfeffer
Pflanzenöl zum Versiegeln

Alle Zutaten bis auf Öle, Salz und Pfeffer in einen Mixer geben. 1 Minute mixen, dann bei langsam laufendem Gerät das Olivenöl dazuträufeln, bis die Mischung die Konsistenz von flüssiger Sahne hat. Mit Salz und Pfeffer abschmecken. Die Harissa in ein sterilisiertes Schraubdeckelglas füllen und etwas geschmacksneutrales Öl auf die Oberfläche gießen. Im Kühlschrank aufbewahren. Die Harissa ist gekühlt bis zu 1 Woche haltbar.

Rote Harissa

ERGIBT ETWA 200 ML

1 rote Paprikaschote
1 TL Kreuzkümmelsamen
¾ TL Kümmelsamen
10–15 getrocknete große Chilischoten, 10 Minuten in kochend heißem Wasser eingeweicht
10 kleine rote Chilischoten, entkernt
2 Knoblauchzehen, mit ½ TL Meersalz zerdrückt
60 ml Olivenöl
Pflanzenöl zum Versiegeln
Meersalz

Den Backofen auf 200 °C (Umluft) vorheizen. Die Paprikaschote auf ein mit Alufolie ausgelegtes Backblech legen. Im heißen Ofen unter gelegentlichem Wenden 15–20 Minuten rösten, bis die Haut schwarz wird und Blasen wirft. In eine Schüssel geben, mit Frischhaltefolie abdecken und 10 Minuten ruhen lassen, dann sorgfältig häuten. Haut, Stielansatz, Samen und Scheidewände entsorgen.

Kreuzkümmel und Kümmel in einer Pfanne ohne Fett rösten, bis sie gebräunt sind und duften. In einem Mörser zu Pulver zerstoßen. Alle Zutaten bis auf Pflanzenöl und Salz in den Mixer geben und zu einer Paste verarbeiten. Die Paste abschmecken (Vorsicht, scharf!) und, falls nötig, nachsalzen. In einem Topf aufkochen, dann in ein sterilisiertes Glas füllen und etwas Öl auf die Oberfläche gießen. Im Kühlschrank aufbewahren. Die Harissa ist gekühlt bis zu 4 Wochen haltbar.

Süße Buttermischungen

Apfel & Walnuss

ERGIBT 240 G

40 g Walnusskerne
70 g ungesüßtes Apfelpüree (aus 1 großen Apfel)
1 TL Puderzucker
½ TL gemahlener Koriander
¼ TL gemahlener Zimt
125 g weiche Butter

Den Backofen auf 180 °C (Umluft) vorheizen. Die Walnüsse darin etwa 5 Minuten rösten, bis sie Farbe annehmen. Auf ein Geschirrtuch geben und möglichst viel Haut abrubbeln. Die Nüsse grob hacken, dann Staub und Hautreste absieben.

Mit den restlichen Zutaten zur Butter geben und gleichmäßig unterschlagen. Die Butter auf ein Stück Backpapier oder Frischhaltefolie löffeln und zu einer Rolle formen. In das Papier oder die Folie wickeln. Die Enden verdrehen und mit Garn zubinden. Die Butter bis zur Verwendung kalt stellen. Luftdicht verpackt ist sie im Kühlschrank 2 Wochen oder eingefroren bis zu 3 Monate haltbar.

Aprikose & Kardamom

ERGIBT 220 G

70 g Aprikosenleder (Amardine) oder getrocknete Aprikosen, sehr fein gewürfelt
1 TL Puderzucker
1 TL Kardamomsamen, zu feinem Pulver zerstoßen
2 TL Aprikosenkonfitüre
125 g weiche Butter

Die Aprikosenlederwürfel im Puderzucker wenden, bis sie davon überzogen sind (das verhindert ein Zusammenklumpen).

Mit den restlichen Zutaten zur Butter geben und gleichmäßig unterschlagen. Die Butter auf ein Stück Backpapier oder Frischhaltefolie löffeln und zu einer Rolle formen. In das Papier oder die Folie wickeln. Die Enden verdrehen und mit Garn zubinden. Die Butter bis zur Verwendung kalt stellen. Luftdicht verpackt ist sie im Kühlschrank 2 Wochen oder eingefroren bis zu 3 Monate haltbar.

Birne & Ingwer

ERGIBT 200 G

50 g getrocknete Birnen, grob gehackt
2 TL heller Muscovadozucker
1 TL frisch geriebener Ingwer
1 TL Puderzucker
20 g Crème fraîche
125 g weiche Butter

Die Birnen mit Zucker und 125 ml Wasser in einen kleinen Topf geben. Aufkochen, dann etwa 15 Minuten köcheln lassen, bis das Wasser verdampft ist und die Birnen am Topfboden anzusetzen beginnen. Vom Herd nehmen und mit einem Löffelrücken zerdrücken. Die Birnen durch ein feines Sieb streichen, dann abkühlen lassen.

Mit den restlichen Zutaten zur Butter geben und gleichmäßig unterschlagen. Die Butter auf ein Stück Backpapier oder Frischhaltefolie löffeln und zu einer Rolle formen. In das Papier oder die Folie wickeln. Die Enden verdrehen und mit Garn zubinden. Die Butter bis zur Verwendung kalt stellen. Luftdicht verpackt ist sie im Kühlschrank 2 Wochen oder eingefroren bis zu 3 Monate haltbar.

Kühlschrankkonfitüre mit Rhabarber, Himbeeren & Kardamom

Diese Art von Konfitüre macht man, wenn einem die Energie fehlt, sich mit Geliermitteln auseinanderzusetzen und Gläser zu sterilisieren. Sie ist unendlich wandelbar: Sie können so gut wie jede Obstsorte in fast jeder Menge verwenden und nach Lust und Laune Kräuter, Gewürze oder andere Geschmacksstoffe hinzufügen.

Kühlschrankkonfitüre ist auch deshalb besser, weil sie viel weniger Zucker enthält als gewöhnliche gekaufte. Als Faustregel gilt, dass man 55–70 % des Fruchtgewichts an Zucker benötigt, damit Konfitüre fest wird. Für Kühlschrankkonfitüre brauchen Sie nur etwa 50 %, weshalb sie deutlich fruchtiger schmeckt. Man muss allerdings in Kauf nehmen, dass sie nicht so lange haltbar ist und im Kühlschrank – nicht in der Vorratskammer – aufbewahrt werden muss. Schlimm ist das aber nicht, denn vermutlich haben Sie sie gegessen, bevor sich ein verdächtiger grüner Pelz bildet.

Ein Trick: Wir zuckern das Obst ein und lassen es über Nacht Saft ziehen. Der entstandene Sirup wird aufgekocht, bevor das Obst dazukommt. So erhält die Konfitüre eine schönere Konsistenz, eine strahlendere Farbe und einen frischeren Geschmack.

ERGIBT ETWA 600 G

750 g Rhabarber, in 2,5 cm lange Stücke geschnitten
500 g Einmachzucker
Saft und abgeriebene Schale von 1 Bio-Zitrone
250 g Himbeeren
1 Prise Meersalz
1 Prise gemahlener Kardamom

Den Rhabarber mit Zucker, Zitronensaft und -schale in eine große Schüssel geben. Mit einem Geschirrtuch abdecken und über Nacht ziehen lassen.

Am nächsten Tag den ausgetretenen Saft durch ein Sieb in einen großen Topf gießen und langsam aufkochen. Dabei rühren, bis sich der Zucker vollständig aufgelöst hat. Den Sirup etwa 10 Minuten sprudelnd kochen lassen, bis ein Zuckerthermometer 105 °C anzeigt. (Wenn Sie kein Thermometer besitzen, nehmen Sie den Topf für 1 Minute vom Herd, damit das Sprudeln aufhören kann. Stoßen Sie die Oberfläche des Sirups mit einem Löffel an. Sie sollte dickflüssig sein und Falten bilden.)

Den Rhabarber hinzufügen und alles zum Kochen bringen. 5 Minuten sprudelnd kochen lassen, dann die Himbeeren untermischen. Unter gelegentlichem Rühren 10–12 Minuten weiterkochen, bis die Mischung dick und konfitüreartig eingekocht ist. Die Gelierprobe* machen. Die fertige Konfitüre vom Herd nehmen, dann Salz und Kardamom unterrühren. Die Konfitüre auskühlen lassen, in sterilisierte Schraubdeckelgläser oder ein luftdicht verschließbares Gefäß füllen und im Kühlschrank oder Tiefkühlgerät aufbewahren. Die Konfitüre innerhalb von 4 Wochen verbrauchen.

***Anmerkung:** Stellen Sie einen großen Teller in den Kühlschrank, bevor Sie beginnen, die Konfitüre zu kochen. Zur Gelierprobe 1 kleinen Tropfen der Masse auf den Teller geben und diesen für 1 Minute kalt stellen. Wenn die Konfitüre fertig ist, zeigt die Oberfläche des Tropfens Falten, sobald man ihn anstößt. Ist sie zu dünnflüssig, kochen Sie die Konfitüre etwas länger und stellen Sie den Teller wieder in den Kühlschrank, damit Sie später erneut testen können.

Y-FRUITS

Grapefruitaufstrich mit Ingwer

Aus Zitronen, Limetten, Clementinen und Zitrushybriden wie Minneolas und Tangelos lassen sich köstliche Aufstriche zubereiten, ebenso aus Blutorangen. Hier verwenden wir rosa Grapefruits, die wir wegen ihrer dezenten süßsauren Bitterkeit und ihrer schönen Farbe besonders mögen. Aufgrund der bitteren Note gefällt dieser Aufstrich wohl eher Erwachsenen – wir jedenfalls können von der bitteren, leicht süßen Köstlichkeit einfach nicht genug bekommen. Der Ingwer bringt eine feine Schärfe ins Spiel, doch Sie können ihn auch weglassen. Genießen Sie den Aufstrich auf Toast, rühren Sie ihn in Joghurt oder selbst gemachte Eiscremes und Sorbets (S. 223–231) oder füllen Sie damit Krapfen (S. 246) und Kuchen.

ERGIBT 350 G

250 ml Grapefruitsaft
(etwa 2 rosa Bio-Grapefruits)
und 1 EL abgeriebene Schale
3–4 EL frisch geriebener Ingwer
(nach Belieben)
80 g Zucker
1 großzügige Prise Meersalz
100 g Butter
2 Eier
3 Eigelb

Den Grapefruitsaft mit Grapefruitschale und Ingwer in einen kleinen Topf geben und auf die Hälfte einkochen lassen. Vom Herd nehmen und abkühlen lassen.

Den Sirup in eine hitzebeständige Schüssel geben. Zucker, Salz und Butter hinzufügen. Die Schüssel auf einen Topf mit köchelndem Wasser setzen (das Wasser darf die Schüssel nicht berühren) und alles mit einem Schneebesen schlagen, bis die Butter schmilzt und sich der Zucker auflöst.

In einer weiteren Schüssel die Eier mit den Eigelben verquirlen. Einen großzügigen Löffel heißen Sirup unterschlagen, dann die Eiermischung in den Topf gießen. Köcheln lassen, bis die Masse sehr dickflüssig ist, glänzt und in großen Tropfen vom Schneebesen fällt. (Bis es so weit ist, können 10–20 Minuten vergehen, also nicht die Geduld verlieren. Die Masse darf nicht kochen, sonst gerinnt sie.)

Sobald sie dickflüssig genug ist, die Masse durch ein feines Sieb streichen und leicht abkühlen lassen. Anschließend in sterilisierte Schraubdeckelgläser füllen und diese fest verschließen. Der Aufstrich ist im Kühlschrank bis zu 2 Wochen haltbar. Nach dem Öffnen den Glasinhalt innerhalb von 3 Tagen verbrauchen.

Kandierte Zitrusschale

Diese Technik eignet sich für die Schale von so gut wie allen Zitrusfrüchten. Hier verwenden wir Grapefruitschale, die allerdings wegen ihrer Bitterkeit sehr viel häufiger blanchiert werden muss als die anderer Zitrusfrüchte.

Kandierte Zitrusschale ist einige Monate haltbar und eignet sich wunderbar zum Garnieren von Desserts (wie der Zitronencreme auf Seite 234) und Kuchen (etwa des Schoko-Haselnuss-Kuchens auf Seite 257). Der Sirup ist eine Bereicherung für süße Glasuren und Cocktails.

ERGIBT ETWA 250 G

2 rosa, rote oder gelbe Grapefruits
Zucker

Auf der Schale der Grapefruits mit einem sehr scharfen Messer von oben nach unten Viertel markieren. Die Schale entlang der Markierungen bis zum Fruchtfleisch einschneiden. Die Schale ablösen und mit dem Messer so viel vom weißen Inneren abschneiden wie möglich.

Die Schalenstücke in einen Topf geben und mit kaltem Wasser bedecken. Aufkochen, in ein Sieb abgießen und abtropfen lassen. (Weil die Grapefruitschale sehr bitter ist, muss dieser Vorgang 5–6 Mal wiederholt werden. Die Schale anderer Zitrusfrüchte muss nur 3–4 Mal blanchiert werden.) Die Schale nach dem letzten Blanchieren beiseitelegen und einige Minuten an der Luft trocknen lassen. Anschließend mit einem sehr scharfen Messer in feine Streifen schneiden.

Die Schale wiegen. Das doppelte Schalengewicht an Zucker und an Wasser abwiegen und in einen Topf geben. Langsam erhitzen, bis sich der Zucker auflöst. Zum Kochen bringen, dann die Hitze reduzieren, bis der Sirup nur noch köchelt. Die Schalenstreifen hinzufügen und 1–1½ Stunden schwach köcheln lassen, bis sie durchsichtig sind. Abkühlen lassen und in ein sterilisiertes Schraubdeckelglas füllen. Das Glas verschließen.

Die Schale muss immer vollständig von Sirup bedeckt sein, sonst kristallisiert sie. Sollte dies trotzdem geschehen, Schale und Sirup in einen Topf geben und langsam erhitzen, bis sich der Zucker wieder aufgelöst hat.

Dips & pikante Aufstriche

Ob stückig oder fein püriert – Dips und Aufstriche aus Gemüse und Hülsenfrüchten sind fester Bestandteil der orientalischen Mezze-Auswahl. Das Wort »Mezze« leitet sich vom persischen *mazeh* ab, was »Geschmack« bedeutet. Und das beschreibt diese orientalischen Vorspeisen sehr gut: Kleine Gerichte – einschließlich Dips – sollen Augen und Gaumen verführen und umschmeicheln und so auf die Speisen einstimmen, die folgen werden. Weil es bei Mezze immer um die Kontraste zwischen Farben und Konsistenz geht, werden Dips stets von reichlich frischem, knackigem Gemüse, Bündeln aromatischer Kräuter und jeder Menge Fladenbrot zum Auftunken und Bestreichen begleitet.

Rezepte für die im Vorderen Orient beliebtesten und bekanntesten Dips haben wir bereits in frühere Kochbücher aufgenommen. Hier finden Sie also weder Baba Ganoush noch Muhammara oder Zaziki. Doch keine Sorge! Im Lauf der Jahre hat Greg zahllose Varianten dieser und anderer beliebter Dips entwickelt und so finden Sie in diesem Kapitel einige unserer derzeitigen und eher ungewöhnlichen Favoriten.

Dicke-Bohnen-Aufstrich

Diese knoblauchwürzige Paste kommt schon in einem unserer früheren Bücher *(Saha)* vor. Wir haben sie als Beilage zu gegrilltem Hähnchen konzipiert, nachdem wir während einer unserer Reisen in den Libanon dort eine ähnliche Speise verzehrt hatten. Die Reaktionen waren so enthusiastisch, dass wir das Rezept hier noch einmal vorstellen, diesmal als Dip oder Aufstrich gedacht. Vorsicht, es macht sehr schnell süchtig!

FÜR 4 PERSONEN

Aufstrich

Meersalz
1 kg frische Dicke Bohnen, enthülst (etwa 200 g)
1 Knoblauchzehe, geschält
½ TL Meersalz
1 Schalotte, sehr fein gewürfelt
1 kleine Handvoll Korianderblättchen, fein geschnitten
50 ml natives Olivenöl extra
1 Prise Cayennepfeffer
frisch gemahlener Pfeffer
Saft von 1 Zitrone

Zum Servieren

4 Scheiben Sauerteigweißbrot, geröstet
2 große Handvoll gemischte Blätter (wir mögen Feldsalat, Mizuna, Purpurbasilikum oder Brunnenkresse)
1 Prise Cayennepfeffer
natives Olivenöl extra

Für den Aufstrich in einem Topf Salzwasser zum Kochen bringen. Die Bohnen für 2–3 Minuten hineingeben (wie lange genau, hängt von der Größe der Kerne ab). In ein Sieb abgießen und abtropfen lassen, dann auskühlen lassen.

Den Knoblauch mit dem Salz in einem großen Mörser zu einer glatten Paste zerstoßen. Nacheinander die Bohnen und die restlichen Zutaten hinzufügen und alles zu einer groben Paste verarbeiten. (Leichter geht dies in einem Mixer. Lassen Sie diesen aber nicht zu lange laufen: Die Paste soll unbedingt ein wenig stückig bleiben.)

Zum Servieren die Bohnenpaste auf die gerösteten Brotscheiben häufen. Etwas von der Blattmischung daraufgeben. Mit Cayennepfeffer bestäuben, mit Olivenöl beträufeln und servieren.

Pastinaken-Skordalia mit Knoblauch, Zitrone & Scamorza

Bei Skordalia handelt es sich um eine klassische griechische Knoblauchsauce, die üblicherweise mit zerstampften Kartoffeln sowie trockenen Weißbrotbröseln oder gemahlenen Nüssen zubereitet wird. Vor einigen Jahren haben wir eine Skordalia-Variante mit Pastinaken entwickelt. Sie verleihen der Sauce einen süßlichen, milden Geschmack. Die Sauce kann sowohl als Dip als auch als Beilage zu gegrilltem Gemüse oder Fleisch gereicht werden. Dies hier ist eine Abwandlung eines früheren Rezepts, die mit italienischem Scamorza hergestellt wird, der für eine rauchige Note sorgt. Falls Scamorza nicht erhältlich ist, können Sie auf Provolone oder sogar geräucherten Butterkäse ausweichen.

ERGIBT 350 G

450 g Pastinaken, geschält und von holzigen Strünken befreit
300 ml Milch
1 Knoblauchzehe, mit ½ TL Meersalz zerdrückt
Saft von ½ Zitrone
50 ml Olivenöl
50 g geräucherter Scamorza, grob gerieben
Meersalz und frisch gemahlener Pfeffer

Die Pastinaken in gleich große Stücke schneiden. Mit der Milch in einen Topf geben. Aufkochen und 15–20 Minuten kräftig köcheln lassen, bis die Pastinaken sehr weich sind und die Milch stark eingekocht ist.

Die heiße Mischung vorsichtig in einen Mixer geben. Knoblauch und Zitronensaft hinzufügen und alles einige Minuten pürieren. Langsam das Öl dazuträufeln, bis es gänzlich untergearbeitet ist.

Das Püree in den Topf füllen. Den Scamorza dazugeben und rühren, bis er geschmolzen ist.

Die Skordalia mit Salz und Pfeffer abschmecken und als zimmerwarmen Dip zu rohem Gemüse und warmem Fladenbrot servieren. Sie passt auch hervorragend zu Gegrilltem.

Türkische Paprikapaste

Diese unwiderstehliche Paste haben wir auf unserem ersten Istanbul-Trip in einem kleinen Pide-Restaurant kennengelernt.

Das Erste, was auf den Tisch gestellt wurde, waren ein kleiner Topf mit scharfer roter Paprikapaste, ein Schälchen mit Butter und ein Teller mit zerbröckeltem Lor-Käse. Dazu aßen wir Fladenbrot – große, hoch aufgegangene Laibe – und fühlten uns wie im Himmel. Dies ist unsere Version der Paprikapaste. Sie ist ziemlich scharf, dosieren Sie also vorsichtig. Servieren Sie die Paste mit kalter Butter und Lor-Käse auf warmem Fladenbrot. Falls Sie Lor-Käse im türkischen Lebensmittelgeschäft nicht bekommen, können Sie einen anderen krümeligen Weißkäse verwenden, z. B. einen gereiften Ziegenkäse.

ERGIBT 350 G

3 rote Paprikaschoten
3 große rote Chilischoten (oder kleine rote Chilischoten, falls Sie sich trauen), entkernt
1 TL Granatapfelsirup
½ TL getrocknete Minze
2 EL in Streifen geschnittene Minzeblättchen
2 EL natives Olivenöl extra
2 Frühlingszwiebeln, fein gewürfelt
Saft von 1 Zitrone und Zitronensaft zum Nachwürzen
Meersalz und frisch gemahlener Pfeffer
Pflanzenöl zum Versiegeln

Den Backofen auf 200 °C (Umluft) vorheizen und ein Backblech mit Backpapier auslegen.

Die Paprikaschoten im heißen Ofen 10 Minuten rösten, bis sie zu bräunen beginnen. Wenden und die Chilischoten dazulegen. Alles weitere 10 Minuten rösten, bis die Haut von Paprika und Chilis schwarz ist und Blasen wirft (die Chilis sollten dabei nicht zu sehr austrocknen). Herausnehmen, mit Frischhaltefolie abdecken und abkühlen lassen.

Sobald man die Paprikaschoten anfassen kann, die Haut abziehen und Stielansätze, Samen sowie Scheidewände entfernen. Die Schoten grob hacken und in einen Mixer geben. Das Fruchtfleisch der Chilis mit einem scharfen Messer aus den Häuten schaben (das ist weniger mühsam als der Versuch, sie zu häuten). Das Fruchtfleisch mit Sirup, Minze, Öl, Frühlingszwiebeln, Zitronensaft, 1 TL Salz und ½ TL Pfeffer in den Mixer geben. Alles in kurzen Intervallen zu einer ziemlich glatten Paste pürieren. Die Paste abschmecken und, falls nötig, mit Salz und/oder Zitronensaft nachwürzen.

Wird sie nicht sofort gegessen, die Paste in ein sterilisiertes Schraubdeckelglas füllen und die Oberfläche mit einer dünnen Schicht geschmacksneutralem Öl bedecken. Im Kühlschrank aufbewahrt, ist sie bis zu 1 Woche haltbar.

Guacamole mit Salzzitrone

Seit er sie vor gut 20 Jahren erfand, steht sie immer mal wieder auf Gregs Speisekarten. Sie stammt aus unserem ersten Buch, *Arabesque*. Wir stellen sie hier erneut vor, weil es eine so tolle Art ist, Guacamole aufzupeppen.

ERGIBT 400 G

1 große feste, reife Avocado, in 5-mm-Würfel geschnitten
1 Rispentomate, entkernt und in 5-mm-Würfel geschnitten
¼ kleine rote Zwiebel, sehr fein gewürfelt
1 große grüne Chilischote, entkernt und fein gehackt
1 kleine Handvoll Korianderblättchen, gehackt
Schale von ½ Salzzitrone (Fertigprodukt), fein gehackt
1 Knoblauchzehe
Saft von 1 Limette
Meersalz und frisch gemahlener Pfeffer
natives Olivenöl extra, gemahlener Sumach und Fladenbrot zum Servieren

Die Avocado mit Tomate, Zwiebel, Chili, Koriander und Salzzitrone in eine große Schüssel geben. Den Knoblauch mit ½ TL Meersalz zu einer Paste zerdrücken und mit dem Limettensaft verquirlen, dann ebenfalls in die Schüssel geben. Alles sehr behutsam mischen, dann mit Salz und Pfeffer abschmecken. Die Guacamole mit Olivenöl beträufeln, mit Sumach bestäuben und mit Fladenbrot servieren.

Scharfer roter Hummus

Die Zugabe von scharfer roter Paprikapaste macht Hummus viel interessanter. Je feiner Sie die Mischung pürieren, desto besser. Allein dafür lohnt es sich, die Mixermesser zu schärfen!

ERGIBT ETWA 450 G

400 g Kichererbsen (aus der Dose)
30 g Tahin (Sesammus), glatt gerührt
30 g Türkische Paprikapaste* und Paste zum Nachwürzen
¼ TL gemahlener Kreuzkümmel
30 ml Olivenöl
2 Eiswürfel
Saft von 1–1½ Zitronen
Meersalz und frisch gemahlener Pfeffer

Die Kichererbsen in ein Sieb abgießen, abspülen und abtropfen lassen. Mit Tahin, Paprikapaste und Kreuzkümmel in einen Mixer geben und so glatt wie möglich pürieren. Bei laufendem Gerät das Öl dazuträufeln und vollständig untermixen. Die Eiswürfel hinzufügen und weitermixen, bis sie geschmolzen sind. ¼ TL Salz, ¼ TL Pfeffer und Zitronensaft untermischen. Den Hummus abschmecken und, falls nötig, mit Paprikapaste, Zitronensaft, Salz und/oder Pfeffer nachwürzen.

***Anmerkung:** Verwenden Sie eine hochwertige Paprikapaste. Man bekommt sie in orientalischen Lebensmittelgeschäften oder kann sie selbst herstellen (s. S. 69).

Selbst gemachter Shanklish

Im Gegensatz zu der großen Auswahl an orientalischen Frischkäsesorten ist Shanklish ein gereifter Schimmelkäse mit typischem scharfem Geschmack. Im Prinzip handelt es sich um Labneh (S. 73), der weiter getrocknet, gesalzen und mit einer Bakterienkultur geimpft wurde. Nach dem Waschen wird der Käse mit Gewürzen wie Zatar, Anis, Sumach, Aleppo-Pfeffer und sehr scharfen Chiliflocken vermischt und darin gerollt. Konsistenz und Aroma entwickeln sich mit dem Alter: Er wird bröckeliger und trockener – manche dieser Käse sind so scharf, dass es einen glatt umhaut.

Zugegeben, Shanklish sieht nach nichts aus – mehr wie ein gammeliger, verbeulter Baseball als wie etwas, das man essen möchte. Doch ähnlich wie bei Blauschimmelkäse verfällt man dem Geschmack, sobald man sich an ihn gewöhnt hat. Dies hier ist unsere Hommage an Shanklish und wir finden, dass er dem Original sehr nahe kommt – obwohl wir den Käse mischen und kaum reifen lassen, was ihn cremiger macht. Shanklish wird üblicherweise als Salat gegessen (s. S. 140), aber wir genießen ihn so wie einen kräftigen Blauschimmelkäse: mit warmem knusprigem Brot oder auf Toast, in Suppen oder Salaten. Manchmal zerdrücken wir ihn sogar mit hart gekochten Eiern oder mischen ihn unter Kartoffelpüree.

ERGIBT 4 STÜCK

100 g Ziegenkäserolle, grob zerkleinert
100 g Feta, zerbröckelt
70 g griechischer Joghurt
1 EL gemahlener Sumach
1 EL getrockneter Zatar oder Thymian
1 TL türkische Chiliflocken
1 TL frisch gemahlener weißer Pfeffer
Öl zum Formen
4 TL getrockneter Oregano

Ziegenkäse und Feta in eine Rührschüssel geben. Joghurt und Gewürze (bis auf den Oregano) hinzufügen und alles gründlich mischen (die Masse sollte recht glatt, aber trotzdem noch etwas stückig sein). In eine Schüssel füllen, abdecken und etwa 12 Stunden kalt stellen, bis die Masse fest geworden ist.

Die Masse auf die Arbeitsfläche geben und in 4 gleich große Portionen teilen. Mit eingeölten Händen zu Kugeln rollen und diese in dem Oregano wälzen. Luftdicht verpackt ist der Shanklish im Kühlschrank bis zu 1 Woche haltbar.

Selbst gemachter Shanklish ist weicher als die kommerzielle Version, deshalb bricht man ihn in kleine Stücke statt ihn zu zerbröckeln.

Labneh

Ein Leben ohne Joghurt können wir uns nicht vorstellen. Wir beide essen ihn becherweise und praktisch zu jeder Mahlzeit. Wir sind fest von seinen gesundheitsfördernden Eigenschaften überzeugt – nicht nur, weil er köstlich ist – und schätzen seine Vielseitigkeit für herzhafte und süße Speisen.

Besonders gern mögen wir Labneh. Das ist Joghurt, den man in ein Tuch gegeben hat, damit die Molke abtropft. Dadurch wird er cremiger. Natürlich gibt es Unterschiede, abhängig davon, welchen Joghurt man verwendet (einige Sorten sind flüssiger als andere) und wie lange man ihn abtropfen lässt. Im äußersten Fall erhält man einen kräftigen, recht sauren trockenen Käse. Diese Art von Labneh ist einige Tage abgetropft. Sie wird zu kleinen Kugeln geformt, die dann in Kräutern und Gewürzen gerollt und in Olivenöl eingelegt werden können; so sind sie mehrere Monate haltbar. Frischeren Labneh hat man nur ein paar Stunden und nicht tagelang abtropfen lassen. Er besitzt die Konsistenz von Streichkäse, schmeckt mild und frisch und kann pur oder mit etwas Salz, Pfeffer und Olivenöl verzehrt sowie mit anderen Zutaten zu einem Dip verarbeitet werden, etwa zum allseits beliebten Zaziki.

Diverse Zaziki-Varianten finden sich in unseren früheren Büchern. Deshalb stellen wir hier ein Grundrezept für Labneh sowie unsere liebsten – und etwas ungewöhnlicheren – Labneh- und Joghurtkäserezepte (S. 73–74) vor.

ERGIBT ETWA 500 G

Labneh: abgetropfter Joghurt

1 kg Joghurt (keinen griechischen Joghurt, der bereits cremig ist und möglicherweise Gelatine enthält)

Herzhafter Labneh

1 Knoblauchzehe, mit 1 TL Meersalz zu einer Paste zerdrückt

2 EL natives Olivenöl extra

Nach Geschmack mit dem Knoblauch 10 Safranfäden oder 1–2 EL Harissa, geräuchertes Paprikapulver oder gehackte, mit Öl gemischte Kräuter hinzufügen.

Süßer Labneh

2 EL flüssiger Honig

Nach Geschmack mit dem Honig Mark von 1 Vanilleschote, grob zerstoßenen Samen aus 4 Kardamomkapseln oder 1 TL Orangenblüten- oder Rosenwasser hinzufügen.

Joghurt und Würzzutaten in ein Geschirrtuch geben. Die vier Ecken des Tuches darüber so zusammenbinden, dass ein Beutel entsteht. Den Beutel oben fest zusammendrehen, damit der Abtropfprozess beginnt. Dann an einem Kochlöffelstiel über eine große Schüssel hängen und den Joghurt mindestens 4 Stunden, besser über Nacht, abtropfen lassen. Das ergibt einen dick-cremigen Joghurt, ähnlich wie Crème fraîche, der sich vor allem als Beilage eignet.

Lässt man den Joghurt 24–48 Stunden abtropfen, entsteht ein fester Labneh, dessen Konsistenz ähnlich wie die von Frischkäse ist. Er passt zu würzigen Gerichten (z. B. Tajines, indischen Currys und vielen Reisgerichten). Man kann ihn auch mit frischen Kräutern und/oder frischem Gemüse verrühren und als Dip reichen oder einfach mit etwas nativem Olivenöl extra beträufeln und mit knusprigem Brot und Oliven essen.

Nach einer Abtropfzeit von 48–72 Stunden ist ein viel festerer Joghurtkäse entstanden (nach 72 Stunden ist er wirklich sehr fest und trocken). Aus dem Tuch nehmen und mit eingeölten Händen kleine Kugeln daraus formen. Die Kugeln mit Olivenöl und den eigenen Lieblingskräutern in sterilisierte Gläser füllen.

Türkischer Labneh mit Möhren

Diese Version mag seltsam klingen, macht aber absolut süchtig. Die Süße der Möhren bildet mit Chilischärfe und Zitrusduft einen schönen Kontrast zum cremigen Labneh.

ERGIBT 400 G

20 g Butter
30 ml Olivenöl
150 g Möhren, grob geraspelt
1 Knoblauchzehe, fein gerieben
½ TL türkische Chiliflocken
abgeriebene Schale von ½ Bio-Limette
200 g Joghurt, 12 Stunden abgetropft (s. S. 73)
1 EL Sahne oder Joghurt
Meersalz und frisch gemahlener Pfeffer
natives Olivenöl extra zum Servieren

Die Butter mit dem Öl in einer großen Pfanne bei mittlerer Hitze zerlassen. Möhrenraspel und Knoblauch darin 5–7 Minuten anschwitzen, bis die Möhren weich und kräftig orange werden. Chili, Limettenschale, ½ TL Salz und ½ TL Pfeffer unterrühren. Vom Herd nehmen und in der Pfanne abkühlen lassen. Den Labneh in eine Schüssel geben. Die Möhrenmischung hinzufügen und mit der Sahne unterschlagen. Abschmecken und mit Olivenöl servieren.

Labneh mit Artischocke & Zitrone

Dieser Dip entstand zufällig durch das zu lange Garen in Öl geschmorter Artischocken (S. 158). Sie können diese verwenden oder in Öl eingelegte Artischocken aus dem Glas nehmen.

ERGIBT 350 G

1 EL Olivenöl
1 Schalotte, fein gewürfelt
1 Knoblauchzehe, fein gehackt
50 g hochwertige Artischocken in Öl (Fertigprodukt oder s. S. 158), in 1-cm-Würfel geschnitten
Schale von ¼ Salzzitrone (Fertigprodukt), fein gehackt
abgeriebene Schale von ½ Bio-Zitrone
¼ TL türkische Chiliflocken
80 g Joghurt, 12 Stunden abgetropft (s. S. 73)
Meersalz und frisch gemahlener weißer Pfeffer
natives Olivenöl extra zum Servieren

Das Öl in einer Pfanne erhitzen. Die Schalotte darin mit dem Knoblauch bei mittlerer Hitze 5 Minuten anschwitzen, bis sie glasig und weich ist. Die Artischocken dazugeben und mit einem Kochlöffel zerteilen. 15–20 Minuten mitgaren, bis sie sehr weich sind. Salzzitrone, Zitronenschale, Chili, Salz und Pfeffer unterrühren. Vom Herd nehmen und auskühlen lassen. Mit dem Labneh in einen Mixer geben und pürieren (das Püree sollte recht glatt sein, darf aber noch Stückchen enthalten). Abschmecken und mit Olivenöl servieren.

Klassischer Labneh in Öl

ERGIBT ETWA 500 G

1 kg Joghurt (s. S. 73), 48–72 Stunden abgetropft
1 Handvoll gemischte Kräuter (z. B. glatte Petersilie, Minze, Schnittlauch, Estragon, Dill), gehackt (nach Belieben)
½ TL Pfefferkörner
Olivenöl und Öl zum Formen
Rosmarinzweige, zerzupft, zum Servieren (nach Belieben)

Den abgetropften Joghurt aus dem Tuch nehmen und daraus mit eingeölten Händen kleine Kugeln formen. Die Kugeln nach Belieben in den Kräutern rollen. Mit den Pfefferkörnern in ein sterilisiertes Glas füllen und so viel Öl dazugießen, dass sie vollständig bedeckt sind. Zum Servieren nach Belieben mit Rosmarin bestreuen.

Pickles & Relishes

Die Menschen im Vorderen Orient sind brillante Selbstversorger. Im Sommer wird dort alles Obst und Gemüse, dessen man habhaft werden kann (oft selbst angebaut), eingemacht, eingelegt und eingekocht. So ist man für kalte, dunkle Winter bestens gerüstet.

Heutzutage ist es nicht mehr so dringend erforderlich, die Haltbarkeit von Obst und Gemüse zu verlängern. Schließlich ist viel davon das ganze Jahr über erhältlich. Beim Konservieren – sei es Einlegen in Lake, Essig oder Öl, Pökeln oder Trocknen – geht es inzwischen mehr darum, wie diese Verfahren Geschmack und Konsistenz der Zutaten verändern. Denken Sie nur an den typisch salzig-sauren Geschmack einer marokkanischen Salzzitrone, die Knackigkeit einer Gewürzgurke oder den weichen Biss und das fruchtige Aroma einer sonnengetrockneten Tomate.

Wie die meisten Menschen im Vorderen Orient liebt Greg Saures und Salziges und ist daher ein großer Fan von sauer eingelegtem Gemüse. Ob eine einzige Sorte, in kräuterwürzigen Essig eingelegt, oder eine knackige Gemüsemischung, mit Gewürzen zu einem farbenfrohen, pikanten Relish oder einem dunklen, hocharomatischen Chutney verarbeitet – jedes hat seinen Platz auf der orientalischen Tafel. Sie passen zu Käse, üppigen Suppen, Schmorgerichten und aromatischem gegrilltem Fleisch oder Gemüse und peppen sättigende, aber langweilige stärkehaltige Gerichte aus Reis, anderem Getreide oder Hülsenfrüchten auf.

Keines der Rezepte in diesem Kapitel stellt eine technische Herausforderung dar und Sie benötigen auch keine besondere Ausstattung (bis auf einen großen Topf und ein paar Einmachgläser). Lassen Sie sich also nicht von der Vorstellung abschrecken, die Küche in eine Konservenfabrik zu verwandeln. Die Freude beim Anblick der vielen Gläser mit selbst gemachtem Inhalt ist unvergleichlich.

Geröstete Tomaten mit Granatapfel & Thymian

Dieses Rezept für halbgetrocknete Tomaten geht auf eines unserer früheren Kochbücher *(Turquoise)* zurück. Wir haben es entwickelt, um eine Möglichkeit zu zeigen, wie man die hocharomatischen sonnengetrockneten Tomaten nachempfinden kann, die man in der Türkei während der heißen Sommermonate überall sieht. Dort werden sie mit Paprika- und Chilischoten in der Sonne getrocknet, aber das Rösten im Ofen klappt fast genauso gut. Sie sind aus unserer Vorratskammer nicht wegzudenken und wir benutzen sie reichlich, so wie wir gekaufte sonnengetrocknete Tomaten verwenden würden: in Salaten, Eintöpfen, Pilaws und Saucen – oder pur als Teil einer Mezze-Auswahl. Die gerösteten Tomaten sind 10 Tage haltbar (mit Öl in sterilisierte Gläser gefüllt sogar einige Monate).

ERGIBT ETWA 500 G

125 ml Olivenöl
60 ml Sherryessig
40 ml Granatapfelsirup
1 TL Harissa (Fertigprodukt oder S. 56)
1 TL gemahlener Sumach
einige Thymianzweige
1 kg Rispentomaten, längs halbiert
Meersalz und frisch gemahlener Pfeffer

Den Backofen auf 120 °C (Umluft) vorheizen.

Das Öl in einer großen Schüssel mit Essig, Sirup, Harissa, Sumach und Thymian verquirlen. Die Tomaten hinzufügen. Behutsam in der Mischung wenden, bis sie ganz damit überzogen sind.

Die Tomaten mit den Schnittflächen nach oben auf Gitter legen und diese in tiefe Backbleche setzen (vermutlich benötigen Sie zwei davon). Kräftig mit Salz und Pfeffer würzen und im heißen Ofen 3–5 Stunden rösten (je nachdem, wie prall und saftig sie sind. Sie sollten schrumpfen und runzelig werden, dabei aber eher feucht bleiben. Man kann sie sogar über Nacht im Backofen lassen).

Die Tomaten aus dem Ofen nehmen und auf den Gittern abkühlen lassen. In einen flachen Behälter schichten, dabei die einzelnen Schichten mit Backpapier voneinander trennen. Im Kühlschrank sind die Tomaten bis zu 1 Woche haltbar. Alternativ die kalten Tomaten in sterilisierte Gläser füllen und Olivenöl dazugießen (sie müssen ganz davon bedeckt sein und es darf keine Luft eingeschlossen werden). Luftdicht verschlossen sind die Tomaten bis zu 3 Monate haltbar. Geöffnete Gläser im Kühlschrank aufbewahren und den Inhalt innerhalb von 1 Monat verbrauchen.

Mini-Auberginen mit Walnuss-Chili-Füllung

Diese gefüllten Auberginen gehören zu unseren libanesischen Lieblings-Pickles. Man isst sie als Bestandteil einer Mezze-Auswahl oder zum Frühstück – eine tolle Art, am Morgen die Geschmacksknospen zu wecken. Bei einigen Varianten werden gehackte Chilis zur Füllung gegeben, was sie noch schärfer macht. Sie schmecken gut mit pikantem Frischkäse, knackigen Gurken und Tomaten – und reichlich warmem Fladenbrot.

Dieses Rezept haben wir von Gregs Schwägerin, Amal Malouf, bekommen, die eine hervorragende Köchin ist. Nach Mini-Auberginen werden Sie wohl etwas suchen müssen. Am ehesten finden Sie sie in gut sortierten Supermärkten, orientalischen Lebensmittelgeschäften oder Asienläden.

ERGIBT 1 KG

1 kg Mini-Auberginen (höchstens 5 cm lang)
Meersalz
150 g Walnusshälften, grob gehackt
2 EL Oreganoblättchen
4 Knoblauchzehen, in dünne Scheiben geschnitten
1 l Olivenöl
2–3 kleine rote Chilischoten, aufgeschlitzt

Die Auberginen waschen und trocken reiben. Für 5 Minuten in sprudelnd kochendes Wasser geben, dann mit kaltem Wasser abschrecken und in einem Sieb abtropfen lassen. Die Auberginen längs bis 1 cm unter dem Stiel halbieren und die Schnittflächen mit Salz einreiben. Die Früchte zudrücken, in das Sieb schichten und mit einem Teller beschweren. 24–48 Stunden abtropfen lassen.

Die Auberginen abspülen und sorgfältig trocken reiben. Jede Aubergine mit einigen Walnussstücken, Oreganoblättchen und Knoblauchscheiben füllen. Dicht an dicht in ein großes, sterilisiertes Schraubdeckelglas drücken. Das Glas mit der Öffnung nach unten für 1 Stunde in ein Sieb setzen, damit noch mehr Flüssigkeit abtropfen kann.

Das Glas wieder umdrehen und mit dem Olivenöl füllen. Dabei dürfen keine Luftkammern entstehen. Sollten sich welche bilden, diese mit einem Kochlöffelstiel entfernen. Die Chilis in das Glas drücken (Auberginen und Chilis müssen vollständig von Öl bedeckt sein). Das Glas luftdicht verschließen und vor dem Verzehr 2 Wochen an einen kühlen Platz stellen.

Die Auberginen sind bis zu 1 Jahr haltbar. Das Glas nach dem Öffnen im Kühlschrank aufbewahren und den Inhalt innerhalb von 6 Wochen verbrauchen.

Auberginen-Relish

Wieder etwas, das zu fast allem passt: von Gegrilltem bis zu Couscous, von Pilaw bis zu anderen Getreidegerichten.

ERGIBT ETWA 350 G

2 große Auberginen, geschält und in 2 cm große Würfel geschnitten
Meersalz zum Entwässern
100 ml Olivenöl
2 rote Zwiebeln, fein gewürfelt
1 Knoblauchzehe, in dünne Scheiben geschnitten
1 TL gemahlener Kreuzkümmel
½ TL gemahlene Kurkuma
½ TL Paprikapulver (edelsüß)
¼ TL Cayennepfeffer
2 Rispentomaten, entkernt und gewürfelt
½ TL Meersalz
1 TL Zucker
Saft von 1 Zitrone
1 kleine Handvoll glatte Petersilienblättchen, fein gehackt
1 kleine Handvoll Korianderblättchen, fein gehackt
1 kleine Handvoll Minzeblättchen, fein gehackt

Die Auberginenwürfel in ein Sieb geben und mit Salz bestreuen. Nach 20 Minuten mit kaltem Wasser abspülen und mit Küchenpapier trocken tupfen.

Das Öl in einer Pfanne bei mittlerer Hitze erwärmen. Die Auberginenwürfel darin unter gelegentlichem Wenden etwa 10 Minuten braten, bis sie leicht gebräunt sind. Mit einem Schaumlöffel aus der Pfanne heben und zum Abtropfen in ein Sieb geben.

Zwiebeln, Knoblauch und Gewürze in die Pfanne geben und im verbliebenen Öl bei schwacher Hitze unter gelegentlichem Rühren 5 Minuten braten.

Die Auberginenwürfel mit Tomaten, Salz, Zucker, Zitronensaft und 175 ml Wasser in die Pfanne geben und das Ganze 8 Minuten köcheln lassen. (Dann sollte der Großteil der Flüssigkeit verdampft und das Gemüse sehr, sehr weich sein.) Vom Herd nehmen und die Kräuter unterrühren. Zimmerwarm servieren oder luftdicht verpacken, kalt stellen und innerhalb von 5 Tagen verbrauchen.

Paprika & Schalotten in Zitronenöl

Verwenden Sie für dieses Rezept spitze Paprikaschoten (z. B. Bullhorn-Paprika) in möglichst vielen verschiedenen Farben – von Gelb über Orange bis hin zu mehrfarbig. Nach dem Rösten werden Paprika und Schalotten für eine Art Confit sehr sanft in Zitronenöl geschmort. Dieses Rezept ergibt mehr von dem Öl, als Sie benötigen, doch es lohnt sich kaum, eine kleinere Menge herzustellen, und außerdem ist es ein wunderbar vielseitiges Öl, das Sie für diverse Dressings verwenden können. Gegessen werden Paprika und Schalotten wie Peperonata: als Beilage, als Teil einer Mezze-Auswahl oder erwärmt und mit Rucola und Feta als Salat serviert.

FÜR 4 PERSONEN

Gemüse

8 spitze rote Paprikaschoten (z. B. Bullhorn-Paprika)
6 ungeschälte Schalotten
Olivenöl
Zesten von 1 Bio-Zitrone

Zitronenöl

250 ml Olivenöl
2 Bio-Zitronen, geviertelt
4 ungeschälte Knoblauchzehen
1 EL Koriandersamen
1 EL Pfefferkörner
3 Sternanis
2 Lorbeerblätter
1 Zimtstange

Für das Zitronenöl das Öl in einem großen Topf auf etwa 37 °C erhitzen. Zitronen, Knoblauch, Koriander, Pfeffer, Sternanis, Lorbeer und Zimtstange in eine Schüssel geben und mit dem Öl begießen. Abgedeckt über Nacht ziehen lassen.

Den Backofen auf 200 °C (Umluft) vorheizen und ein Backblech mit Alufolie auslegen. Für das Gemüse Paprika und Schalotten auf das vorbereitete Blech legen und mit etwas Öl beträufeln. Im heißen Ofen 25 Minuten rösten, bis sich die Haut schwarz färbt und Blasen wirft. Dabei einmal wenden. Die Paprikaschoten aus dem Ofen nehmen, in eine Auflaufform legen und mit Frischhaltefolie abdecken. Die Backofentemperatur auf 180 °C (Umluft) reduzieren. Die Schalotten weitere 5–10 Minuten rösten, dann ebenfalls aus dem Ofen nehmen. Den Ofen nicht ausschalten.

Sobald das Gemüse so weit abgekühlt ist, dass man es anfassen kann, die Paprikaschoten häuten und längs bis zum Stiel halbieren. Samen und Trennwände entfernen. Die Schalotten schälen und in dünne Ringe schneiden.

Schalotten und Paprikaschoten in die Auflaufform geben. Die Zesten hinzufügen. Das Zitronenöl durch ein feines Sieb gießen. 100 ml abmessen und über das Gemüse träufeln. (Das restliche Öl in eine sterilisierte Flasche füllen und für Salatsaucen verwenden.) Die Form für 8 Minuten in den heißen Ofen stellen.

Das Gemüse vor dem Servieren gut abtropfen lassen. Wird es nicht sofort gegessen, ist das Gemüse luftdicht verpackt im Kühlschrank bis zu 5 Tage haltbar.

Sauer-scharf eingelegte Möhren

Diese beliebten Pickles passen zu fast allem. Wir sind überzeugt, dass sie süchtig machen – wir zumindest können bei einer einzigen Mahlzeit ein ganzes Glas leeren.

ERGIBT ETWA 4 GLÄSER À 340 ML

Gemüse

1 kg Möhren
3 EL Pflanzenöl
2 TL Kreuzkümmelsamen
2 TL Senfsamen
6 frische Curryblätter (zur Not gehen auch getrocknete)
100 ml Apfelsaft
200 ml Apfelessig

Würzpaste

2 TL Kreuzkümmelsamen
3–4 kleine getrocknete rote Chilischoten (je nach Schärfe)
1 TL Meersalz
5 Knoblauchzehen, grob gehackt
50 g Ingwer, grob gehackt
1 TL gemahlene Kurkuma
75 g brauner Zucker

Für das Gemüse die Möhren schälen, dann in etwa 6 cm lange Stücke und diese in streichholzdünne Stifte schneiden. Beiseitestellen.

Für die Würzpaste den Kreuzkümmel mit den Chilis in einem Mörser zu feinem Pulver zerstoßen. Salz, Knoblauch und Ingwer dazugeben und alles zu einer ziemlich glatten Paste zerdrücken. Kurkuma und Zucker hinzufügen und gut untermischen.

Das Öl in einem großen Schmortopf erhitzen. Kreuzkümmel und Senf darin 10 Sekunden braten, bis die Samen zu springen beginnen. Die Curryblätter dazugeben und 1–2 Minuten mitbraten, bis sie glasig werden. Die Würzpaste hinzufügen und alles unter Rühren 2 Minuten braten. Apfelsaft und -essig angießen und stark erhitzen, aber nicht sprudelnd kochen lassen. Die Möhren unterrühren, bis sie von der würzigen Flüssigkeit überzogen sind.

Das Ganze 15–20 Minuten schwach köcheln lassen. Dabei alle paar Minuten umrühren, damit die Möhren gleichmäßig garen. (Gegen Ende der Garzeit sollten die Möhrenstifte weich, aber noch nicht zerfallen sein. Die Flüssigkeit sollte um ein Drittel eingekocht sein.)

Leicht abkühlen lassen, dann in sterilisierte Gläser füllen. Die Gläser fest verschließen. Die Möhren sind bis zu 3 Monate haltbar. Geöffnete Gläser im Kühlschrank aufbewahren und den Inhalt innerhalb von 5 Tagen verbrauchen.

Suppen

In der westlichen Welt kommt Suppe kulinarisch oft eine Nebenrolle zu. Im Gegensatz dazu wird sie im Vorderen Orient geradezu verehrt. In einigen Gegenden gibt es spezielle Suppenläden, die nicht nur ausschließlich Suppe, sondern oft nur eine ganz bestimmte Suppe verkaufen. Suppe isst man morgens, mittags und abends, und in manchen Regionen hat sie einen hohen Symbolwert. Im Iran gibt es Suppen, die serviert werden, wenn ein Kind den ersten Zahn bekommen hat oder jemand eine Reise antritt. In der Türkei isst man Suppen während einer Hochzeitsfeier – oder danach gegen den Kater. Einige Suppen sind mit religiösen Festen verbunden und werden zu ganz bestimmten Zeiten gegessen, beispielsweise die berühmte marokkanische *harira*, die verzehrt wird, um das tägliche Fasten während des Ramadans zu brechen. Andere Suppen wurden zu Nationalgerichten erklärt, etwa die sattgrüne ägyptische *molokhia*.

Egal, ob sie Gemüse, Getreide oder Fleisch enthalten, dick- oder dünnflüssig, heiß oder kalt, edel und glatt oder deftig und voller Hülsenfrüchte, Nudeln oder Klöße sind – das ganze Jahr über gehören Suppen zu unseren Lieblingsgerichten. Die Rezepte in diesem Kapitel sollen dem besten Gemüse der Saison auf orientalische Art Ehre erweisen.

Gemüsebrühe

Natürlich kann man heutzutage gute Gemüsebrühe kaufen. Doch die meisten Produkte, die man im Supermarkt bekommt, schmecken stark nach getrockneten Kräutern, was vielen Gerichten nicht zuträglich ist. Wenn möglich, sollten Sie ein flüssiges Produkt - und nicht Brühwürfel oder Granulat - verwenden. Doch am allerbesten ist Brühe, die man selbst gekocht hat.

Dies hier ist eine sehr fettarme Brühe mit dezentem, frischem Geschmack. Wir stellen sie in ziemlich großen Mengen her und frieren sie dann in 500-ml-Portionen ein. Safran steuert sein typisches Aroma und seine schöne Farbe bei, doch ob Sie ihn verwenden, bleibt gänzlich Ihnen überlassen.

ERGIBT 4 L

2 große Zwiebeln, grob gehackt
2 Lauchstangen, grob zerkleinert
3 große Möhren, grob zerkleinert
4 Stangen Staudensellerie, grob zerkleinert
1 Knoblauchknolle, quer halbiert
2 Lorbeerblätter
1 Handvoll Thymianzweige
1 TL weiße Pfefferkörner
15–20 Safranfäden (nach Belieben)

Alle Zutaten in einen sehr großen Topf geben und mit reichlich Wasser bedecken (mindestens 4 l).

Aufkochen, dann bei schwacher Hitze 1 Stunde köcheln lassen. Schaum, der an die Oberfläche steigt, abheben (das wird nicht besonders viel sein).

Vom Herd nehmen und den Topf mit Frischhaltefolie luftdicht verschließen. (Wie durch Zauberhand wird dadurch die Brühe klar und das Gemüsearoma verfliegt nicht.)

Nach 1 Stunde die Folie entfernen. Soll die Brühe so klar wie möglich bleiben, das Gemüse mit einem Sieb nach unten drücken und die Brühe aus dem Topf schöpfen. (Wenn Sie die Brühe einfach durch ein feines Sieb gießen, wird sie trüb.) Die Brühe direkt in einen Messbecher schöpfen und für den späteren Gebrauch in 500-ml-Portionen einfrieren.

***Anmerkung:** Wir verwenden für Brühen und Fonds keine ganzen Tomaten, weil die Kerne sie bitter machen. Falls Sie aber Tomatenschalen von anderen Rezepten (z. B. S. 106 und S. 209) übrig haben, können Sie diese in den Topf geben. Auch ein paar Pilze wären eine gute Zugabe, allerdings müssen zuvor die Lamellen entfernt werden, sonst verfärben sie die Brühe.

Kalte Joghurtsuppe mit Gurke, Korinthen & Walnüssen

Dass wir süchtig nach Joghurt sind, ist kein Geheimnis. Das passt zu der Gewohnheit der Menschen im Vorderen Orient, an unerträglich heißen Sommertagen den Durst mit verdünntem Joghurt zu stillen.

Joghurt dient nicht nur als Getränk, sondern wird auch für eiskalte, sommerliche Suppen verwendet – besonders im Iran und in der Türkei. Einige kalte Varianten sind nicht viel mehr als knoblauchwürzige Pürees aus Gurke, Joghurt und Kräutern, während andere mit gemahlenen Nüssen angedickt oder verschwenderisch mit Trockenfrüchten und Rosenblütenblättern garniert werden (mehr dazu in unserem Buch *Saraban*).

Wir sind der Meinung, dass kalte Suppen entwertet werden, wenn man sie zu fein püriert. Deshalb werden die Gurken hier geraspelt. Die Suppe schmeckt hervorragend mit warmem oder gegrilltem Brot. Die Garnitur sieht wunderschön aus, aber natürlich können Sie sie auch weglassen.

FÜR 4–6 PERSONEN

3 kleine Salatgurken, geschält
1 kleine Knoblauchzehe, mit 1 TL Meersalz zerdrückt
2 EL gehackte Estragonblättchen
2 EL feine Schnittlauchröllchen
1 EL gehackte Kerbelblättchen
1 TL getrocknete Minze
800 g griechischer Joghurt
40 g fein gehackte Walnusskerne
2 EL Korinthen
1 Spritzer Zitronensaft
Meersalz und frisch gemahlener weißer Pfeffer
gehobelte Pistazienkerne, Radieschenscheiben, Rosenblütenblätter, gemahlener Sumach oder sogar 1 Prise türkische Chiliflocken zum Garnieren (nach Belieben)

Die Gurken längs halbieren und die Samen herausschaben. Ein Sieb auf einen Teller stellen. Die Gurken hineinraspeln. 30 Minuten kalt stellen.

Erst die Knoblauchpaste, dann die Kräuter mit einem Schneebesen unter den Joghurt schlagen.

Die Gurkenraspel kräftig ausdrücken, dann unter den Joghurt rühren. Die Mischung mit Salz und ¼ TL Pfeffer würzen. Mindestens 1 Stunde kalt stellen, damit sich die Aromen entfalten können.

Unmittelbar vor dem Servieren Nüsse und Korinthen unterrühren. Sollte die Suppe zu dickflüssig sein, bis zu 300 ml eiskaltes Wasser unterschlagen (möglicherweise ist das aber gar nicht erforderlich). Den Zitronensaft hinzufügen und die Suppe abschmecken.

Die Joghurtsuppe nach Belieben mit Pistazien, Radieschen, Rosenblättern und/oder den weiteren Garnituren bestreuen. Sofort servieren.

Spargel-Avgolemono

Suppen und Saucen mit Ei und Zitrone sind sowohl für die griechische als auch für die türkische Küche typisch; sie lassen sich bis ins Mittelalter zurückverfolgen. Das Angenehme an *avgolemono* (so heißen sie auf Griechisch) oder *terbiye* (Türkisch) ist, dass sie üppig und samtig, dabei aber erfrischend zitronig sind. Diese Kombination passt, wie Sauce hollandaise, hervorragend zu Spargel, enthält aber bei Weitem nicht so viel Butter.

FÜR 4 PERSONEN

1 EL Butter
1 kleine Schalotte, fein gewürfelt
200 g grüner Spargel
75 g Orzo (reisförmige Nudeln)
750–800 ml Gemüsebrühe (Fertigprodukt oder s. S. 88)
6 Eigelb
Saft von ½ Zitrone
Meersalz und frisch gemahlener Pfeffer
natives Olivenöl extra zum Servieren

Die Butter in einem Topf zerlassen. Die Schalotte darin einige Minuten anschwitzen, bis sie weich wird.

In der Zwischenzeit die Spargelstangen schälen. Die Spitzen abschneiden und beiseitelegen. Die Stangen schräg in dünne Scheiben schneiden. In den Topf geben und einige Minuten unter Rühren garen. Nudeln untermischen und mit Salz und Pfeffer würzen. 750 ml Brühe angießen. Aufkochen, dann bei schwacher Hitze etwa 8 Minuten köcheln lassen, bis die Nudeln gar, aber noch bissfest sind.

Währenddessen die Eigelbe in einer kleinen Schüssel mit dem Zitronensaft verquirlen. 1 Kelle heiße Brühe dazugeben und mit einem Schneebesen unterrühren. Die Mischung unter ständigem Schlagen in die schwach köchelnde Suppe gießen. Langsam weiterschlagen, bis die Suppe wieder schwach köchelt und andickt. (Die Suppe darf nicht kochen, sonst gerinnt sie! Sie soll zart gelb und schaumig-cremig werden.) Falls sie zu dickflüssig wird, die restliche Brühe untermischen.

Die Spargelspitzen in die Suppe geben und 3 Minuten darin garen. Die Suppe abschmecken und vor dem Servieren mit etwas Olivenöl beträufeln.

Maissuppe mit Reis, Joghurt & Minzbutter

Dass man Joghurt für eine heiße Suppe verwendet, kommt manchen Menschen im Okzident vielleicht seltsam vor – dort sieht man ihn eher als Grundlage für süße Desserts oder kalte Dips. Doch im Vorderen Orient sind heiße Joghurtsuppen sehr beliebt. Man dickt sie oft mit Reis, Kichererbsen, Bulgur oder Gerste an, was sie unglaublich kräftig und wohltuend macht.

Dies ist eine unserer absoluten Lieblingssuppen – Sie müssen sie probieren! Die feine Säure des cremigen Joghurts scheint eine besondere Affinität zu frischem Zuckermais zu haben. Zusammen ergeben beide eine Suppe, die sowohl deftig als auch erfrischend ist. Was Sie auch tun, lassen Sie keinesfalls die Minzbutter weg!

FÜR 4–6 PERSONEN

Suppe

1 EL Olivenöl
1 EL Butter
2 Schalotten, fein gewürfelt
2 Knoblauchzehen, fein gehackt
¼ Fenchel, fein gehackt
80 g Rundkornreis
1 Thymianzweig
1 Lorbeerblatt
½ kleine rote Chilischote, entkernt und fein gehackt
¼ TL frisch gemahlener weißer Pfeffer
Saft von ½ Zitrone
1–1½ l Gemüsebrühe (Fertigprodukt oder s. S. 88)
100 g Maiskörner (frisch oder aus der Dose)
300 g griechischer Joghurt
1 EL Speisestärke
1 Eigelb, leicht verquirlt
1 EL gehackte Estragonblättchen
50 g Sahne
Meersalz und frisch gemahlener Pfeffer

Minzbutter

40 g Butter
1 EL getrocknete Minze
½ TL scharfes geräuchertes Paprikapulver

Für die Suppe das Öl mit der Butter in einem großen Topf erhitzen. Schalotten, Knoblauch und Fenchel darin etwa 10 Minuten anschwitzen, bis sie glasig sind. Reis, Kräuter, Chili, weißen Pfeffer, Zitronensaft und 1 l Brühe hinzufügen. Bei schwacher Hitze etwa 20 Minuten köcheln lassen, bis der Reis zerfallen ist und die Suppe anzudicken beginnt. Den Mais dazugeben.

Den Joghurt in eine große Schüssel füllen und glatt rühren (so gerinnt er nicht, wenn man ihn in die heiße Suppe gibt). Die Speisestärke in 20 ml Wasser auflösen, mit dem Eigelb unter den Joghurt rühren und die Mischung in die heiße Suppe gießen. Die Suppe bei sehr schwacher Hitze köcheln lassen, dabei nur in eine Richtung rühren. (Die Suppe darf nicht kochen, sonst gerinnt sie!) Falls sie zu dickflüssig wird, etwas mehr Brühe untermischen.

Vor dem Servieren Estragon und Sahne unterrühren. Die Suppe mit Salz und Pfeffer abschmecken und auf vorgewärmte Suppenschalen verteilen.

Für die Minzbutter die Butter in einer kleinen Pfanne zerlassen. Minze und Paprikapulver unterrühren und die Butter aufschäumen lassen. Die heiße Minzbutter auf die Portionen verteilen und die Suppe sofort servieren.

Tomaten-Bohnen-Suppe mit Harissa & Honig

Verwenden Sie eine hochwertige gekaufte Harissa (oder s. S. 56) und gleichen Sie die Schärfe mit einem milden, nicht zu blumigen Honig aus. Wird die Suppe mit allen »Extras« serviert, ist sie ein deftiges, sättigendes Mittag- oder Abendessen. Anstelle von gehacktem hart gekochtem Ei und Kapern (deren Kühle angenehm mit der heißen Suppe kontrastiert) können Sie ein heißes pochiertes Ei zur Suppe geben, dessen Dotter nach dem Anstechen wie Lava in die scharfe Suppe strömt.

Wir verwenden für dieses Rezept Mangold, aber auch Grün- oder Schwarzkohl und sogar Spinat sind geeignet. Für die Suppe werden nur die Mangoldblätter benötigt. Die Stiele sollten Sie für ein anderes Gericht aufbewahren. Man kann sie z. B. grob hacken und mit Zitronensaft, gemahlenem Piment und gemahlenem Zimt in Olivenöl braten oder man blanchiert sie, mischt sie mit Olivenöl, Salz und Pfeffer und beträufelt sie mit Tahin.

FÜR 4–6 PERSONEN

40 ml Olivenöl
1 Lauchstange, fein gehackt
3 Knoblauchzehen, fein gehackt
1 TL gemahlener Kreuzkümmel
3 TL Harissa (Fertigprodukt oder s. S. 56)
1 TL Honig
1 Thymianzweig
400 g Cannellinibohnen (aus der Dose), abgespült und abgetropft
400 g gehackte Tomaten (aus der Dose)
750 ml Gemüsebrühe (Fertigprodukt oder s. S. 88)
½ TL Meersalz
¼ TL frisch gemahlener Pfeffer
75 g Mangoldblätter (etwa 2 große Handvoll), von den Stielen befreit
4–6 dicke Scheiben Sauerteigweißbrot
1–2 EL kleine Kapern in Lake, gründlich abgespült
2 kalte hart gekochte Eier, grob geraspelt
natives Olivenöl extra zum Servieren
2 EL Korianderblättchen, grob gehackt

Das Öl in einem großen Topf bei schwacher Hitze erwärmen. Den Lauch darin unter gelegentlichem Rühren in 8–10 Minuten weich und glasig werden lassen. Knoblauch, Kreuzkümmel, Harissa, Honig und Thymian hinzufügen. Einige Minuten weiterrühren, bis der Lauch von der Mischung überzogen ist und die Gewürze aromatisch duften.

Bohnen, Tomaten, Brühe, Salz und Pfeffer in den Topf geben. Aufkochen, dann bei schwacher Hitze 15 Minuten köcheln lassen.

In der Zwischenzeit den Mangold in Streifen schneiden. Die Mangoldstreifen in den Topf geben und in 5–8 Minuten zusammenfallen und weich werden lassen.

Kurz vor dem Servieren das Brot grillen oder toasten. In jede Suppenschale 1 Scheibe Brot legen.

Die Suppe darüberschöpfen. Die Portionen mit Kapern und hart gekochtem Ei garnieren, mit etwas Öl beträufeln, mit Koriander bestreuen und sofort servieren.

Pilzsuppe mit frischem Zatar

Diese Suppe kann man in der Saison mit frischen Wildpilzen zubereiten. Ansonsten schmeckt sie genauso gut mit Zuchtpilzen (z. B. braunen Champignons), da selbst eine relativ kleine Menge getrocknete Steinpilze für ein herrliches Aroma sorgt.

Zatar ist wilder Thymian aus dem Vorderen Orient. Mit seinem Geschmack und Duft ist Greg groß geworden. Das Kraut ist zunehmend auch anderswo erhältlich. Falls Sie es nicht bekommen, können Sie ohne Weiteres herkömmlichen Thymian oder sogar Oregano verwenden, die beide hervorragend zu Pilzen passen.

FÜR 4–6 PERSONEN

25 g getrocknete Steinpilze
50 ml Olivenöl
40 g Butter
1 kleine Lauchstange, in Streifen geschnitten
4 Schalotten, fein gewürfelt
2 Knoblauchzehen, fein gehackt
1 EL gehackte Thymianblättchen
40 ml halbtrockener Sherry
½ TL gemahlener Piment
400 g gemischte Pilze, grob gehackt
1 l Gemüsebrühe (Fertigprodukt oder s. S. 88)
2 gehäufte EL Mascarpone
Saft von ½ Zitrone
Meersalz und frisch gemahlener Pfeffer
1 Handvoll Zatar-, Thymian- oder Oreganoblättchen, grob gehackt

Die Steinpilze mit 250 ml Wasser bedecken und 15 Minuten darin einweichen.

Das Öl mit der Butter in einem Topf bei schwacher Hitze erwärmen. Den Lauch darin mit Schalotten, Knoblauch und Thymian etwa 10 Minuten anschwitzen, bis er weich ist.

Den Sherry mit dem Piment hinzufügen und einige Minuten sprudelnd kochen lassen, damit sich der Bratsatz löst. Die gemischten Pilze dazugeben und ein paar Minuten rühren, bis Flüssigkeit austritt.

Die Steinpilze aus der Einweichflüssigkeit fischen und in den Topf geben. Die Flüssigkeit durch ein feines Sieb in den Topf gießen. Alles gut verrühren und etwa 20 Minuten köcheln lassen, bis der Großteil der Flüssigkeit verkocht ist.

Die Brühe angießen. Aufkochen, dann 20 Minuten köcheln lassen. Die Suppe abschmecken und in einem Mixer oder einer Küchenmaschine glatt, aber nicht zu fein pürieren.

Die Suppe wieder in den Topf geben. Mascarpone und Zitronensaft unterrühren. Die Pilzsuppe abschmecken, mit dem Zatar bestreuen und sofort servieren.

Zitronige Linsensuppe mit Safranrührei

Dies ist eine der beliebtesten Suppen aus Gregs Anfangszeit in *O'Connell's Restaurant* in Melbourne, Australien. Wir können uns für einen kalten Winterabend nichts Besseres vorstellen. Sie ist wunderbar wärmend und dezent gewürzt. Das cremige Rührei macht das Gericht wohltuend und sättigend.

FÜR 4–6 PERSONEN

Suppe

50 ml Olivenöl
1 Zwiebel, fein gewürfelt
1 Knoblauchzehe, fein gehackt
1 große grüne Chilischote, entkernt und fein gehackt
250 g grüne Linsen
1 TL gemahlener Piment
1 TL Honig
Saft und abgeriebene Schale von 1 Bio-Zitrone
1–1¼ l Gemüsebrühe (Fertigprodukt oder s. S. 88)
1 große Handvoll Korianderblättchen und Korianderblättchen zum Garnieren
Meersalz und frisch gemahlener Pfeffer
natives Olivenöl extra zum Servieren

Rührei

4 Eier
10–15 Safranfäden, leicht geröstet und zerdrückt*
80 g Sahne
Meersalz und frisch gemahlener Pfeffer
40 g Butter

Für die Suppe das Öl in einem Topf mit schwerem Boden erhitzen. Die Zwiebel darin in 8–10 Minuten glasig anschwitzen. Knoblauch und Chili hinzufügen und 1 Minute mitgaren. Linsen, Piment, Honig, Zitronensaft und -schale dazugeben. 1 l Brühe oder 1 l Wasser angießen. Zum Kochen bringen und abschäumen. Bei schwacher Hitze 45 Minuten köcheln lassen, bis die Linsen sehr weich sind. Mit Salz und Pfeffer würzen. Den Koriander unterrühren. Den Topf vom Herd nehmen.

Die Suppe ohne Deckel 10 Minuten ruhen lassen, dann in einem Mixer oder einer Küchenmaschine pürieren. Abschmecken und, falls nötig, mit etwas Brühe verdünnen.

Kurz vor dem Servieren für das Rührei die Eier mit Safran, Sahne, Salz und Pfeffer verquirlen. Die Butter in einer Pfanne zerlassen und die Eier darin bei sehr schwacher Hitze unter gelegentlichem Rühren weich stocken lassen.

Die Suppe aufkochen, abschäumen und in Suppenschalen füllen. Auf jede Portion etwas Rührei und ein wenig Olivenöl geben und die Suppe mit Koriander garniert servieren.

***Anmerkung:** Zum Rösten der Safranfäden eine kleine Pfanne ohne Fett bei mittlerer Hitze etwa 30 Sekunden erwärmen. Die Pfanne vom Herd nehmen. Die Safranfäden hineingeben und gleichmäßig verteilen. 1–2 Minuten rösten, bis sie trocken werden. Gelegentlich rühren, damit sie gleichmäßig trocknen und nicht verbrennen. Die trockenen Safranfäden mit einem Löffelrücken zu Pulver zerdrücken.

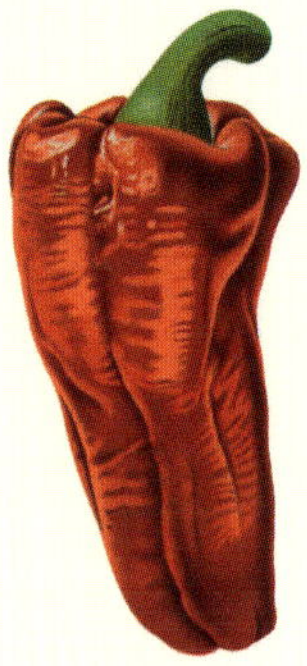

Gefülltes Gemüse

Ein ganz besonderes Kapitel, zeigt es doch die technische Begabung des orientalischen Familienkochs. Tatsächlich scheint es, als hegten die Menschen im Vorderen Orient (und im östlichen Mittelmeerraum bis hin nach Armenien) eine Leidenschaft dafür, alle möglichen Gemüsesorten mit Reis und Kräutern, Gewürzen, Fleisch oder Hülsenfrüchten zu füllen. Es lässt sich nicht leugnen, dass diese Gerichte einen hohen Arbeitsaufwand erfordern – besonders solche, bei denen ausgehöhlt, eingewickelt und aufgerollt wird –, was bedeutet, dass sie meist besonderen Anlässen vorbehalten sind. Doch sie bieten eine gute Gelegenheit dafür, dass Familie und Freunde zusammenkommen und helfen! Dabei geht es mindestens ebenso sehr um soziale Kontakte wie um das Essen. Für uns ist das eine der größten Freuden des Lebens.

Historiker streiten über den Ursprung gefüllten Gemüses – wie auch Türken und Griechen, die es beide für sich beanspruchen. Arto der Haroutunian schreibt in seinem wundervollen Buch *Zauber der orientalischen Küche: 130 Rezepte aus dem Reich der Düfte und Aromen*, dass sich der Brauch, Hackfleisch oder Weizen und Gewürze in Wein-, Kohl- und Feigenblätter zu wickeln, bis in das Sassanidische, Babylonische und Akkadische Reich bis etwa 3000 v. Chr. zurückverfolgen lässt. Mit der Zeit erweiterte man diese Praxis und füllte nicht nur Blätter, sondern auch Gemüse. Ihren Zenit erreichte die Zubereitungsart mit den aufwendigen Banketten aus den Küchen des Osmanischen Reiches.

Am weitesten verbreitet – und möglicherweise am typischsten – sind gefüllte Weinblätter, auch *dolmades* oder *sarma* genannt. Sind sie klassisch mit einer Mischung aus Reis und Lammhackfleisch gefüllt, serviert man sie heiß. Besteht die Füllung aus Reis mit Kräutern und Kombinationen aus Zimt, Piment und Minze sowie Pinienkernen, Kichererbsen oder Korinthen, werden sie zimmerwarm gegessen. Die aufgerollten Blätter werden dann in einer Flüssigkeit mit viel Öl langsam geschmort, wobei die Aromen mit der zitronigen Note der Weinblätter verschmelzen.

Andere beliebte Gemüsesorten zum Füllen sind Auberginen, Paprikaschoten, Tomaten und Zucchini. Auf den folgenden Seiten finden Sie unsere modernen Interpretationen davon, u. a. eine wunderbare vegetarische Variante des libanesischen Familienessens *kousa mahshi* (Gefüllte Zucchini).

Zucchiniblüten mit Halloumi in Oliven-Brioche-Panade

Diese knusprig frittierten Zucchiniblüten serviert man üblicherweise als Teil einer Mezze-Auswahl. Aber sie sind so beeindruckend, dass man sie auch allein als Vorspeise für ein festliches Menü einplanen kann. Versuchen Sie, eine hochwertige Brioche zu finden – sie garantiert hervorragende, ungemein knusprige goldbraune Brösel.

FÜR 4 PERSONEN

Zucchiniblüten

8 Zucchiniblüten
Pflanzen- und Olivenöl zum Frittieren
Meersalz und frisch gemahlener Pfeffer
1 Handvoll Purpurbasilikum (nach Belieben)
Zitronenschnitze zum Servieren

Panade

100 g Brioche
12 Kalamata-Oliven, entsteint, abgespült, trocken getupft und fein gewürfelt
1 TL getrockneter Zatar oder Thymian
1 TL Sesamsamen
Mehl zum Panieren
2 Eier, mit etwas Wasser leicht verquirlt

Füllung

100 g Halloumi, gerieben
50 g Mozzarella, gerieben
1 kleine Knoblauchzehe, mit ½ TL Meersalz zerdrückt
1 großzügige Prise gemahlener Kardamom
frisch gemahlener Pfeffer
¼ TL frisch geriebener Ingwer
2 EL fein gehackte glatte Petersilienblättchen
1 gehäufter TL fein gehackte Minzeblättchen
½ TL getrocknete Minze

Für die Panade die Brioche in einer Küchenmaschine zu feinen Bröseln verarbeiten. In eine Schüssel füllen und mit Oliven, Zatar und Sesam verrühren.

Für die Füllung Halloumi und Mozzarella mit den restlichen Zutaten mischen.

Für die Zucchiniblüten 1 Blüte behutsam öffnen, dann Stempel und Staubgefäße entfernen. Ein Achtel der Füllung zu einer daumengroßen Rolle formen und diese vorsichtig in die Blüte stecken. Die Spitzen der Blüte miteinander verdrehen. Mit den restlichen Zucchiniblüten genauso verfahren.

Mehl, verquirlte Eier und Brioche-Mischung getrennt in tiefe Teller geben und auf der Arbeitsfläche bereitstellen. Die Zucchiniblüten nacheinander dünn mit Mehl bestäuben, dann ins Ei tauchen und zum Schluss vorsichtig in der Brioche-Mischung wenden, bis sie gleichmäßig davon umhüllt sind.

Eine Fritteuse oder einen Topf etwa 8 cm hoch mit gleichen Teilen Pflanzen- und Olivenöl füllen und das Öl auf 190 °C* erhitzen.

Die Zucchiniblüten darin portionsweise 2–3 Minuten frittieren, bis die Panade knusprig und goldbraun wird. Dabei gelegentlich wenden, damit sie rundherum gleichmäßig Farbe annehmen. Auf Küchenpapier abtropfen lassen und mit etwas Salz und Pfeffer würzen. Nach Belieben mit dem Basilikum und mit Zitronenschnitzen sehr heiß servieren.

***Anmerkung:** Falls Sie kein Zuckerthermometer besitzen – das Öl hat die richtige Temperatur, wenn es Schlieren bildet. Wirft man 1 kleinen Brotwürfel hinein, muss dieser innerhalb von etwa 20 Sekunden an die Oberfläche steigen und bräunen.

Gefüllte und in Joghurt gegarte Zucchini

Dies ist eine vegetarische Variante von Gregs liebstem Familienessen, *kousa mahshi*. Für das deftige Eintopfgericht werden Zucchini mit einer Mischung aus Reis und Fleisch gefüllt und in einer würzigen Tomatensauce geschmort. Bei dieser edleren Variante wird der Reis mit Datteln, Gewürzen, Mandelblättchen und etwas Rosenwasser gemischt. Die Zucchini werden gedämpft und anschließend in einer samtigen heißen Joghurtsauce gegart.

Gedrungene, bauchige Zucchini eignen sich für dieses Gericht am besten, weil man sie leicht aushöhlen kann. Wir verwenden dafür ein Fischfiletiermesser mit langer, dünner Klinge und einen kleinen Kugelausstecher für Melonenbälle.

FÜR 4 PERSONEN

12 helle oder Mini-Zucchini (türkische Lebensmittelgeschäfte oder Hofläden)

Füllung

100 ml Olivenöl
1 kleine Zwiebel, fein gewürfelt
250 g Mittelkornreis
4 Medjool-Datteln, entsteint und in 1 cm große Würfel geschnitten
etwa 400 ml Gemüsebrühe (Fertigprodukt oder s. S. 88)
½ TL gemahlener Piment
¼ TL gemahlener Zimt
1 TL Meersalz
2 Lorbeerblätter
40 g Mandelblättchen
1 EL natives Olivenöl extra
3 EL Rosenblütenblätter
1 Schuss Rosenwasser

Joghurtsauce

600 g Joghurt
3 TL Speisestärke
2 Eigelb, leicht verquirlt
Meersalz und frisch gemahlener weißer Pfeffer
½ TL getrocknete Minze
natives Olivenöl extra zum Servieren

Für die Füllung ein Drittel des Olivenöls in einem Topf bei schwacher Hitze erwärmen und die Zwiebel darin etwa 5 Minuten anschwitzen. Den Reis hinzufügen. Rühren, bis die Körner von Öl und Zwiebelwürfeln überzogen sind. Die Datteln dazugeben und so viel Brühe angießen, dass der Reis etwa 1 Fingerbreit bedeckt ist. Gewürze, Salz und Lorbeer in den Topf geben. Den Reis zugedeckt bei sehr schwacher Hitze 5 Minuten köcheln lassen, bis die Körner gerade gar sind.

In der Zwischenzeit die Mandelblättchen unter ständigem Rühren im restlichen Olivenöl goldbraun braten.

Den Reis in eine Schüssel füllen und Lorbeerblätter entfernen. Mit dem nativen Olivenöl extra beträufeln und mit einer Gabel auflockern. Mandeln und 2 EL Rosenblätter unterrühren. Die Füllung auskühlen lassen.

Die kalte Füllung mit dem Rosenwasser beträufeln (nicht übertreiben, 2 TL sind mehr als genug).

Von den Zucchini am runden Ende je 1 dünnen Deckel abschneiden. Die Zucchini aushöhlen (die Wände sollen so dünn wie möglich werden, ohne dass die Schale verletzt wird). Die Zucchini zu je etwa zwei Drittel füllen, damit die Füllung sich beim Garen ausdehnen kann.

Die Zucchini in einen Dämpfeinsatz geben und über etwas köchelndem Wasser zugedeckt 35–40 Minuten dämpfen.

Währenddessen für die Joghurtsauce den Joghurt in eine große Schüssel geben und glatt rühren. Die Speisestärke mit 60 ml Wasser verrühren. Mit den Eigelben unter den Joghurt mischen. Die Sauce in einen großen Topf gießen und mit Salz und Pfeffer abschmecken. Bei schwacher Hitze etwa 5 Minuten nur in eine Richtung rühren, bis die Sauce angedickt ist.

Die Zucchini in die köchelnde Joghurtsauce legen und 5 Minuten darin ziehen lassen. Mit der getrockneten Minze und den restlichen Rosenblättern bestreuen, mit Olivenöl beträufeln und servieren.

Ofentomaten mit Safran, Bulgur & Berberitzen

Dieses Rezept basiert auf einem einfachen Gericht, das Gregs Mutter mit verschieden großen Tomaten aus dem Garten kochte. Man sollte es im Hochsommer zubereiten, wenn die Tomaten reif und aromatisch sind. Sofern Sie nicht selbst Tomaten anbauen, finden Sie die größte Auswahl vermutlich im Hofladen oder auf dem Wochenmarkt. Dort gibt es auch große Fleisch- und Ochsenherztomaten. Alte Sorten wie »Marmande« sind dort ebenfalls immer häufiger erhältlich. Auf keinen Fall sollten Sie »Salattomaten« aus dem Supermarkt verwenden.

FÜR 4 PERSONEN

Tomaten

200 g kleine bis mittelgroße Rispentomaten
80 ml natives Olivenöl extra
Meersalz
2 große Schalotten, in dünne Ringe geschnitten
1 TL türkische Chiliflocken
80 ml Gemüsebrühe (Fertigprodukt oder s. S. 88)
15 Safranfäden
4 Ochsenherztomaten oder andere große Tomaten
griechischer Joghurt zum Servieren

Füllung

120 g Bulgur
40 ml Olivenöl
2 kleine Schalotten, fein gewürfelt
2 Knoblauchzehen, fein gehackt
2 EL getrocknete Berberitzen (ersatzweise getrocknete Cranberrys oder Kirschen verwenden)
½ TL gemahlener Zimt
½ TL gemahlener Piment
2 EL gehobelte Pistazienkerne
½ TL Meersalz
½ TL frisch gemahlener Pfeffer

Für die Füllung den Bulgur 20 Minuten in kochend heißem Wasser einweichen. Anschließend in einem Sieb abtropfen lassen und mit den Händen so viel Wasser wie möglich herausdrücken.

Das Olivenöl in einer kleinen Pfanne erhitzen. Die Schalotten darin mit Knoblauch, Berberitzen und Gewürzen einige Minuten anschwitzen. Bulgur, Pistazien, Salz und Pfeffer unterrühren, dann beiseitestellen. (Sie können die Füllung bis zu 12 Stunden im Voraus zubereiten und abgedeckt im Kühlschrank aufbewahren.)

Den Backofen auf 180 °C (Umluft) vorheizen.

Für die Tomaten die Rispentomaten in eine ofenfeste Form legen. Mit der Hälfte des Öls beträufeln und mit Salz bestreuen. Im heißen Ofen etwa 10 Minuten rösten, bis sie platzen. Herausnehmen und abkühlen lassen, dann die Häute abziehen und entsorgen (oder für Gemüsebrühe verwenden, s. S. 88). Schalotten, Chiliflocken, Brühe und Safran in die Form geben.

Aus den großen Tomaten vom Stielende aus Strünke und Kerne herausschneiden. Anschließend mit einem Kugelausstecher oder einem Teelöffel möglichst viel Fruchtfleisch herauslösen. (Bei sogenannten Fülltomaten geht das ganz einfach, weil sich alle Samen in der Mitte befinden.) Das Fruchtfleisch fein hacken und unter die Füllung mischen.* Die Füllung auf die Tomaten verteilen und hineindrücken.

Die gefüllten Tomaten auf das Gemüse in der Form setzen. Die Form mit Alufolie abdecken und die Tomaten im heißen Ofen 30 Minuten garen. Direkt aus dem Ofen oder warm mit griechischem Joghurt servieren.

***Anmerkung:** Im Winter ist das Fruchtfleisch der meisten großen Tomaten wässrig und geschmacklos. Wir empfehlen, es dann wegzulassen, weil es dem Gericht keinerlei Aroma verleiht. Stattdessen sollten Sie die doppelte Menge Rispentomaten verwenden. Nach dem Rösten und Häuten die Hälfte aus der Form nehmen, hacken und unter die Füllung mischen.

Weinblätter mit Tomaten, Pinienkernen & Dill

Gefüllte Weinblätter findet man im gesamten Vorderen Orient und im Mittelmeerraum. Diese vegetarische Variante stammt aus der Türkei, wo sie *sarma* heißt. Die Röllchen sind besonders im Sommer beliebt, wenn man Appetit auf leichtere, fleischlose Speisen hat. Man isst sie zimmerwarm als Teil einer Mezze-Auswahl oder als kleine Vorspeise.

FÜR 6–8 PERSONEN

Weinblätter

750 g eingelegte Weinblätter (aus der Dose) oder 500 g frische Weinblätter
1 Bio-Zitrone, in Scheiben geschnitten
Saft von 1 Zitrone
50 ml Olivenöl

Füllung

50 ml Olivenöl
40 g Pinienkerne
1 große Zwiebel, fein gewürfelt
1 gestrichener TL gemahlener Piment
½ TL gemahlener Zimt
1 gestrichener TL getrocknete Minze
35 g Korinthen
250 g Rundkornreis
Meersalz und frisch gemahlener Pfeffer
250 ml Gemüsebrühe (Fertigprodukt oder s. S. 88)
1 Rispentomate, fein gewürfelt
2 EL fein gehackte Dillspitzen
2 EL fein gehackte glatte Petersilienblättchen

Für die Weinblätter die Blätter in reichlich kaltem Wasser 10 Minuten einweichen, dann abspülen und trocken tupfen oder frische Weinblätter waschen und anschließend 30 Sekunden in kochendem Wasser blanchieren, danach in kaltem Wasser abschrecken.

Für die Füllung das Öl in einem Topf mit schwerem Boden erhitzen. Die Pinienkerne darin bei mittlerer Hitze einige Minuten braten, bis sie goldbraun sind. Die Zwiebel hinzufügen und unter Rühren weich werden lassen, dann Gewürze, Minze, Korinthen, Reis, Salz und Pfeffer dazugeben. Alles gut verrühren. Die Hälfte der Brühe in den Topf gießen. Das Ganze bei schwacher Hitze unter gelegentlichem Rühren 5 Minuten köcheln lassen. Die restliche Brühe angießen und die Füllung weitere 5 Minuten köcheln lassen, bis die gesamte Brühe aufgenommen wurde. Den Topf vom Herd nehmen. Tomate und Kräuter unterrühren.

Einen Topf mit schwerem Boden oder einen Schmortopf mit einigen Weinblättern und Zitronenscheiben auslegen. Die restlichen Blätter mit den Blattadern nach oben auf die Arbeitsfläche legen und die Stiele abschneiden. Auf den unteren Teil eines Blattes 1 Löffel Füllung geben. Das Blattende darüberklappen. Die Seiten zur Mitte falten und das Blatt aufrollen (nicht zu fest, sonst platzen die *sarmas* beim Garen! Sie sollten etwa so groß werden wie ein kleiner Finger).

Die gefüllten Weinblätter mit weiteren Zitronenscheiben in den Topf schichten. Zitronensaft, Öl und 200 ml heißes Wasser dazugießen. Die *sarmas* mit einem kleinen Teller beschweren, damit sie von Flüssigkeit bedeckt bleiben, und zugedeckt bei schwacher Hitze 30 Minuten in der köchelnden Flüssigkeit garen. Prüfen, ob die *sarmas* gar sind. Befindet sich noch Flüssigkeit im Topf, die Röllchen weitere 15 Minuten garen, dann erneut prüfen.

Die *sarmas* im Topf abkühlen lassen. Zum Servieren auf einer großen Platte anrichten.

Frittiertes

Kleine frittierte Happen sind im gesamten Vorderen Orient äußerst beliebt und einer der Favoriten, Falafel (oder *ta'amia*), besitzt in vielen Ländern der Welt inzwischen Kultstatus. Allerdings verlief der Weg zum Ruhm nicht ohne Konflikte. Tatsächlich gibt es ganze Bücher und wissenschaftliche Abhandlungen zum Thema Falafel! Ägypten und Israel haben es zum Nationalgericht erklärt, wogegen man es im Westen eher mit Dönerläden verbindet. Und nicht nur die Historie ist umstritten, auch die Zutaten selbst werden heiß diskutiert. Ägypter bevorzugen große getrocknete Dicke Bohnen, Israelis Kichererbsen und im Libanon und in Syrien geht man auf Nummer sicher und verwendet eine Kombination aus beidem. Einige Rezepte empfehlen Hefe als Triebmittel, die meisten jedoch Backnatron. Die Konsistenz der Masse reicht von glatt und pastenartig bis zu ziemlich grob. Einig sind sich fast alle Rezepte darin, dass Falafel bersten muss von frischen grünen Kräutern, meist einer Mischung aus Koriandergrün (überwiegend) und glatter Petersilie. Die ausgebackenen Falafel werden entweder in Tahin getunkt oder mit viel Salat, Tahin und 1 kräftigen Spritzer Zitronensaft in warme Fladenbrote gepackt. Statt aber hier unser klassisches Falafel-Rezept zu wiederholen (es steht in *Arabesque*, unserem ersten Buch), haben wir uns erlaubt, ein Rezept für Haselnuss-Falafel anzubieten, die bei Gregs Restaurantgästen mit den Jahren immer beliebter wurden.

Doch in diesem Kapitel geht es um mehr als nur Falafel. Es bietet auch unsere Lieblingsrezepte für verschiedene frittierte Gemüse, darunter ein weiterer libanesischer Klassiker (an dem jede libanesische Hausfrau gemessen wird): das berühmte eiförmige Kibbeh. Üblicherweise besteht Kibbeh aus gewürztem Hackfleisch mit einer knusprigen Bulgurhülle, aber während religiöser Feste werden auch vegetarische Varianten serviert, da die Menschen ihren Fleischverzehr einschränken. Wir machen Kibbeh oft mit Kartoffelpüree, aber für etwas Abwechslung und mehr Farbenfreude sollten Sie die Version mit Kürbispüree probieren.

Heiß, außen knusprig, innen weich – Frittiertes muss man einfach mögen! Servieren Sie es als Teil einer Mezze-Auswahl oder mit einem kühlen Bier vor dem Hauptgericht.

Bärlauchkugeln mit Korinthen & Honig

Frittiertes gibt es im gesamten Vorderen Orient und im östlichen Mittelmeerraum. Dieses Rezept basiert allerdings auf den sizilianischen *zeppole*. Außen knusprig, innen saftig - so passen sie hervorragend zum Aperitif, man kann sie aber auch als Teil einer Mezze-Auswahl servieren. Den Geschmack können Sie mit Fenchelsamen und Ricotta, türkischen Chiliflocken, Schnittlauchröllchen oder gewürfelten Oliven variieren.

ERGIBT ETWA 24 STÜCK

100 g kalte Butter, gewürfelt
½ TL Meersalz
180 g Mehl
3 große oder 4 mittelgroße Eier
150 g weicher, cremiger Feta, zerbröckelt
2 EL Korinthen
1 Handvoll Bärlauchblätter, in breite Streifen geschnitten
Pflanzenöl zum Frittieren
2–3 EL erwärmter Honig
Salzflocken zum Servieren

Butter, Salz und 300 ml Wasser in einen Topf geben. Langsam zum Kochen bringen, damit die Butter sich vollständig auflöst. Sobald die Mischung aufkocht, das Mehl in den Topf schütten. Mit einem Holzkochlöffel kräftig rühren, bis sich das Mehl mit der Flüssigkeit verbunden hat. 3–4 Minuten weiterrühren, bis die Mischung glänzt und sich als Kugel von der Topfwand löst.

Den heißen Teig in die Schüssel einer Küchenmaschine geben und 1 Minute auf mittlerer Stufe schlagen. Die Eier einzeln hinzufügen und auf höchster Stufe unterarbeiten. Etwa 5 Minuten weiterschlagen, bis der Teig abgekühlt ist. Feta, Korinthen und Bärlauch behutsam unterheben.

Eine Fritteuse oder einen Topf 8 cm hoch mit Öl füllen und das Öl auf 170 °C* erhitzen.

Den Teig löffelweise in das heiße Öl geben (dabei soll jede Portion etwas Feta, ein paar Korinthen und einige Bärlauchstreifen enthalten). Portionsweise 5 Minuten ausbacken, bis der Teig goldbraun und aufgegangen ist. Dabei wenden, damit die Kugeln rundherum gleichmäßig bräunen. Die Kugeln einige Sekunden auf Küchenpapier abtropfen lassen, dann heiß mit warmem Honig beträufeln, mit Salzflocken bestreuen und servieren.

***Anmerkung:** Falls Sie kein Zuckerthermometer besitzen – das Öl hat die richtige Temperatur, wenn es Schlieren bildet. Wirft man 1 kleinen Brotwürfel hinein, muss dieser innerhalb von etwa 40 Sekunden an die Oberfläche steigen und leicht bräunen.

Haselnuss-Falafel mit Tahin-Crème-fraîche

Wenn es um Falafel geht, hat jedes Land im Vorderen Orient eine sehr genaue Vorstellung. Ägypter beanspruchen sie für sich und verwenden als Hauptzutat Dicke Bohnen, während Israelis und Palästinenser nur Kichererbsen nehmen. Im Libanon (von dort stammt Greg) kombiniert man beide mit Koriandergrün und Petersilie. Die Haselnüsse sind nach jeglichem Maßstab völlig unorthodox, aber sie verleihen den Falafeln ein wunderbar nussiges Aroma und machen sie besonders knusprig.

ERGIBT ETWA 24 STÜCK

Falafel

150 g getrocknete Dicke Bohnen, über Nacht eingeweicht
150 g getrocknete Kichererbsen, über Nacht eingeweicht
1 kleine Zwiebel, fein gewürfelt
2 Knoblauchzehen, fein gehackt
1 kleine rote Chilischote, fein gehackt
1 sehr große Handvoll Koriandergrün
1 Handvoll glatte Petersilienblättchen, in Streifen geschnitten
1 EL gemahlener Koriander und Koriander zum Nachwürzen
1 EL gemahlener Kreuzkümmel und Kreuzkümmel zum Nachwürzen
Pflanzenöl zum Frittieren
60 g Haselnusskerne, geröstet, enthäutet und grob gehackt
1 TL Backnatron
Meersalz

Sauce

180 g Crème fraîche
60 g Tahin (Sesammus), glatt gerührt
Saft von 1 Zitrone (nach Geschmack)
1 Knoblauchzehe, mit 1 TL Meersalz zerdrückt
Meersalz

Für die Sauce die Crème fraîche in einer Schüssel mit Tahin, Zitronensaft und Knoblauchpaste mischen. Falls nötig, mit etwas Wasser verdünnen (sie sollte die Konsistenz von flüssigem Honig haben). Die Sauce probieren und gegebenenfalls mit Salz oder Zitronensaft nachwürzen. Luftdicht verpackt ist sie im Kühlschrank bis zu 3 Tage haltbar.

Für die Falafel Dicke Bohnen und Kichererbsen abgießen und gründlich abspülen. Auf ein Geschirrtuch schütten und trocken tupfen, dann mit 1 TL Salz in einem Mixer grob zerkleinern.

Zwiebel, Knoblauch, Chili, Kräuter und Gewürze hinzufügen und alles zu einer leuchtend grünen Paste verarbeiten (nicht zu lange pürieren – die Mischung soll krümelig, nicht glatt sein). Die Masse vor dem Frittieren mindestens 30 Minuten kalt stellen.

Eine Fritteuse oder einen Topf mit schwerem Boden 8 cm hoch mit Öl füllen und das Öl auf 180 °C* erhitzen.

In der Zwischenzeit Nüsse und Natron unter die Falafel-Masse mischen. Etwas Öl in einer Pfanne erhitzen und 1 TL Falafel-Masse darin braten. Probieren, ob der Geschmack ausgewogen ist, und die Masse gegebenenfalls nachwürzen.

Aus der Masse kleine Bratlinge formen. Portionsweise in 6–7 Minuten goldbraun frittieren, dabei gelegentlich wenden, damit sie rundherum gleichmäßig bräunen. Auf Küchenpapier abtropfen lassen und sehr heiß mit der Sauce servieren. (Alternativ die Falafeln mit viel Salat und 1 Spritzer Zitronensaft in Fladenbrote füllen und mit etwas Sauce beträufeln.)

***Anmerkung:** Falls Sie kein Zuckerthermometer besitzen – das Öl hat die richtige Temperatur, wenn es Schlieren bildet. Wirft man 1 kleinen Brotwürfel hinein, muss dieser innerhalb von etwa 30–40 Sekunden langsam an die Oberfläche steigen und bräunen.

Topinamburspalten mit Oliven-Aioli

Wir finden, dass Topinambur unterschätzt und zu selten verwendet wird – was möglicherweise damit zu tun hat, dass er in dem Ruf steht, Blähungen zu verursachen. Er hat aber einen einzigartigen Geschmack, der sehr wandlungsfähig ist und in herzhafte und süße Gerichte passt.

Diese Spalten entstanden, als wir in der Küche herumexperimentierten (genauer gesagt, herumalberten). Wenn man Topinambur erst dämpft und dann frittiert, wird er außen fest, während das Innere weich bleibt. Servieren Sie ihn als Imbiss oder Mezze mit einem kühlen Bier. Mit dem Oliven-Aioli schmeckt er hervorragend, gut passt dazu aber auch ein würziges Relish (S. 30) oder stichfester Joghurt, verrührt mit Grüner Harissa (S. 56) und Salz.

FÜR 4 PERSONEN

Spalten

12 Topinamburen, geschält
Olivenöl zum Frittieren
1 TL Meersalz
½ TL gemahlener Kreuzkümmel

Aioli

2 Eigelb
1 TL Dijonsenf
1 kleine Knoblauchzehe, mit 1 TL Meersalz zerdrückt
1 TL Weißweinessig
250 ml Olivenöl
Saft von ½ Zitrone
1 EL fein gehackte grüne Oliven
1 EL sehr kleine Kapern in Lake, abgespült und gehackt
Meersalz und frisch gemahlener Pfeffer

Für die Aioli die Eigelbe mit Senf, Knoblauchpaste und Essig hell und cremig schlagen. Das Öl tropfenweise unterschlagen. Nachdem die Hälfte des Öls verbraucht ist, sollte eine dicke, glänzende Paste entstanden sein. Erst den Zitronensaft, dann das restliche Öl in dünnem Strahl unterschlagen. Oliven und Kapern untermischen und die Sauce mit Salz und Pfeffer abschmecken. Bis zum Servieren kalt stellen. Die Sauce ist im Kühlschrank bis zu 5 Tage haltbar.

Für die Spalten die Topinamburen in einen Dämpfeinsatz geben und diesen in einen Topf mit stark köchelndem Wasser setzen. (Je nach Größe des Einsatzes müssen sie möglicherweise in 2 Portionen gegart werden.) Die Knollen zugedeckt in bis zu 15 Minuten weich dämpfen (aber nach 10 Minuten mit einer Messerspitze testen, ob sie schon gar sind). Vom Herd nehmen, auf ein Brett legen und einige Minuten ausdämpfen lassen.

In der Zwischenzeit in einen kleinen Topf mit schwerem Boden etwa 4 cm hoch mit Olivenöl füllen und das Öl auf 180 °C* erhitzen.

Die Topinamburen längs halbieren und in 3–4 Portionen etwa 10 Minuten frittieren. Dabei im Öl bewegen, damit sie nicht zusammenkleben und gleichmäßig bräunen (dieser Prozess lässt sich nicht beschleunigen!). Sie werden außen schön dunkelbraun und knusprig, aber nicht hart.

Aus dem heißen Öl nehmen und kurz auf Küchenpapier abtropfen lassen, dann in eine Schüssel geben. Die Spalten mit Salz und Kreuzkümmel würzen und essen, solange sie noch heiß sind. Die Oliven-Aioli zum Dippen dazu reichen.

***Anmerkung:** Falls Sie kein Zuckerthermometer besitzen – das Öl hat die richtige Temperatur, wenn es Schlieren bildet. Wirft man 1 kleinen Brotwürfel hinein, muss dieser innerhalb von etwa 30–40 Sekunden an die Oberfläche steigen und bräunen.

Ausgebackenes Gemüse in Safranhefeteig

Knusprig ausgebackenes Gemüse ist immer beliebt – besonders wenn es dazu eine würzige Sauce gibt. Gut schmeckt es z. B. mit Tahin-Crème-fraîche (S. 114) oder Aioli (S. 115). Man kann es zudem einfach mit etwas Honig beträufeln und mit Salz bestreuen.

Wir verwenden hier einen Safranhefeteig, der erfreulicherweise nicht launisch und außerdem so kräftig ist, dass er der würzigen Schärfe der Sauce standhält. Er muss ein paar Stunden im Voraus angesetzt werden, darf aber bis zu 12 Stunden gehen (was den Geschmack positiv beeinflusst).

Für das Gemüse haben wir keine Mengen angegeben, weil Sie diese sicherlich selbst abschätzen möchten, je nachdem was sich in Ihrem Kühlschrank findet.

Gemüse

Pflanzenöl zum Frittieren
Aubergine, Kürbis, Süßkartoffel, Möhren, in 5 mm dicke Scheiben geschnitten
Blumenkohl, Brokkoli, in kleine Röschen zerteilt
Zucchini, Okraschoten, Patisson-Kürbis, in 5 mm dicke Scheiben geschnitten
Frühlingszwiebeln, in 3 cm lange Stücke geschnitten
grüne oder breite Bohnen, in 2 cm lange Stücke geschnitten
Paprikaschoten, in Streifen geschnitten
Blattspinat, von den Stielen befreit
1 EL Zhoug (s. S. 197)
200 g griechischer Joghurt
1 Schuss natives Olivenöl extra
Meersalz

Teig

180 g Mehl
1½ Päckchen Trockenhefe
80 g griechischer Joghurt
Safranwasser (15–20 Safranfäden, 30 Minuten in 40 ml kochend heißem Wasser eingeweicht)
½ TL Meersalz

Für den Teig das Mehl in eine Schüssel sieben. Die Hefe daraufstreuen, dann Joghurt und 250 ml warmes Wasser hinzufügen und alles mit einem Schneebesen verrühren. Safranwasser und Salz unterrühren. Den Teig abdecken und mindestens 2 höchstens 12 Stunden gehen lassen.

Für das Gemüse einen kleinen Topf mit schwerem Boden oder eine Fritteuse 5 cm hoch mit Öl füllen und das Öl auf 190 °C* erhitzen.

Die Gemüsestücke nach Sorten getrennt in den Teig tauchen und sofort in das heiße Öl gleiten lassen. Die Stücke frittieren, bis sie knusprig und goldbraun sind (das kann bei Blättern Sekunden, bei fast allen Gemüsesorten bis zu einige Minuten dauern). Das frittierte Gemüse auf Küchenpapier abtropfen lassen.

Den Zhoug unter den Joghurt rühren und die Mischung mit dem Olivenöl beträufeln.

Das ausgebackene Gemüse sehr heiß mit Salz bestreut servieren. Dazu eine würzige Sauce reichen.

***Anmerkung:** Falls Sie kein Zuckerthermometer besitzen – das Öl hat die richtige Temperatur, wenn es Schlieren bildet. Gibt man 1 Tropfen Teig hinein, muss dieser innerhalb von etwa 20 Sekunden an die Oberfläche steigen und bräunen.

Kürbis-Kibbeh mit Feta-Spinat-Füllung

Dies ist eine vegetarische Variante der berühmten eiförmigen Kibbeh, die es oft in libanesischen Restaurants gibt. In Gregs Familie isst man sie, wie unter Christen im Vorderen Orient üblich, während der Fastenzeit, wenn die Menschen ihren Fleischkonsum einschränken. Oft werden Kibbeh mit Kartoffeln zubereitet, aber wir finden, dass sie auch mit Kürbis hervorragend schmecken.

Was die Füllung angeht, lassen Sie Ihrer Fantasie freien Lauf! Nehmen Sie die Spinatmischung als Grundlage und fügen Sie andere Aromen hinzu. Wir haben schon Feta, Halloumi, Ziegenfrischkäse oder Mozzarella verwendet und fast alle Buttermischungen auf den Seiten 55–56 (aber nicht alle gleichzeitig!).

ERGIBT 12 STÜCK

Hülle

450 g Butternusskürbis
1 großzügiger Schuss Olivenöl
100 g feiner Bulgur
½ kleine Zwiebel, fein gewürfelt
1 EL Tahin (Sesammus), glatt gerührt
1 EL Mehl
¼ TL gemahlener Piment
¼ TL gemahlener Zimt
Meersalz und frisch gemahlener Pfeffer
Pflanzenöl zum Frittieren
natives Olivenöl extra zum Beträufeln
griechischer Joghurt zum Servieren

Füllung

1 EL Olivenöl
1 EL Butter
1 kleine Zwiebel, fein gewürfelt
100 g Blattspinat, von den Stielen befreit
Meersalz und frisch gemahlener Pfeffer
Feta, ein gut schmelzender Frischkäse oder eine pikante Buttermischung (wir mögen besonders Persische-Sabzi- und Harissa-Butter, s. S. 55–56)

Den Backofen auf 180 °C (Umluft) vorheizen. Für die Hülle den Kürbis in Stücke schneiden und diese in eine kleine ofenfeste Form geben. Mit Salz, Pfeffer und Olivenöl mischen. Mit Alufolie abdecken und im heißen Ofen 25–30 Minuten rösten, bis sie sehr weich sind. Herausnehmen und abkühlen lassen.

In der Zwischenzeit den Bulgur 5 Minuten in warmem Wasser einweichen. In ein Sieb abgießen und möglichst viel Wasser herausdrücken. Anschließend auf ein Geschirrtuch geben und das Tuch zusammendrehen, um noch mehr Wasser zu entfernen. Sobald er so trocken wie möglich ist, den Bulgur in eine große Schüssel geben.

Die Kürbisschale vom Fruchtfleisch schneiden. 250 g Fruchtfleisch abwiegen und zum Bulgur geben. Beides zu einem glatten Püree zerstampfen. Zwiebel, Tahin, Mehl und Gewürze hinzufügen. Großzügig salzen und pfeffern. Alles glatt verkneten. Die Masse mindestens 30 Minuten kalt stellen, damit sie sich leichter verarbeiten lässt.

Für die Füllung das Öl mit der Butter in einer Pfanne erhitzen. Die Zwiebel darin 5–10 Minuten anschwitzen, bis sie weich und glasig ist. Den Spinat dazugeben. Rühren, bis er zusammenfällt. Vom Herd nehmen und abkühlen lassen. Salzen, pfeffern und fein hacken.

Die Kürbismischung in 12 gleich große Portionen teilen. 1 Portion auf die linke Handfläche legen und mit der anderen Hand zu einer Kugel rollen. Mit dem rechten Zeigefinger eine Mulde in die Kugel drücken und die Kugel zu einer Hülle formen. (Sie soll so dünn und gleichmäßig wie möglich werden. Das geht leichter, wenn man den Finger gelegentlich anfeuchtet.)

Die Hülle mit 1 gestrichenen TL Spinat sowie 1 kleinen Käsestück oder einer beliebigen Buttermischung füllen. Etwas Spinat dazugeben. Den Rand der Öffnung anfeuchten und sorgfältig zusammendrücken (dabei darf keine Luft eingeschlossen werden!). Das Resultat soll ein kleiner, eiförmiger Kloß sein. Mit dem Rest der Masse und der restlichen Füllung ebenso verfahren.

Die gefüllten Kibbeh auf ein Tablett legen, abdecken und mindestens 30 Minuten, höchstens 4 Stunden kalt stellen.

Einen Topf mit schwerem Boden etwa 6 cm hoch mit Öl füllen und das Öl auf 180 °C* erhitzen. Die Kibbeh darin portionsweise in 4–5 Minuten dunkelbraun frittieren. Dabei gelegentlich wenden, damit sie gleichmäßig bräunen. Auf Küchenpapier abtropfen lassen, dann sehr heiß mit Olivenöl beträufeln und mit Joghurt servieren.

***Anmerkung:** Falls Sie kein Zuckerthermometer besitzen – das Öl hat die richtige Temperatur, wenn es Schlieren bildet. Wirft man 1 Brotwürfel hinein, muss dieser innerhalb von etwa 30–40 Sekunden langsam an die Oberfläche steigen und bräunen.

Herzhaftes Gebäck

Im gesamten Vorderen Orient, im Mittelmeerraum und bis nach Nordafrika und ins maurische Spanien gibt es unendlich viele Sorten von pikantem Gebäck (und auch süßem, s. S. 244–253). Sein Ursprung und der Weg, den es genommen hat, sind nicht genau bekannt, doch wird vermutet, dass es erst von den Arabern, dann von den Persern und den osmanischen Türken in alle Winkel des islamischen Reiches verbreitet wurde. Oft ähneln sich die Namen in Ländern, die Tausende von Kilometern voneinander entfernt sind. So wird beispielsweise aus dem persischen *sanbuseh* im Libanon *sambusek* und in Indien *samosa*. Gelegentlich wird allerdings auch derselbe Name für völlig unterschiedliches Gebäck benutzt. Viele dieser knusprigen Happen spielen eine bedeutende Rolle auf der Mezze-Tafel, andere werden als Imbiss gegessen und größere Pasteten wie die legendäre marokkanische *bisteeya* sind sehr viel gehaltvoller.

Es gibt zahllose Formen, Größen und Füllungen. Einige Pasteten werden aus hauchdünnem Filoteig gemacht, andere aus einer Art Blätterteig, wieder andere aus Hefeteig. Manche werden gebacken, andere gebraten oder frittiert. Kleine Dreiecke, Halbmonde und Stangen findet man besonders häufig, genauso wie rechteckige Päckchen und einige hohe Pasteten, außerdem aufgerollte Teigschnecken, die in Scheiben geschnitten werden. Das Gebäck kann mit Fleisch, Fisch oder Meeresfrüchten gefüllt sein, üblicherweise aber besteht die Füllung aus einer Gemüse-Käse-Mischung – stellen Sie sich zitronigen Spinat, paprikawürzigen Kürbis oder butterweiche Aubergine mit einem der vielen Frischkäse vor, die beim Garen so herrlich schmelzen.

Bei dem pikanten Gebäck in diesem Kapitel handelt es sich um leichte Abwandlungen von traditionellen Rezepten. Die größeren Pasteten können als sättigender Bestandteil einer Hauptmahlzeit serviert werden, die kleinen Knusperteile schmecken als Zwischenmahlzeit, als Knabberei zum Aperitif oder als Mezze.

Tetas Pastete – Löwenzahn, Lauch & im Holzfass gereifter Feta

Dieses Gericht hat Ähnlichkeit mit einem, das Greg aus seiner Kindheit kennt – seine Großmutter (*teta*) machte eine solche Pastete. Gregs Großeltern waren, wie viele Libanesen, begeisterte Gärtner und bauten Kräuter und Gemüse an, die in australischen Vororten nicht leicht erhältlich waren: Portulak, Zatar (wilden Thymian) und die kleinen weißen Zucchini, die man so gut füllen kann. Diese Pastete können Sie mit einer Auswahl selbst angebauter Gemüse- und Kräuterarten zubereiten. Und trauen Sie sich ruhig, den Filoteig selbst herzustellen. Es ist mehr Arbeit und er ist weniger elegant als der im Handel erhältliche, aber er wird beim Backen knusprig und köstlich – auch weil er zuvor großzügig mit Butter bestrichen wurde.

FÜR 4–6 PERSONEN

Füllung

500 g Lauch, von dunkelgrünen Teilen befreit und in dünne Ringe geschnitten
80 g Butter
1 Zwiebel, fein gewürfelt
2 große Handvoll Löwenzahnblätter*, sehr grob gehackt
1 TL getrocknete Minze
½ TL frisch geriebene Muskatnuss
2 Eier, leicht verquirlt
180 g im Holzfass gereifter Feta
50 g Grana Padano, gerieben
½ TL frisch gemahlener Pfeffer
100 g Butter, geklärt (s. S. 266)
Meersalz
türkische Chiliflocken zum Bestreuen

Filoteig

1 Ei
1 EL natives Olivenöl extra
100 ml Milch
½ TL Meersalz
400 g Weizenmehl Type 550

Für den Teig Ei, Öl, Milch und Salz in einer großen Schüssel mit 100 ml Wasser mischen. Das Mehl dazusieben und alles zu einem formbaren Teig verkneten (nicht zu lange kneten, sonst wird der Teig zäh). Den Teig in 12 walnussgroße Portionen teilen und 30 Minuten unter einem feuchten Geschirrtuch ruhen lassen.

In der Zwischenzeit für die Füllung in einem großen Topf reichlich leicht gesalzenes Wasser zum Kochen bringen. Den Lauch darin 3–5 Minuten garen, bis er weich ist. In ein Sieb abgießen und gut abtropfen lassen.

Die Butter in einer großen Pfanne zerlassen. Die Zwiebel darin bei schwacher Hitze etwa 8–10 Minuten anschwitzen, bis sie weich und glasig ist. Den Lauch mit Löwenzahn, Minze und Muskat hinzufügen und 5 Minuten mitgaren. Die Eier dazugeben und unter die Lauchmischung rühren. Feta, Grana Padano und Pfeffer untermischen. Das Ganze, falls nötig, (der Käse ist auch salzig) mit Salz würzen und beiseitestellen.

Den Backofen auf 160 °C (Umluft) vorheizen und eine rechteckige Backform (etwa 22 × 26 cm) mit der geklärten Butter ausstreichen.

Jede Teigkugel so dünn wie möglich ausrollen (die Teigblätter sollten etwa so groß sein wie die Form).

In der Form 8 Teigblätter übereinanderlegen, dabei jedes mit der geklärten Butter bestreichen. Die Füllung darauf verteilen und glatt streichen. Die 4 restlichen Teigblätter darauflegen und wiederum jedes mit der Butter bestreichen. Das oberste Teigblatt mit Chiliflocken bestreuen. Die Pastete im heißen Ofen in 50–60 Minuten goldbraun backen.

***Anmerkung:** Löwenzahn sammelt man am besten im Frühling, wenn die Blätter klein und süß sind. Während und nach der Blüte werden die Blätter zunehmend bitter – was hartgesottene Löwenzahnfans besonders schätzen. Falls Sie keinen Löwenzahn finden, können Sie ihn durch Chicorée, Rucola oder Brunnenkresse ersetzen.

Nordafrikanische Auberginenpastete mit Pimentzucker

Diese vegetarische Variante der berühmten marokkanischen *bisteeya* ist wirklich beeindruckend. Die Aubergine – die keine traditionelle Zutat ist – verbindet sich mit der kräuterwürzigen Eiercreme zu einer üppigen Füllung, die genauso großartig schmeckt wie die klassische Taubenfleischfüllung. Die einzelnen Komponenten zuzubereiten, ist zugegebenermaßen zeitaufwendig, aber das Ergebnis kann sich auf jeder Party sehen lassen und ist so köstlich, dass sich die Mühe lohnt.

FÜR 4 PERSONEN

Pastete

1 Aubergine (etwa 280 g), geschält und in 2 cm große Würfel geschnitten
200 ml Olivenöl
1 große Zwiebel, fein gewürfelt
1 Knoblauchzehe, fein gewürfelt
1 kleine rote Chilischote, entkernt und fein gehackt
1 TL frisch geriebener Ingwer
15 Safranfäden
1 TL gemahlener Kreuzkümmel
½ TL gemahlener Zimt
½ TL gemahlener Ingwer
1 Schuss hochwertiger trockener Sherry
600 ml Gemüsebrühe (Fertigprodukt oder s. S. 88)
4 Eigelb (Größe L)
3 EL in Streifen geschnittene Korianderblättchen
1 kleine Handvoll glatte Petersilienblättchen, in Streifen geschnitten
100 g Butter, geklärt (s. S. 266)
3–4 Filoteigblätter (Fertigprodukt oder s. S. 122; je nachdem, wie dünn sie sind)
80 g Mandelblättchen, in Öl goldbraun gebraten
Meersalz und frisch gemahlener weißer Pfeffer

Pimentzucker

1 Prise gemahlener Piment
20 g Puderzucker

Für die Pastete die Auberginenwürfel in ein Sieb schichten. Dabei jede Schicht großzügig mit Salz bestreuen. Mit einem Teller beschweren und 30 Minuten in der Spüle abtropfen lassen. Anschließend abspülen und mit Küchenpapier trocken tupfen.

In einer großen Pfanne etwa 3 EL Olivenöl erhitzen. Die Zwiebel darin mit Knoblauch, Chili, Ingwer und Gewürzen in etwa 10 Minuten glasig anschwitzen. Den Sherry angießen und einige Minuten sprudelnd kochen lassen. Die Mischung in eine Schüssel geben und beiseitestellen.

Das restliche Öl in die Pfanne geben. Die Auberginenwürfel darin bei mittlerer bis starker Hitze 4–5 Minuten braten, bis sie gleichmäßig gebräunt sind. In einem Sieb abtropfen lassen, dann mit Küchenpapier trocken tupfen.

Die Auberginenwürfel in einen Schmortopf geben. Die Zwiebelmischung mit Brühe, Salz und Pfeffer hinzufügen. Bei mittlerer Hitze aufkochen, dann bei schwacher Hitze 10–15 Minuten köcheln lassen, bis die Auberginenwürfel weich sind.

Vom Herd nehmen und in ein feines Sieb abgießen, dabei die Brühe auffangen. Die Auberginenwürfel in eine Schüssel geben. Die Brühe wieder in den Topf gießen und auf etwa 200 ml einkochen lassen.

Die Eigelbe in eine Schüssel geben, etwas heiße Brühe darunterschlagen und das Ganze zur heißen Brühe in den Topf geben. Rühren, bis die Mischung cremig ist. Durch ein feines Sieb streichen und etwa 1 Stunde kalt stellen.

Die Auberginenwürfel unter die kalte Eiercreme heben. Die Kräuter untermischen und die Füllung abschmecken. Sie ist im Kühlschrank bis zu 12 Stunden haltbar.

Den Backofen auf 180 °C (Umluft) vorheizen. Eine ofenfeste Pfanne oder eine stabile Backform (20 cm Ø) mit etwas geklärter Butter ausstreichen.

1 Teigblatt in die Pfanne legen und mit etwas Butter bestreichen. Die restlichen Teigblätter jeweils leicht versetzt darauflegen und ebenfalls mit der Butter bestreichen.

Die Mandelblättchen gleichmäßig daraufstreuen und die Auberginenfüllung mit einem Löffel daraufgeben. Den überstehenden Teig mit der Butter bestreichen und über die Füllung falten. Flach

drücken und die Oberfläche mit der Butter bestreichen. Im heißen Ofen in 15–18 Minuten goldbraun backen.

Die Pastete aus dem Ofen nehmen. Überschüssiges Fett mit Küchenpapier von der Oberfläche tupfen. Die Pastete vorsichtig auf ein flaches Backblech stürzen und von dort in die Form gleiten lassen. Weitere 5 Minuten backen, bis sie gleichmäßig gebräunt ist. Aus dem Ofen nehmen und einige Minuten abkühlen lassen.

Für den Pimentzucker den Piment mit dem Puderzucker mischen. Die Pastete mit einer hübschen Schablone belegen und gleichmäßig mit dem Zucker bestreuen oder mit einem heißen Metallspieß ein Gittermuster in die Oberfläche brennen.

Fatimas Finger mit Ziegenkäse, Zitrone, Estragon & Thymian

Dieses Gebäck wird auch als »Zigarren« bezeichnet und gehört im Vorderen Orient zu fast jeder Mezze-Auswahl. Man kann es mit Filoteig herstellen, aber wir finden, dass sich Frühlingsrollenblätter sehr gut eignen und das Frittieren besser überstehen.

Wir haben Estragon in die Füllung gegeben, weil seine feine Anisnote gut zum Ziegenkäse passt. Doch probieren Sie ruhig einmal andere Kräuter-Weichkäse-Kombinationen aus.

ERGIBT 16 STÜCK

Röllchen

1 gehäufter TL Speisestärke
16–20 Frühlingsrollenblätter (etwa 20 × 20 cm)
Pflanzenöl zum Frittieren
Chili-Relish (s. S. 30) zum Servieren

Füllung

200 g Ziegenfrischkäse ohne Rinde, zerbröckelt
1 kleine Zwiebel, gerieben
2 EL gehackte Estragonblättchen
1 EL gehackte Thymianblättchen
abgeriebene Schale von ½ Bio-Zitrone
1 Eigelb
Meersalz und frisch gemahlener Pfeffer

Für die Füllung den Käse mit Zwiebel, Kräutern, Zitronenschale und Eigelb in eine Schüssel geben. Salz und Pfeffer hinzufügen und alles mit einer Gabel gründlich zerdrücken.

Für die Röllchen die Speisestärke mit 3 EL Wasser zu einer Paste verrühren.

1 Teigblatt mit einer Spitze (also nicht mit einer geraden Seite) nach vorn auf die Arbeitsfläche legen. 1 Löffel Füllung etwa 3 cm von der Spitze entfernt auf die vordere Ecke setzen. Die Spitze über die Füllung klappen und das Blatt von dort aus ein paarmal aufrollen. Die seitlichen Ecken so einschlagen, dass die Spitzen aneinanderstoßen. Das Blatt wie eine Zigarre zusammenrollen. (Die Röllchen sollten etwa 14 cm lang und etwa 1,5 cm dick werden.) Die freie Spitze mit Stärkepaste bestreichen und andrücken. Mit den restlichen Teigblättern und der verbliebenen Füllung ebenso verfahren.

In einen Topf mit schwerem Boden etwa 6 cm hoch Öl füllen und das Öl auf 190 °C* erhitzen. Die Röllchen portionsweise 2–3 Minuten frittieren, bis sie goldbraun werden. Dabei häufig wenden, damit sie rundherum gleichmäßig bräunen. Auf Küchenpapier abtropfen lassen und mit dem Relish sehr heiß servieren.

***Anmerkung:** Falls Sie kein Zuckerthermometer besitzen – das Öl hat die richtige Temperatur, wenn es Schlieren bildet. Wirft man 1 kleinen Brotwürfel hinein, muss dieser innerhalb von etwa 20 Sekunden an die Oberfläche steigen und bräunen.

Kürbis-Sambuseks mit Oregano

Sambuseks zählen zu den beliebtesten Pasteten des Vorderen Orients. Man isst sie als Imbiss oder Teil einer Mezze-Auswahl. Meist sind sie halbmondförmig und haben einen dekorativ gefalteten Rand. Häufig sind sie mit Käse, Spinat oder Lammhackfleisch gefüllt, aber wir haben uns hier für gewürztes Gemüse entschieden. Uns gefällt diese griechisch anmutende Kürbisfüllung. Bereitet man das Rezept hingegen mit dem Kartoffelsalat mit Erbsen & persischen Gewürzen (s. S. 157) als Füllung zu, entsteht etwas, das eher indischen Samosas ähnelt.

ERGIBT ETWA 16 STÜCK

Füllung

1 EL Olivenöl
1 EL Butter
1 große Schalotte, sehr fein gewürfelt
400 g Butternusskürbis-Fruchtfleisch, geraspelt
1 TL Meersalz
1½ TL feiner brauner Zucker
frisch gemahlener Pfeffer
1 Ei, verquirlt
80 g Feta, fein zerkrümelt
1 EL in Streifen geschnittene Oreganoblättchen

Teig

200 g Mehl, mit 2 gestrichenen TL Backpulver vermischt, und Mehl zum Verarbeiten
30 g sehr kalte Butter, gewürfelt, und Butter für das Backblech
¼ TL Meersalz
1 Prise Zucker
1 Ei, mit 1 TL Wasser verquirlt

Für den Teig das Mehl mit Butter, Salz und Zucker in einen Mixer geben und zu feinen Streuseln verarbeiten. Nach und nach 50–100 ml warmes Wasser untermixen, bis der Teig bindet. Den Teig auf die Arbeitsfläche legen und zu einer Kugel formen. In Frischhaltefolie wickeln und 30 Minuten ruhen lassen.

Für die Füllung das Öl mit der Butter in einer großen Pfanne bei schwacher Hitze erwärmen. Die Schalotte darin 5–10 Minuten anschwitzen, bis sie weich und glasig ist. Die Kürbisraspel hinzufügen und bei mittlerer Hitze unter gelegentlichem Rühren braten, bis sie weich sind. Salz, Zucker und Pfeffer unterrühren. Vom Herd nehmen und abkühlen lassen. Ei, Feta und Oregano untermischen.

Den Backofen auf 180 °C (Umluft) vorheizen und ein Backblech dünn mit Butter einfetten.

Den Teig auf der bemehlten Arbeitsfläche etwa 3 mm dünn ausrollen. Mit einem Ausstechförmchen (8 cm Ø) 16 Kreise ausstechen. Auf eine Hälfte jedes Kreises 1 Löffel Füllung geben. Die andere Hälfte jeweils mit etwas verdünntem Ei bestreichen und so über die Füllung falten, dass ein Halbmond entsteht. Die Teigränder fest aneinanderdrücken. Die Teigtaschen mit dem verdünnten Ei bestreichen.

Die Sambuseks vorsichtig auf das vorbereitete Backblech heben und im heißen Ofen etwa 15 Minuten backen, bis sie goldbraun sind. Herausnehmen und kurz auf einem Gitter abkühlen lassen.

Zatar-Kekse

Zatar ist das arabische Wort für wilden Thymian, aber auch für eine Würzmischung aus getrocknetem Thymian, gemahlenem Sumach und Sesamsamen. Im Libanon wird diese Mischung mit Olivenöl zu einer Paste verrührt, mit der man pizzaähnliche Fladenbrote, *manoushi,* bestreicht. Bäckereien verkaufen diese Brote jeden Morgen zu Tausenden. Wenn Sie schon einmal im Libanon waren, dann wissen Sie nur zu gut, dass es unmöglich ist, an einer solchen Bäckerei vorbeizulaufen, ohne ein *manoushi* zu kaufen. Die Brote sind aus gutem Grund der beliebteste Snack des Landes.

Zatar ist eine großartige Bereicherung für unsere liebsten Käsekekse. Luftdicht verpackt sind sie ziemlich lange haltbar ... jedenfalls theoretisch.

ERGIBT ETWA 30 STÜCK

Teig

100 g sehr kalte Butter, gewürfelt, und Butter für das Backblech
100 g Mehl und Mehl zum Verarbeiten
½ TL türkische Chiliflocken
50 g Cheddar, fein gerieben
50 g Parmesan, fein gerieben
1 Ei, leicht verquirlt

Würzmischung

3 EL getrockneter Zatar oder Thymian
1 EL gemahlener Sumach

Für die Würzmischung Zatar und Sumach mischen.

Für den Teig die Butter mit Mehl, Chiliflocken, beiden Käsesorten und 2 TL Würzmischung in einen Mixer geben. Alles zu Streuseln verarbeiten, dann weitermixen, bis die Mischung bindet und eine Kugel entsteht.

Auf die bemehlte Arbeitsfläche geben und rasch zu einem Teig verarbeiten. Den Teig in Frischhaltefolie wickeln und 30 Minuten kalt stellen.

Den Backofen auf 180 °C (Umluft) vorheizen und ein Backblech dünn mit Butter einfetten.

Den Teig auf der leicht bemehlten Arbeitsfläche etwa 3 mm dünn ausrollen. Mit einem Ausstechförmchen Kekse ausstechen und diese vorsichtig mit etwa 2 cm Abstand zueinander auf das vorbereitete Backblech legen. Die Abschnitte kurz zusammenkneten, erneut ausrollen und weitere Kekse ausstechen, bis der Teig aufgebraucht ist.

Die Kekse mit etwas verquirltem Ei bestreichen und großzügig mit der Würzmischung bestreuen. Im heißen Ofen etwa 10 Minuten backen, bis sie goldbraun sind. Herausnehmen und kurz auf dem Blech abkühlen lassen. Anschließend zum weiteren Abkühlen vorsichtig auf Gitter heben und nach Möglichkeit warm servieren.

Fetastangen mit türkischem Chili

Für diese Variante der allseits beliebten Käsestangen werden salziger Feta und scharfe Chiliflocken verwendet, was ihnen Suchtpotenzial verleiht. Servieren Sie sie vor dem Essen mit einem kühlen trockenen Sherry! Am besten schmecken sie an dem Tag, an dem sie gebacken wurden. Der Teig ist gefroren bis zu 1 Monat haltbar.

ERGIBT 30–40 STÜCK

150 g Mehl und Mehl zum Verarbeiten
200 g sehr kalter Feta, gehackt
60 g sehr kalte Butter, gehackt, und Butter für das Backblech
½ TL Meersalz
1 TL türkische Chiliflocken
1 EL sehr kalte Crème fraîche oder saure Sahne

Alle Zutaten bis auf die Crème fraîche in einen Mixer geben und in 5–6 Intervallen zu groben Streuseln verarbeiten. Die Crème fraîche hinzufügen und 10–15 Sekunden weitermixen, bis die Mischung bindet und eine Kugel bildet.

Den Teig auf die bemehlte Arbeitsfläche geben und halbieren. Jede Portion zu einer Kugel formen, in Frischhaltefolie wickeln und 30 Minuten kalt stellen.

Den Backofen auf 180 °C (Umluft) vorheizen und ein Backblech dünn mit Butter einfetten.

1 Teigportion mit einem bemehlten Nudelholz zu einem möglichst gleichmäßigen, etwa 5 mm dicken und 25 cm langen Rechteck ausrollen. Das Rechteck mit einem sehr scharfen Messer in lange, etwa 1 cm breite Streifen schneiden (es ist gut, wenn sie nicht ganz gleichmäßig werden).

Die Streifen vorsichtig auf das vorbereitete Backblech heben (möglicherweise müssen sie portionsweise gebacken werden) und im heißen Ofen etwa 15 Minuten backen, bis sie goldbraun sind. (Die Backzeit nicht verkürzen, sonst sind sie eher weich als knusprig.) Kurz auf dem Blech abkühlen lassen, dann auf ein Gitter legen und weiter abkühlen lassen. Am besten schmecken die Fetastangen, wenn sie noch leicht warm sind. Auf jeden Fall sollten sie noch am selben Tag gegessen werden.

Salate mit rohem Gemüse

Unsere Salatrezepte haben wir in zwei Gruppen geteilt: Rezepte für Salate mit rohem Gemüse und Blattsalaten und Rezepte für Salate, die mit gegartem Gemüse zubereitet werden. Letztere sieht man in Ländern des Vorderen Orients häufig als eigene Kategorie an.

In Wirklichkeit ist das ein sehr feiner Unterschied. Aber der Begriff »Salat« ist auch etwas knifflig. Die meisten Menschen im Vorderen Orient unterscheiden kaum zwischen Gerichten, die wir vielleicht kalte Vorspeisen nennen würden (z. B. Dips), und Salaten. Es sind einfach alles Mezze! Was allerdings stimmt: Salate, egal, ob mit rohen oder gegarten Zutaten, werden fast immer als eigenständige Gerichte angesehen. Nur selten werden sie zur »Beilage« degradiert – etwas, das wir im Westen ja gern tun –, auch wenn man sie üblicherweise zusammen mit anderen Gerichten auf den Tisch bringt.

Zufällig sind einige unserer Lieblingsgerichte Salate. Sie bieten zahllose Möglichkeiten, Konsistenz und Aromen abzuwandeln und zu kombinieren, und das gefällt uns sehr. Wir sind fest davon überzeugt, dass Salate mit jedem anderen Gericht mithalten können, insbesondere wenn sie reichlich frische Kräuter, geröstete Nüsse und Saaten, allerlei Obst sowie würzigen Käse enthalten.

Bei Salaten mit rohem Gemüse kommt es darauf an, dass die frischesten und besten Zutaten verwendet werden. Die Auswahl ist inzwischen so groß, dass es keine Ausrede mehr dafür gibt, zu schlappem Kopfsalat aus dem Beutel zu greifen. Wenn Sie selbst Gemüse anbauen, sind Sie bereits im Einklang mit den Jahreszeiten. Ansonsten lassen Sie sich vom Angebot auf dem Wochenmarkt und im Gemüseladen leiten.

Keines der folgenden Rezepte ist streng traditionell, aber alle bedienen sich der Tradition und beinhalten einige unserer liebsten orientalischen Aromen und Zutaten. Die Salate sind, wie alle Gerichte in diesem Buch, dafür gedacht, als Teil einer Gruppe von Gerichten gegessen zu werden. Allerdings würden einige der Salate auch für sich genommen eine schöne leichte Mahlzeit ergeben – vielleicht mit etwas warmem Brot dazu.

Sellerieremoulade mit Tahin & Sultaninen

Dieser winterliche Salat ist eine interessante Variante des französischen Bistroklassikers. Knollensellerie ist zwar nicht besonders orientalisch, doch wir mögen seine nussige Süße und finden, dass er gut mit Tahin harmoniert. Falls Sie keine Sultaninen im Haus haben, können Sie stattdessen einen geriebenen Apfel verwenden; man braucht etwas Süßlich-säuerliches, um die erdigen Aromen auszugleichen. Fühlen Sie sich nicht verpflichtet, die Mayonnaise selbst zu machen – eine gute gekaufte ist keine schlechte Alternative.

FÜR 4 PERSONEN

Salat
60 ml Apfelsaft
60 g Sultaninen
½ Knollensellerie
2 große Gewürzgurken, fein gehackt
1 große Handvoll glatte Petersilienblättchen, in Streifen geschnitten
Meersalz und frisch gemahlener weißer Pfeffer

Mayonnaise
1 großes Eigelb
1 TL Dijonsenf
1 TL Weißweinessig
250 ml Olivenöl
Saft von 1–1½ Zitronen
2 EL Tahin (Sesammus), glatt gerührt
Meersalz und frisch gemahlener weißer Pfeffer

Für den Salat den Apfelsaft aufkochen. Die Sultaninen damit begießen und 5 Minuten darin einweichen. (Alternativ Saft und Sultaninen in eine kleine Schüssel geben und in der Mikrowelle 1 Minute auf höchster Stufe erhitzen.) Beiseitestellen.

Den Sellerie schälen und in sehr dünne Stifte (Julienne) schneiden. (Am leichtesten geht das mit einer Küchenmaschine oder einem Küchenhobel mit entsprechendem Einsatz, doch zur Not gelingt es auch von Hand.)

Die Sultaninen abgießen, dabei den Saft auffangen. Die Sultaninen mit Gewürzgurken und Petersilie zum Sellerie geben.

Für die Mayonnaise das Eigelb mit Senf und Essig hell und cremig schlagen. Das Öl tropfenweise unterschlagen (erst wieder Öl hinzufügen, wenn die vorherige Zugabe vollständig untergemischt ist). Nachdem die Hälfte des Öls verbraucht ist, sollte eine dicke, glänzende Paste entstanden sein. Diese erst mit 1 kräftigen Schuss Zitronensaft verdünnen, dann das restliche Öl unter ständigem Schlagen in dünnem Strahl dazugießen. Die Mayonnaise mit Salz und Pfeffer abschmecken.

Von der Mayonnaise 100 g abmessen (den Rest im Kühlschrank aufbewahren und anderweitig verwenden). Tahin und Apfelsaft untermischen. Falls nötig, mit Zitronensaft nachwürzen. Die Mayonnaise zum Sellerie geben und alles gründlich mischen. Die Sellerieremoulade mit Salz und Pfeffer abschmecken.

Bittere Blattsalate mit gerösteten Trauben, Mandeln & Avocado

Für diesen verrückten Salat können Sie Ihre Lieblingskombination bitterer Blattsalate verwenden. Im Frühling mischen wir gern Löwenzahnblätter darunter, aber Sie können nehmen, was verfügbar ist, und sogar zu Brunnenkresse oder Rucola greifen. Der Salat ist eine schöne Beilage zu schwereren, reichhaltigeren Gerichten wie Geröstete Auberginen mit Safran-Zitronen-Sahne (S. 171) oder Nordafrikanische Auberginenpastete mit Pimentzucker (S. 124).

FÜR 4–6 PERSONEN

Salat

200 g dunkle Weintrauben (sehr gut eignen sich dunkle Muskatellertrauben)
1 TL natives Olivenöl extra
2 TL Sherryessig
1 TL flüssiger Honig
1 EL Sonnenblumenöl oder geschmacksneutrales Pflanzenöl
50 g Mandelblättchen
½ TL Paprikapulver (edelsüß)
1 roter Chicorée, vom Strunk befreit
2 Handvoll Rucola, von den Stielen befreit
2 Handvoll Brunnenkresseblätter
2 Handvoll Friséesalatblätter
1 Avocado, gewürfelt
1 kleine Schalotte, in sehr dünne Ringe geschnitten
Meersalz

Dressing

Saft von ½ Zitrone
1 EL natives Olivenöl extra
Meersalz und frisch gemahlener Pfeffer

Den Backofen auf 200 °C (Umluft) vorheizen. Für den Salat die Trauben in einer Schüssel mit Olivenöl, Essig und Honig mischen. In eine kleine ofenfeste Pfanne geben und im heißen Ofen 8 Minuten rösten. Herausnehmen, mit 1 Prise Salz würzen und auf dem Herd bei starker Hitze braten, bis die Flüssigkeit zu dickem Sirup eingekocht ist. Dabei die Pfanne gelegentlich schwenken. Vom Herd nehmen und beiseitestellen.

Das Sonnenblumenöl in einer kleinen Pfanne erhitzen. Die Mandelblättchen hineingeben und mit Paprikapulver und 1 Prise Salz bestreuen. Unter ständigem Schwenken 3–4 Minuten braten, bis sie zu bräunen beginnen. Vom Herd nehmen und zum Abtropfen in ein Metallsieb schütten. Auf Küchenpapier geben und trocken tupfen.

Den Chicorée in sehr feine Streifen schneiden und in eine große Schüssel geben. Blattsalate, Avocado und Schalotte hinzufügen. Die gerösteten Trauben dazugeben (die Flüssigkeit für das Dressing aufheben).

Für das Dressing die Flüssigkeit von den Trauben mit einem Schneebesen mit Zitronensaft und Olivenöl verquirlen. Das Dressing mit Salz und Pfeffer abschmecken. Zum Salat geben und alles mit den Händen sehr behutsam mischen.

Persischer Kräutersalat mit Feigen & Labneh

Als wir vor einigen Jahren durch den Iran reisten, erfreute es uns immer wieder, dass jede Mahlzeit mit einem Korb voll frischer Kräuter (*sabzi*) eingeleitet wurde, zu denen man Frischkäse und warmes Fladenbrot reichte. Bis heute haben wir diese Gewohnheit beibehalten, weil so der Appetit auf sehr angenehme Weise angeregt wird. Dieser erfrischende Salat ist eine verfeinerte Variante des *Sabzi*-Themas: Wichtig ist, dass Kräuter und Blattsalate frisch sind – welche Sie verwenden, steht Ihnen frei. Außerdem könnten Sie die Feigen je nach Saison durch Kirschen, weiße Pfirsiche oder Nektarinen ersetzen. Auf persische Art wird der Salat mit Fladenbrot aus der Pfanne (S. 36) serviert, er ist aber auch eine wunderbare Beilage zu reichhaltigen oder sehr sättigenden Gerichten.

FÜR 4–6 PERSONEN

Salat

12 rote Chicoréeblätter
1 kleines Bund Brunnenkresseblätter und -blüten
1 kleine Handvoll Kerbelblättchen
1 kleine Handvoll Erbsensprossen
1 kleine Handvoll Basilikumblättchen
1 kleine Handvoll Thai- oder Purpurbasilikumblättchen
1 kleine Handvoll Schokominzeblättchen
4 feste reife Feigen, halbiert
3 Radieschen, längs halbiert
Meersalz und frisch gemahlener Pfeffer
200 g Joghurt, 12 Stunden abgetropft (s. S. 73)
essbare Blüten (z. B. Borretsch- oder Kapuzinerkresseblüten) zum Garnieren (hübsch, aber ganz nach Belieben)

Dressing

50 ml Haselnussöl
einige Tropfen Sesamöl
50 ml Olivenöl
30 ml Champagner- oder hochwertiger Weißweinessig
Meersalz und frisch gemahlener Pfeffer

Für das Dressing die Öle in eine Schüssel gießen und mit einem Schneebesen erst den Essig, dann 50 ml Wasser unterschlagen. Das Dressing mit Salz und Pfeffer abschmecken.

Für den Salat alle Zutaten bis auf Labneh und Blüten in eine Schüssel füllen. Mit etwas Salz und Pfeffer würzen. So viel Dressing wie nötig dazugießen. Alles mit den Händen behutsam mischen. Den Labneh in Stücken auf dem Salat verteilen. Den Salat nach Belieben vor dem Servieren mit Blüten garnieren.

Zitrussalat mit Radicchio & Granatapfeldressing

Die Saison für Zitrusfrüchte beginnt genau dann, wenn Körper und Seele am meisten nach ihnen verlangen. Und so ist dieser erfrischende Salat das perfekte Gericht zur Aufmunterung an einem trüben Wintertag. Wir mögen eine Mischung aus rosa Grapefruit, Orangen und Mandarinen; doch wenn Blutorangen Saison haben, verwenden wir nur sie.

Berberitzen schmecken herrlich süß-sauer. Man bekommt sie getrocknet in Gewürzläden und Reformhäusern, aber falls Sie keine finden können, lassen sie sich durch getrocknete Cranberrys oder Kirschen ersetzen.

FÜR 4 PERSONEN

Salat

3 Blutorangen, Orangen oder rosa Grapefruit (oder eine Mischung Ihrer bevorzugten Zitrusfrüchte)
1 große Handvoll Radicchio- oder rote Chicoréeblätter, in Streifen geschnitten
1 Fenchel, in sehr dünne Scheiben geschnitten
1 Schalotte, in sehr dünne Ringe geschnitten
2–3 Handvoll Rucola, verlesen (nach Belieben)
1 EL Estragonblättchen
2 EL in Streifen geschnittene glatte Petersilienblättchen
2–3 EL Granatapfelkerne

Labneh

25 g ungehäutete ganze Mandeln
1 EL Butter
1½ EL getrocknete Berberitzen, 2 Minuten in Wasser eingeweicht, abgetropft und trocken getupft
Joghurt, 48–72 Stunden abgetropft (s. S. 73)

Dressing

½ TL Granatapfelsirup
1 EL Rotweinessig
1 TL Thymianblättchen
60 ml natives Olivenöl extra
Meersalz und frisch gemahlener Pfeffer

Für den Labneh die Mandeln grob hacken. Die Butter in einer kleinen Pfanne zerlassen und die Mandeln darin unter ständigem Rühren in etwa 2 Minuten goldbraun braten. Die Berberitzen hinzufügen und unter ständigem Rühren 2 Minuten mitbraten. Alles auf Küchenpapier abtropfen und auskühlen lassen. Die Labneh-Kugeln vorsichtig in der kalten Mandel-Beeren-Mischung wälzen, bis sie gleichmäßig davon umhüllt sind.

Für den Salat die Orangen mit einem sehr scharfen Messer so schälen, dass auch die weiße Haut komplett entfernt wird. Die Früchte über eine große Schüssel halten. Die Filets zwischen den Trennhäuten herausschneiden und in die Schüssel geben. Den Saft auffangen.

Für das Dressing alle Zutaten in eine kleine Schüssel geben. Den aufgefangenen Saft hinzufügen und alles mit einem Schneebesen verrühren. Das Dressing mit Salz und Pfeffer abschmecken.

Die restlichen Salatzutaten in die Schüssel mit den Orangenfilets geben, das Dressing dazugießen und alles sehr behutsam mischen. Den Salat auf eine Servierplatte geben. Die Labneh-Kugeln nach Belieben zerzupfen und auf dem Salat anrichten. Sofort servieren.

Shanklish-Salat mit Petersilie & Granatapfel

Dies ist unsere Version eines traditionellen Shanklish-Salats. Shanklish, einen eher scharfen gewürzten Käse, der ein wenig an Blauschimmelkäse erinnert, finden Sie am ehesten in orientalischen Lebensmittelgeschäften, üblicherweise vakuumverpackt im Kühlregal. Gekaufter Shanklish kann, was Konsistenz und Geschmack angeht, immer anders ausfallen, je nachdem wie alt er ist und welche Gewürze verwendet wurden. Das können beispielsweise Zatar, Aleppo-Pfeffer und sogar sehr scharfe Chiliflocken sein. Unsere selbst gemachte Variante (S. 72) ist sehr schnell und einfach herzustellen und schmeckt so grandios, dass kaum jemals etwas übrig bleibt. Doch egal, ob Sie ihn kaufen oder selbst machen, Shanklish bildet einen großartigen, würzigen Kontrast zu diesem erfrischenden, knackigen Salat. Die Granatapfelkerne sind nicht traditionell, aber angenehm knusprig.

FÜR 4 PERSONEN

- 1 kleine Salatgurke, geschält und in kleine Stücke geschnitten
- 3 Rispentomaten, gehackt
- ¼ kleine rote Zwiebel, in dünne Ringe geschnitten
- 2 Handvoll in Stücke gezupfte bittere Salatblätter (wir mögen junge Löwenzahnblätter, aber Sie können auch Rucola, Radicchio, Brunnenkresse oder Chicorée verwenden)
- 1 Handvoll glatte Petersilienblättchen
- 1 kleine Handvoll Portulakblätter
- 1 EL grob in Stücke gezupfte Oreganoblättchen
- 5 EL Granatapfelkerne
- 30 ml Safranvinaigrette (s. S. 148) oder ein Dressing aus nativem Olivenöl extra und Zitronensaft
- 1 Kugel selbst gemachter Shanklish (s. S. 72), zerbröckelt, oder 80 g hochwertiger gekaufter Shanklish
- Meersalz und frisch gemahlener Pfeffer
- warmes Fladenbrot zum Servieren

Gurke, Tomaten, Zwiebel, Salatblätter und Kräuter in eine große Schüssel geben und mischen. Leicht mit Salz und Pfeffer würzen, dann die Granatapfelkerne hinzufügen. Das Dressing dazugießen und alles sehr behutsam mischen. Den Salat mit dem Käse bestreuen (gekaufter ist fester als unser selbst gemachter) und mit reichlich warmem Brot essen.

Zucchinistreifen mit Grana Padano, Burrata & Basilikum

Dieser feine Salat ist ideal für einen heißen Sommertag. Wir sind immer wieder erstaunt, wie selten Zucchini roh für Salate verwendet werden – dabei sind sie eine wunderbare Alternative zu Gurken. Nehmen Sie für dieses Gericht hochwertigen Grana Padano oder Parmesan und versuchen Sie, eine besonders hochwertige Burrata zu bekommen. Ihr Inneres soll cremig über den Salat fließen und die kräftigen Aromen von Parmesan und Zitrone sowie den pfeffrigen Geschmack der Salatblätter ausgleichen.

FÜR 4 PERSONEN

2 Zucchini
2 Handvoll Rucola, von den Stielen befreit
1 Handvoll Feldsalat, verlesen
1 kleine Handvoll Purpurbasilikum- oder Basilikumblättchen
Saft von ½ Zitrone
3 EL natives Olivenöl extra
2 EL fein geriebener Grana Padano oder Parmesan
1 TL abgeriebene Schale von 1 Bio-Zitrone
Meersalz und frisch gemahlener Pfeffer
4 kleine Kugeln Burrata (italienischer Kuhmilchkäse mit cremigem Kern)

Von den Zucchini die Enden abschneiden. Die Zucchini längs in dünne Scheiben schneiden (das geht am einfachsten mit einem Küchenhobel).

Die Zucchinischeiben in eine große Schüssel geben. Rucola, Feldsalat, Basilikum, Zitronensaft und 2 EL Öl hinzufügen. Die Hälfte des Käses und die Hälfte der Zitronenschale dazugeben und alles mit Salz und Pfeffer abschmecken. Den Salat behutsam mit den Händen mischen.

Die Zucchinistreifen auf 4 Teller verteilen und in die Mitte je 1 Burrata setzen. Mit dem restlichen Käse und der restlichen Zitronenschale bestreuen, mit dem restlichen Öl beträufeln und servieren.

Wintertaboulé

Diese winterliche Taboulévariante enthält zusätzlich zu den üblichen Zutaten kleine, knackige rohe Blumenkohlröschen. Servieren Sie den Salat wie ein klassisches Taboulé mit Blättern von Romanasalatherzen zum Auflöffeln. Das Haselnussöl ist optional, passt aber mit seinem Röstaroma hervorragend zum Blumenkohl.

FÜR 4 PERSONEN

60 g feiner Bulgur
80 g Blumenkohlröschen, fein gehackt
1 grüne Tomate, entkernt und in 1 cm große Würfel geschnitten
1 Rispentomate, entkernt und in 1 cm große Würfel geschnitten
1 kleine Salatgurke, geschält, längs halbiert, entkernt und in 3 mm kleine Würfel geschnitten
2 Frühlingszwiebeln, in dünne Ringe geschnitten
1 große Handvoll glatte Petersilienblättchen, in Streifen geschnitten
1 kleine Handvoll Minzeblättchen, in Streifen geschnitten
½ TL gemahlener Piment
½ TL gemahlener Zimt
Saft von 1 Limette
80 ml natives Olivenöl extra
Meersalz und frisch gemahlener Pfeffer
Haselnussöl zum Beträufeln und Romanasalatherzen-Blätter zum Auflöffeln (nach Belieben)

Den Bulgur 15 Minuten in kaltem Wasser einweichen. Auf ein Geschirrtuch schütten und das Tuch zusammendrehen, damit so viel Flüssigkeit wie möglich herausgepresst wird. Den Bulgur vom Tuch in eine große Schüssel geben.

Gemüse, Kräuter, Gewürze, Limettensaft und Öl hinzufügen. Alles mit den Händen gründlich mischen. Den Salat mit Salz und Pfeffer abschmecken. Nach Belieben mit Haselnussöl beträufeln und mit Salatblättern servieren.

Salate mit gegartem Gemüse

In diesem Kapitel stellen wir Rezepte für gegartes Gemüse vor, das kalt oder zimmerwarm als eine Art Salat serviert wird. Diese Art, Gemüse zuzubereiten, ist in fast allen Ländern des Vorderen Orients, im östlichen Mittelmeerraum und in Nordafrika äußerst beliebt. Genau wie die Salate mit rohem Gemüse im vorherigen Kapitel sollen diese Gerichte mit mehreren anderen als Teil einer Mezze-Auswahl serviert werden.

Die Türken sind vermutlich die Meister dieser Zubereitungsart. Sie haben eine eigene Kategorie von Gerichten, *zeytinyağlı* genannt, für die Gemüse mit einer Reihe aromatisierender Zutaten in Olivenöl geschmort wird. (Wie gefülltes Gemüse, z. B. die gefüllten Weinblätter auf Seite 108, werden Gerichte, die zimmerwarm gegessen werden sollen, stets in Olivenöl gegart, weil es, anders als Butter, beim Abkühlen nicht fest wird.) Man nimmt an, dass die Türken diese Methode erfanden, als sie sich ungefähr im elften Jahrhundert in Anatolien ansiedelten und entlang der Küsten des Mittelmeers und der Ägäis Olivenbäume entdeckten.

Zusätzlich zu einigen unserer bevorzugten Gerichte auf *Zeytinyağlı*-Art stellen wir Salate mit pochiertem und geröstetem Gemüse vor sowie andere, die auf eher westliche Art als Beilage zu einem Hauptgericht serviert werden können.

Lauch in Safranvinaigrette mit Haselnussbröseln

An einem warmen Tag gibt es kaum etwas Besseres als zarten pochierten Lauch in einer pikanten Senfvinaigrette, die man mit viel knusprigem Brot auftunken kann. In dieser orientalisch inspirierten Version spielt eine kräftige goldgelbe Safranvinaigrette mit vielen Gewürzen die Hauptrolle. Die herrlichen Brösel unterstreichen diesen Auftritt aufs Beste.

FÜR 4 PERSONEN

Salat

1 Handvoll Haselnusskerne
400 g kleine Lauchstangen oder Lauchzwiebeln
1 Knoblauchzehe, geschält
einige Thymianzweige
3–4 EL Butter
50 g frische Weißbrotbrösel (möglichst von Sauerteigweißbrot)
1 große Prise türkische Chiliflocken
Meersalz und frisch gemahlener Pfeffer

Vinaigrette

2 EL Champagner- oder hochwertiger Weißweinessig
1 EL Weißwein
1 TL flüssiger Honig
10–15 Safranfäden
2 Frühlingszwiebeln, sehr fein gewürfelt
1 Knoblauchzehe, mit ½ TL Meersalz zu einer Paste zerdrückt
1 große Prise türkische Chiliflocken
1 Thymianzweig, gezupft
½ TL Koriandersamen
¼ TL Fenchelsamen
¼ TL weiße Pfefferkörner
125 ml natives Olivenöl extra
Saft von ½ Zitrone
¼ TL Meersalz (oder nach Geschmack)

Für die Vinaigrette Essig, Weißwein, Honig und Safran in einen kleinen Topf geben. Schwach erhitzen, bis sich der Honig aufgelöst hat. Frühlingszwiebeln, Knoblauch, Chiliflocken und Thymian untermischen. In ein Schraubdeckelglas füllen und abkühlen lassen.

Koriander- und Fenchelsamen mit den Pfefferkörnern in einer kleinen Pfanne ohne Fett bei mittlerer Hitze 3–4 Minuten rösten, bis sie Farbe annehmen und duften. In einem Mörser grob zerstoßen, dann mit Olivenöl und Zitronensaft zur Safranflüssigkeit geben. Das Glas verschließen und kräftig schütteln. Die Vinaigrette mit Salz abschmecken.

Für den Salat in derselben Pfanne die Nüsse 3–5 Minuten rösten, bis die Häute dunkel werden und ein Röstaroma bemerkbar wird. Die Nüsse auf ein Geschirrtuch schütten und die Häute abrubbeln. Die Nüsse grob hacken und beiseitestellen.

Den Lauch putzen und gründlich waschen. In einem großen Topf reichlich Salzwasser aufkochen. Den Lauch mit Knoblauch und Thymian hineingeben. 8–10 Minuten pochieren, bis er weich ist. Gut abtropfen lassen, dann mit Küchenpapier trocken tupfen.

Den Lauch auf einer Servierplatte anrichten und noch heiß mit etwas Vinaigrette beträufeln.* Auf Raumtemperatur abkühlen lassen.

Die Butter in der Pfanne zerlassen. Sobald sie schäumt, die Brösel mit den Chiliflocken hineingeben und braten, bis sie goldbraun und knusprig sind. Die gehackten Nüsse hinzufügen und 1 Minute mitbraten. Die Mischung mit Salz und Pfeffer abschmecken. Den Lauch damit begießen und sofort servieren.

***Anmerkung:** Übrig gebliebene Vinaigrette ist im fest verschlossenen Glas im Kühlschrank 3–4 Tage haltbar. Sie ist ein köstliches Dressing für Salate mit gegartem Gemüse – insbesondere mit Artischocken oder Spargel – und adelt einen einfachen Kartoffelsalat.

Salat mit türkischem Brot & geröstetem Gemüse

Wir sind verrückt nach *fattoush* – Salat mit Fladenbrotstücken und gehacktem Gemüse. Das Brot wird meist getoastet oder gebraten, was für eine angenehme Knusprigkeit sorgt. Für diesen Salat hier verwenden wir türkisches Brot, das mit einer würzigen Paste gebraten wird. So ist es gehaltvoller und verleiht dem gerösteten Gemüse Substanz. Wenn Sie sehr auf Kalorien achten, können Sie das Brot im Backofen rösten, statt es zu braten.

FÜR 4 PERSONEN

4 spitze rote Paprikaschoten (z. B. Bullhorn-Paprika; schön ist auch eine Mischung aus roten, orangefarbenen und gelben Schoten)
8 ungeschälte Schalotten
8 ungeschälte Knoblauchzehen
80 ml Olivenöl
2–3 EL Butter
4 sehr kleine Zucchini, längs halbiert, oder 2 Zucchini, längs in Scheiben geschnitten
8 Geröstete Tomaten (s. S. 79) oder hochwertige gekaufte sonnengetrocknete Tomaten, grob gehackt
¼ türkisches Fladenbrot oder Ciabatta, in Stücke gerissen
1 TL Türkische Paprikapaste (s. S. 69)
80 ml natives Olivenöl extra
2 EL sehr kleine Kapern in Lake, gründlich abgespült
2 TL Sherryessig
Saft von ½ Zitrone
1 Handvoll Basilikumblättchen, grob zerzupft
1 große Handvoll Feldsalat oder Rucola, verlesen
Meersalz und frisch gemahlener Pfeffer
griechischer Joghurt zum Servieren

Den Backofen auf 200 °C (Umluft) vorheizen. Paprika, Schalotten und Knoblauch auf ein mit Alufolie ausgelegtes Backblech legen und mit etwas Olivenöl einreiben. Im heißen Ofen 25 Minuten rösten, bis die Schalen blasig und schwarz werden. Dabei einmal wenden. Die Paprika aus dem Ofen nehmen und in eine Schale geben. Mit Frischhaltefolie abdecken und 10 Minuten ausdampfen lassen.

Den Knoblauch 5 Minuten weiterrösten, dann in eine weitere Schüssel geben. Die Backofentemperatur auf 160 °C (Umluft) reduzieren und die Schalotten weitere 10 Minuten rösten. Aus dem Ofen nehmen und zum Knoblauch geben.

Alles leicht abkühlen lassen. Die Paprikaschoten häuten, Samen und Trennwände entfernen. Das Fruchtfleisch in breite Streifen schneiden, austretenden Saft dabei auffangen. Die Knoblauchzehen aus den Häuten drücken und für das Dressing beiseitelegen. Die Schalotten schälen und halbieren. Das geröstete Gemüse mitsamt dem ausgetretenen Saft in eine Schüssel geben.

In einer Pfanne 1 EL Olivenöl mit 1 EL Butter bei mittlerer bis starker Hitze erwärmen. Die Zucchini darin unter regelmäßigem Wenden einige Minuten braten, bis sie goldbraun sind. Mit den gerösteten Tomaten in die Schüssel geben.

Etwas mehr Butter mit dem restlichen Olivenöl in die Pfanne geben und aufschäumen lassen. Die Brotstücke hineingeben, salzen und pfeffern. Bei mittlerer Hitze unter regelmäßigem Wenden braten, bis sie knusprig und braun werden. Die Paprikapaste hinzufügen und das Brot weitere 3–4 Minuten braten, bis es die Paste aufgenommen und rotbraun geworden ist. Aus der Pfanne nehmen und kurz beiseitestellen.

Das native Olivenöl extra in die Pfanne geben. Knoblauch und Kapern darin bei schwacher Hitze 1–2 Minuten anschwitzen, dabei den Knoblauch zu einer Paste zerdrücken. Essig und Zitronensaft hinzufügen. Die Mischung bei schwacher bis mittlerer Hitze einige Minuten köcheln lassen, dann über das Gemüse gießen.

Das Brot mit Basilikum und Feldsalat in die Schüssel geben und alles sehr behutsam mischen. Den Salat abschmecken, dann warm oder leicht abgekühlt mit kühlem Joghurt servieren.

Frische Borlottibohnen mit Tomaten-Granatapfel-Dressing

Wenn im Sommer frische Borlottibohnen in den Geschäften auftauchen, sind wir immer ganz aufgeregt. Mit ihrer beige-rosa marmorierten Schale sind sie ausgesprochen hübsch, und gegart ist ihre Konsistenz wunderbar cremig. Wir essen sie gern roh, wie Dicke Bohnen direkt aus den Schoten. So wie hier zubereitet – in aromatischer Brühe gegart und warm als Salat serviert –, sind sie aber ebenfalls absolut köstlich.

FÜR 4 PERSONEN

Salat

800 g frische Borlottibohnen oder Dicke Bohnen, enthülst (etwa 250 g)
150 g Rispen-Kirschtomaten, gewaschen
3 Schalotten, geviertelt
3 Knoblauchzehen, angedrückt
1 kleine Handvoll Thymianzweige
2 Lorbeerblätter
40 ml natives Olivenöl extra
1 EL hochwertige Harissa (Fertigprodukt oder s. S. 56)
450 ml Gemüsebrühe (Fertigprodukt oder s. S. 88)
½ TL frisch gemahlener Pfeffer
1 Spritzer Zitronensaft
1 TL Meersalz
warmes Fladenbrot zum Servieren

Dressing

Saft von ½ Zitrone
3 EL natives Olivenöl extra
1 Rispentomate, entkernt und fein gewürfelt
2 EL Granatapfelkerne
Meersalz und frisch gemahlener weißer Pfeffer

Den Backofen auf 160 °C (Umluft) vorheizen.

Für den Salat die Bohnen in eine ofenfeste Form geben. Tomaten, Schalotten, Knoblauch und Kräuter darauf verteilen. Das Öl mit der Harissa mischen und in die Brühe rühren. Die Bohnen mit der Brühe begießen und mit dem Pfeffer würzen (in diesem Stadium noch kein Salz hinzufügen!). Die Form erst mit Backpapier, dann mit Alufolie abdecken. Die Bohnen im heißen Ofen 1 Stunde garen. Kurz herausnehmen, mit Zitronensaft und Salz würzen. Ohne Abdeckung im Ofen weitere 45 Minuten garen, bis die Bohnen sehr weich sind und der Großteil der Flüssigkeit verdampft ist.

Aus dem Ofen nehmen und die Bohnen in der Brühe abkühlen lassen. Die kalten Bohnen in ein Sieb abgießen, den Garsud auffangen. Thymian und Lorbeer entfernen.

Für das Dressing 125 ml Garsud mit einem Schneebesen mit Zitronensaft und Öl verquirlen. Das Dressing mit Salz und Pfeffer abschmecken. Tomate und Granatapfelkerne unterrühren. Die Bohnen mit dem Dressing begießen und mit warmem Brot servieren.

Grüne Bohnen mit Chermoula, Schalotten & Feta

Wir halten ständig Ausschau nach interessanten Rezepten für grüne Bohnen und dieser Salat ist einer unserer Favoriten. Wenn Sie bereits Chermoula im Kühlschrank haben, ist er in wenigen Minuten fertig. Chermoula ist eine herrliche Beilage zu allen möglichen Gerichten. Aber ehrlich gesagt essen wir sie manchmal auch pur, nur mit viel warmem Brot und Butter.

FÜR 4 PERSONEN

Salat

1 EL Butter
2 Schalotten, in dünne Ringe geschnitten
1 Rispentomate, gehackt
1 TL Chermoula (siehe unten)
200 g grüne Bohnen, längs halbiert
1 TL Korinthen
200 ml Gemüsebrühe (Fertigprodukt oder s. S. 88)
1 großzügiger Spritzer Zitronensaft
Meersalz und frisch gemahlener Pfeffer
60 g Feta, zerbröckelt, zum Servieren

Chermoula

2 EL Kreuzkümmelsamen
1 EL Koriandersamen
1½ EL Paprikapulver (edelsüß)
½ TL gemahlener Ingwer
2 Knoblauchzehen, grob gehackt
2–4 kleine rote Chilischoten (nach Geschmack), entkernt und fein gehackt
Saft von 2 Zitronen
100 ml Olivenöl
Meersalz und frisch gemahlener Pfeffer
geschmacksneutrales Pflanzenöl zum Versiegeln

Für die Chermoula den Kreuzkümmel in einer Pfanne ohne Fett 2–3 Minuten rösten, bis er duftet. Mahlen oder in einem Mörser zu Pulver zerstoßen. Mit dem Koriander ebenso verfahren. Beides mit den restlichen Zutaten, ½ TL Salz und ½ TL Pfeffer in einen Mixer geben und glatt pürieren. Die Chermoula abschmecken.

Die Chermoula in ein sterilisiertes Glas füllen und die Oberfläche mit einer dünnen Schicht Öl bedecken. Im Kühlschrank gelagert ist sie bis zu 2 Monate haltbar.

Für den Salat die Butter in einem Topf zerlassen. Die Schalotten darin mit Tomate und Chermoula 4 Minuten anschwitzen, bis sie weich werden. Bohnen, Korinthen und Brühe oder 200 ml Wasser hinzufügen. Bei schwacher bis mittlerer Hitze etwa 10 Minuten köcheln lassen, bis die Bohnen weich sind. Den Salat mit Salz, Pfeffer und Zitronensaft abschmecken, dann auf Raumtemperatur abkühlen lassen und mit dem Feta bestreut servieren.

Bunter Mangold mit marinierten Korinthen & Pinienkernen

Mangold bietet viel fürs Geld, denn Blätter und Stiele haben eine unterschiedliche Konsistenz. Viele Rezepte verlangen daher, dass man sie getrennt voneinander gart (weil die Vorgehensweisen verschieden sind). Für diesen Salat werden sie gemeinsam geschmort und serviert – auf maurische Art mit marinierten Korinthen und knackigen Pinienkernen. Statt der bunten Variante können Sie gewöhnlichen Mangold, aber auch Schwarz- oder Grünkohl verwenden.

FÜR 4 PERSONEN

Mangold

400 g buntstieliger Mangold, Stiele und Blätter getrennt
50 ml Olivenöl
2 Schalotten, in dünne Ringe geschnitten
2 Knoblauchzehen, sehr fein gehackt
Saft von 1 Zitrone
50 g Pinienkerne
Meersalz und frisch gemahlener Pfeffer
natives Olivenöl extra zum Beträufeln

Korinthen

80 g Korinthen
¼ Sternanis
2 Gewürznelken
125 ml Apfelsaft (oder zur Abwechslung 125 ml Granatapfelsaft)

Für die Korinthen die Korinthen mit Sternanis und Gewürznelken in eine kleine Schüssel geben. Den Saft aufkochen. Die Korinthen damit begießen und gut 20 Minuten darin einweichen. (Werden sie nicht gleich gebraucht, kann man sie in einem fest verschlossenen Glas bis zu 2 Wochen im Kühlschrank aufbewahren.)

Für den Mangold die Mangoldstiele in 1 cm lange Stücke, die Blätter in breite Streifen schneiden.

Das Öl in einem großen Topf bei schwacher bis mittlerer Hitze erwärmen. Die Schalotten darin mit Knoblauch und Mangoldstielen 10 Minuten anschwitzen, bis sie weich sind. Die Mangoldblätter mit dem Zitronensaft hinzufügen und unter gelegentlichem Rühren 5–6 Minuten mitgaren, bis sie vollständig zusammengefallen und die Stiele weich sind. Vom Herd nehmen und die marinierten Korinthen unterrühren. Den Salat mit Salz und Pfeffer abschmecken, dann abkühlen lassen.

Unmittelbar vor dem Servieren die Pinienkerne in einer Pfanne ohne Fett unter häufigem Rühren bei mittlerer Hitze rösten, bis sie leicht gebräunt sind. Den Salat damit bestreuen, mit Olivenöl beträufeln und zimmerwarm servieren.

Kartoffelsalat mit Erbsen & persischen Gewürzen

Dieser Kartoffelsalat ertrinkt nicht in Mayonnaise. Und eigentlich nennen wir ihn nur Salat, weil er zimmerwarm serviert wird. Aber es ist eines unserer allerliebsten schnell zubereiteten Gerichte. Die leuchtenden Farben machen es zu einer Augenweide und die intensiven Aromen schmeicheln dem Gaumen. Der Salat eignet sich gut als Füllung für Sambuseks (S. 128).

FÜR 4 PERSONEN

500 g kleine Frühkartoffeln
2 EL Pflanzenöl
½ TL Senfsamen
1 Schalotte, sehr fein gewürfelt
2–3 Knoblauchzehen, mit ½ TL Meersalz zerdrückt
½ TL gemahlene Kurkuma
¼ TL gemahlener Kreuzkümmel
1 kleine getrocknete rote Chilischote*, zerkrümelt
120 g junge Erbsen (frisch oder TK)
1 kleine Handvoll Korianderblättchen, in Streifen geschnitten
Meersalz und frisch gemahlener Pfeffer
Limettenspalten, Joghurt und warmes Fladenbrot zum Servieren

Die Kartoffeln in kochendem Salzwasser in etwa 18 Minuten knapp garen. In einen Sieb abgießen, ausdampfen und leicht abkühlen lassen. Schälen und in 1 cm große Würfel schneiden. Beiseitestellen.

Das Öl in einer Pfanne stark erhitzen. Den Senf darin etwa 1 Minute braten, bis er zu hüpfen beginnt. Erst Schalotte und Knoblauchpaste, dann die Gewürze mit ¼ TL Pfeffer hinzufügen und alles bei schwacher Hitze unter gelegentlichem Rühren etwa 10 Minuten garen, bis die Schalotte weich und glasig ist.

In der Zwischenzeit die Erbsen für 2–3 Minuten in sprudelnd kochendes Wasser geben. In ein Sieb abgießen und gut abtropfen lassen.

Kartoffeln und Erbsen zur Schalottenmischung geben und alles behutsam, aber gründlich verrühren. Bei schwacher Hitze 2–3 Minuten garen, dann abschmecken. Die Pfanne vom Herd nehmen und den Salat auf Raumtemperatur abkühlen lassen. Die Korianderblättchen untermischen und den Salat mit Limettenspalten, Joghurt und viel warmem Brot servieren.

***Anmerkung:** Eigentlich werden Chilischoten in der persischen Küche nur selten verwendet, und wenn, dann überwiegend im Süden des Landes, wo der indische Einfluss stärker ist. Nehmen Sie nach Geschmack mehr oder weniger davon.

Geschmorte Artischocken, Salzzitrone & Hörnchen-kartoffeln mit Basilikum-Crème-fraîche

Dass es etwas mühsam ist, frische Artischocken vorzubereiten, lässt sich nicht leugnen. Doch jedes Jahr, wenn der Frühling vor der Tür steht, spüren wir ein großes Verlangen nach ihnen. Für dieses Gericht kommt eine unserer bevorzugten östlich-mediterranen Garmethoden zum Einsatz, das Schmoren von Gemüse in einem ölhaltigen, würzigen Sud. Salzzitrone verstärkt das typische Aroma der Artischocken, die mit Frühkartoffeln gegart werden. Die Kartoffeln sollten klein und festkochend sein. Sehr gut eignen sich Bamberger Hörnchen, La Ratte oder Kipfler. Mit der Basilikumsahne darauf schmeckt dieses Gericht heiß, warm oder sogar kalt wunderbar.

FÜR 4 PERSONEN

Saft von 1 Zitrone
4 große Artischocken oder 250 g Artischockenböden
200 g kleine Hörnchenkartoffeln (nach Belieben geschält)
8 kleine Schalotten, geschält
Zehen von 1 Knoblauchknolle, geschält
½ Salzzitrone (Fertigprodukt), in Stücke geschnitten
2 Lorbeerblätter
1 große Handvoll Thymianzweige, grob zerpflückt
2 Rosmarinzweige, grob zerpflückt
¼ TL Koriandersamen, grob zerdrückt
¼ TL türkische Chiliflocken
100 ml trockener Weißwein oder Wermut
400 ml Gemüsebrühe (Fertigprodukt oder s. S. 88)
100 ml natives Olivenöl extra
Meersalz und frisch gemahlener Pfeffer

Basilikum-Crème-fraîche

80 g Crème fraîche
abgeriebene Schale von ½ Bio-Zitrone
50 g geriebener Parmesan
1 Handvoll Basilikumblättchen

Den Backofen auf 180 °C (Umluft) vorheizen.

Für den Salat eine Schüssel mit kaltem Wasser bereitstellen und das Wasser mit dem Zitronensaft säuern. Die Stiele der Artischocken auf etwa 4 cm kürzen und schälen. Die harten Außenblätter entfernen, bis die helleren inneren Blätter zum Vorschein kommen. Die Artischocken knapp über den Böden quer durchschneiden und so alle Blätter entfernen. Das Heu mit einem scharfen Messer oder einem Kugelausstecher herauslösen. Die Artischockenböden längs halbieren und in das Zitronenwasser legen.

Artischocken, Kartoffeln, Schalotten, Knoblauch und Zitrone in eine ofenfeste Form geben. Lorbeer und Kräuterzweige dazwischen verteilen. Mit Koriander und Chiliflocken bestreuen und mit je ¼ TL Salz und Pfeffer würzen. Wein, Brühe und Öl angießen. Die Form erst mit Backpapier, dann mit Alufolie abdecken.

Im heißen Ofen 30 Minuten garen. Herausnehmen, Folie und Papier entfernen. Die Form für weitere 20 Minuten in den Ofen stellen.

In der Zwischenzeit für das Basilikum-Crème-fraîche die Crème fraîche mit Zitronenschale und Parmesan in einen kleinen Topf geben und erhitzen, bis der Käse schmilzt.

Das Gemüse mit etwas Garsud in eine Schüssel füllen und mit Salz und Pfeffer abschmecken. Das Basilikum in Stücke zupfen und unter die Crème fraîche rühren. Die Mischung mit einem Löffel auf das Gemüse geben und das Gericht servieren.

Honigmöhren mit Datteln, Löwenzahn & marokkanischem Dressing

Dieser Salat kommt leicht marokkanisch daher, mit süßen gerösteten Möhren, weichen Dattelstückchen und 1 Schuss Orangenblütenwasser im würzig-scharfen Dressing. Wir verwenden gern eine Mischung verschiedenfarbiger Möhrensorten, doch wenn wir sie nicht bekommen, nehmen wir kleinere Bundmöhren mit makellosem Grün.

FÜR 4 PERSONEN

Salat

60 g Haselnusskerne
400 g sehr kleine Möhren mit Grün
1 TL flüssiger Honig
1 TL Granatapfelsirup
2 EL Thymianblättchen
2 EL Olivenöl
1 Schalotte, in dünne Ringe geschnitten
2 große Handvoll Löwenzahn- und Brunnenkresseblätter, grob geschnitten
6 Medjool-Datteln, entsteint und gewürfelt
80 g Ziegenfrischkäse, zerbröckelt
Meersalz und frisch gemahlener Pfeffer

Dressing

1 Knoblauchzehe, mit ½ TL Meersalz zerdrückt
¼ TL gemahlener Zimt
¼ TL gemahlener Kreuzkümmel
¼ TL Paprikapulver (edelsüß)
¼ TL türkische Chiliflocken
Saft von 1 Zitrone
etwas flüssiger Honig
2 EL natives Olivenöl extra
1 Schuss Orangenblütenwasser (nach Belieben)

Den Backofen auf 200 °C (Umluft) vorheizen.

Für den Salat die Nüsse in einer kleinen ofenfesten Form verteilen und im heißen Ofen 8–10 Minuten rösten, bis ihre Häute dunkel werden und sich Röstaromen entwickeln. Auf ein Geschirrtuch schütten und die Häute abreiben. Die Nüsse grob hacken und beiseitestellen.

Die Möhren gründlich schrubben oder schälen, das Grün jeweils auf etwa 2 cm kürzen, die dünnen Wurzelenden nicht abschneiden (Erde, die im Grün oder um das Grün herum verborgen sein kann, unbedingt entfernen!). Die Möhren in eine ofenfeste Form mit schwerem Boden legen, mit Honig und Sirup beträufeln, mit dem Thymian bestreuen und großzügig salzen und pfeffern. Das Öl untermischen und die Möhren im heißen Ofen 25–30 Minuten rösten, bis sie gebräunt und durchgegart sind. (Sollte sich an den dünnen Enden etwas knuspriger Karamell bilden, wäre das gut.) Die Form aus dem Ofen nehmen und beiseitestellen.

Für das Dressing alle Zutaten in ein Schraubdeckelglas füllen. Das Glas fest verschließen und kräftig schütteln.

Die Schalotte in einer großen Schüssel mit Löwenzahn, Brunnenkresse, Datteln und Nüssen mischen. Die warmen Möhren dazugeben. So viel Dressing untermischen, dass alles dünn davon überzogen ist. Den Käse hinzufügen. Den Salat möglichst sofort servieren, solange die Möhren noch warm sind.

Warme Gemüsegerichte

Wir hoffen, dass die anderen Kapitel in diesem Buch gezeigt haben, dass Gemüse in der orientalischen Küche häufig die Hauptrolle spielt. Weil es so viele wunderbare Methoden gibt, es zuzubereiten – man kann es z. B. backen, braten, füllen, grillen, schmoren, einlegen, in Suppen und Salate geben –, hat Gemüse eine enorme Vielfalt an Aromen und Texturen zu bieten.

Bei fast allen Gerichten in diesem Kapitel steht ein einziges Gemüse im Mittelpunkt. Einige sind sehr einfach: kurz gegrillt und mit gewürzter Butter oder einem aromatischen Dressing serviert. Das sind die Gerichte, die sich gut als Beilage für ein eher westlich ausgerichtetes Mahl eignen. Andere sind geschmacklich komplexer, reich an Gewürzen und anderen geschmacksintensiven Zutaten, doch keines davon ist eine technische Herausforderung. Wie die übrigen Gerichte in diesem Buch, so sind auch diese dafür gedacht, mit anderen zusammen serviert zu werden – vielleicht mit einem Getreidegericht und einem Salat, einem Dip oder einer pikanten Pastete.

Womit Sie sie auch servieren, sie alle profitieren davon, wenn man frischestes Gemüse der Saison verwendet.

Erbsen mit Perlzwiebeln & Salzzitronensahne

Manchmal essen wir Erbsen nur mit etwas guter Butter und frischer Minze. Dann wieder finden wir, dass sie so viel mehr verdient haben. In diesem Gericht kombinieren wir sie mit Zwiebeln und Knoblauch, die geröstet werden, um ihre Süße hervorzulocken. Abgerundet wird das Ganze mit üppiger, zitronenwürziger Sahnesauce.

FÜR 4 PERSONEN

Gemüse

250 g Perlzwiebeln
Zehen von 1 Knoblauchknolle
1 TL getrockneter Zatar oder Thymian
1 TL gemahlener Sumach
1 TL Meersalz
3 EL natives Olivenöl extra und Olivenöl zum Beträufeln
100 ml Weißwein
150 g Erbsen

Sauce

1 EL Olivenöl
1 große Schalotte, fein gewürfelt
Schale von ½ Salzzitrone (Fertigprodukt), fein gewürfelt
1 EL halbtrockener Sherry
150 g Sahne
1 kräftiger Spritzer Zitronensaft

Den Backofen auf 200 °C (Umluft) vorheizen.

Für das Gemüse die Zwiebeln von den Wurzelenden befreien (aber nicht schälen!) und längs halbieren. Die Knoblauchzehen von den holzigen Enden befreien (und ebenfalls ungeschält lassen). Zwiebeln und Knoblauch mit Zatar, Sumach, Salz und Öl mischen. Mit den Schnittflächen nach oben in eine ofenfeste Form geben. Den Wein und 80 ml Wasser dazugießen. Zwiebeln und Knoblauch im heißen Ofen unter gelegentlichem Rühren 20 Minuten rösten, bis die Flüssigkeit verkocht ist und sie zu karamellisieren beginnen.

In der Zwischenzeit für die Sauce das Öl in einem kleinen Topf bei schwacher Hitze erwärmen. Schalotte und Zitronenschale darin 5–10 Minuten anschwitzen. Mit Sherry ablöschen und diesen bei mittlerer bis starker Hitze fast vollständig einkochen lassen. Die Sahne hinzufügen und alles 3–4 Minuten köcheln lassen, dann beiseitestellen.

Die Erbsen für 2–3 Minuten in sprudelnd kochendes Wasser geben, bis sie weich sind. In ein Sieb abgießen und gut abtropfen lassen.

Die Erbsen mit der Zwiebel-Knoblauch-Mischung in eine Schüssel geben. Mit etwas Olivenöl beträufeln und alles behutsam mischen.

Die Sauce mit dem Zitronensaft würzen. Das Gericht mit Sauce und etwas Olivenöl beträufeln und sofort servieren.

Gebratener Spargelkohl mit Mandeln & Harissa-Butter

Für dieses Gericht eignet sich grüner oder violetter Spargelkohl, aber auch Brokkoli. Das Gemüse wird in einer Grillpfanne gebraten (man kann es auch grillen) und dann mit zerlassener scharfer Butter und knackigen gerösteten Mandeln vollendet. Es kann allerdings vorkommen, dass wir die Mandeln weglassen und das Gemüse nur mit der zerlassenen Butter beträufeln oder es wie Spargel hineintunken.

FÜR 4 PERSONEN

Meersalz
400 g Spargelkohl oder Brokkoli, geputzt*
30 g Mandelblättchen
Harissa-Butter (s. S. 56), zerlassen

In einem großen Topf reichlich Salzwasser aufkochen. Den Kohl portionsweise 1–2 Minuten hineingeben, bis er etwas weicher geworden ist (er gart später in der Pfanne weiter). In eine Schüssel mit Eiswasser schütten, damit der Garprozess gestoppt wird und die schöne Farbe erhalten bleibt. Zum Abtropfen in ein Sieb geben und an der Luft trocknen lassen.

Während der Kohl trocknet, eine gusseiserne Grillpfanne sehr stark erhitzen. Den Kohl darin portionsweise unter gelegentlichem Wenden 4–5 Minuten braten, sodass die Stangen rundherum dunkle Grillstreifen bekommen. Die fertig gebratenen Stangen in eine vorgewärmte Schüssel füllen.

Die Mandelblättchen in einer Pfanne ohne Fett rösten. Den Spargelkohl damit bestreuen und mit der zerlassenen Harissa-Butter servieren.

***Anmerkung:** Falls Sie Brokkoli verwenden, muss dieser vor dem Blanchieren in Röschen zerteilt werden. Violetter Spargelkohl kann holzige Enden haben, die Sie kürzen und schälen müssen. Auch einige Blätter sollten entfernt werden. Egal, welches Gemüse verwendet wird: Wichtig ist, dass alle Stücke gleich groß sind, damit sie gleichzeitig gar werden.

Gegrilltes Gemüse auf tunesische Art

Diese aromatische tunesische Marinade ist und bleibt einer unserer Favoriten. Sie macht aus dem Gemüse ein fabelhaftes fleischloses Gericht für eine Grillparty. Servieren Sie es mit warmem Fladenbrot oder einem neutralen Getreidegericht, z. B. mit Buttercouscous oder -reis. Dazu würden bittere Blattsalate hervorragend schmecken.

Sie können das Gemüse natürlich auch im Backofen rösten*, allerdings bräunt es dann weniger und auch die typisch rauchige Note fehlt. Die hier angegebenen Gemüsemengen sind wirklich nur Vorschläge. Stellen Sie sich Ihre Lieblingskombination zusammen.

FÜR 4 PERSONEN

Gemüse

4 Bundmöhren, geschält und das Grün auf 1 cm gekürzt
4 ungeschälte kleine Zwiebeln
2 spitze rote Paprikaschoten, längs halbiert und entkernt
2 sehr kleine Fenchel, längs halbiert
4 braune Champignons, von den Stielen befreit
2 große rote Chilischoten, längs halbiert und entkernt
4 sehr kleine Zucchini, von den Enden befreit
¼ ungeschälter kleiner Butternusskürbis, in schmale Spalten geschnitten
warmes Fladenbrot und griechischer Joghurt zum Servieren

Tunesische Marinade

1 TL Koriandersamen
½ TL Kümmelsamen
1 Handvoll glatte Petersilienblättchen
1 Handvoll Minzeblättchen
1 Handvoll Estragonblättchen
2 EL Dillspitzen
125 ml Olivenöl
1 EL hochwertige Harissa (Fertigprodukt oder s. S. 56)
2 TL fein gehackte Schale von 1 Salzzitrone (Fertigprodukt)
1 TL Meersalz

Den Holzkohlengrill so vorbereiten, dass ein heißer und ein kühlerer Bereich entstehen (oder den Gasgrill entsprechend anheizen). Die Flammen verlöschen lassen (die Kohlen sollen von weißer Asche bedeckt sein).

Für die Marinade den Koriander in einer Pfanne ohne Fett bei mittlerer Hitze etwa 2 Minuten rösten, bis er etwas Farbe angenommen hat und aromatisch duftet. Anschließend fein mahlen oder in einem Mörser zu Pulver zerstoßen. Mit dem Kümmel ebenso verfahren. Beides in einen Mixer geben. Kräuter, Öl, Harissa, Zitronenschale und Salz hinzufügen und alles glatt pürieren.

Für das Gemüse das vorbereitete Gemüse mit gut einem Drittel der Marinade mischen (alles sollte gut davon überzogen sein). Die restliche Marinade beiseitestellen und später als Sauce servieren.

Das Gemüse nach Sorten getrennt grillen. Dabei mit dem beginnen, das die längste Garzeit hat. Erst über den heißen Bereich des Grills legen. Sobald es Grillstreifen hat, über den kühleren Bereich legen. Nicht ständig wenden, aber sicherstellen, dass nichts verbrennt. Wenn es weich ist, das Gemüse auf eine Servierplatte geben und warm halten.

Das gegrillte Gemüse servieren. Dazu die restliche Marinade zum Beträufeln sowie warmes Brot und reichlich Joghurt servieren.

***Anmerkung:** Soll das Gemüse im Backofen geröstet werden, diesen auf 220 °C (Umluft) vorheizen. Sobald die Temperatur erreicht ist, zwei ofenfeste Formen mit schweren Böden 5 Minuten darin erhitzen. Das Gemüse auf die heißen Formen verteilen und im heißen Ofen 25–30 Minuten rösten, dabei einige Male rütteln und wenden. Sobald es weich ist und kräftig Farbe angenommen hat, das Gemüse aus dem Ofen nehmen.

Gegrillte Maiskolben mit Mandel-Safran-Butter

Wann immer wir im Vorderen Orient sind, fühlen wir uns magisch angezogen von den Grillständen entlang der Straßen, Gassen und Plätze. Nachts ist die Luft geschwängert von Rauch und dem Duft von Gegrilltem. Während kleine Fleischspieße unweigerlich mit den Ländern des Vorderen Orients in Verbindung gebracht werden, gefallen uns gegrillte Maronen (im Winter) und Maiskolben (im Sommer) häufig besser.

Beim Grillen bekommen Maiskolben eine angenehm rauchige Note. Doch wenn Sie keine Lust haben, den Grill anzuwerfen, können Sie den Mais in Salzwasser vorgaren (das dauert 3–10 Minuten, je nachdem wie groß und frisch die Kolben sind) und anschließend in einer heißen Grillpfanne fertig garen. Zu den Kolben können Sie jede der pikanten Buttermischungen auf den Seiten 52–56 servieren, wir finden jedoch, dass die Mandel-Safran-Butter am besten passt.

FÜR 4 PERSONEN

4 Maiskolben
bis zu 125 g Mandel-Safran-Butter (s. S. 55)
Olivenöl
Meersalz und frisch gemahlener Pfeffer
Limettenhälften zum Servieren

Die Hüllblätter der Maiskolben zurückstreifen, aber nicht entfernen. Die Fäden abziehen. Die Hüllblätter (nicht die Kolben) für 15–20 Minuten in kaltes Wasser tauchen, damit sie auf dem Grill nicht verbrennen. Gleichzeitig 4 Stücke Küchengarn in Wasser einweichen.

Jeden Maiskolben mit 1 großzügigen Esslöffel Mandel-Safran-Butter bestreichen. Die Hüllblätter trocken schütteln, über die Kolben streifen und mit nassem Küchengarn festbinden. Die Kolben auf den heißen Holzkohlengrill legen und 15–20 Minuten garen, bis die Körner weich sind. Dabei regelmäßig wenden, damit sie gleichmäßig gar werden.

(Alternativ die Maiskolben großzügig mit Olivenöl bestreichen und grillen, die Hüllblätter dabei als eine Art Griff benutzen. Bei dieser Methode werden die Maiskörner schön dunkel. Die Kolben vor dem Servieren mit der Butter bestreichen.)

Die Maiskolben mit Salz und Pfeffer würzen, dann mit mehr Mandel-Safran-Butter und Limettenhälften servieren.

Geröstete Auberginen mit Safran-Zitronen-Sahne

Dieses Gericht ist zugegebenermaßen ziemlich üppig. Doch wann immer wir es kochen, ist es der Renner. Lange, dünne japanische Auberginen eignen sich am besten, doch wenn Sie keine bekommen, können Sie 2 gewöhnliche Auberginen verwenden. Ob Sie das Gericht für einen besonderen Anlass mit Weinblättern garnieren, bleibt voll und ganz Ihnen überlassen.

FÜR 4 PERSONEN

Gemüse

3 japanische oder 2 gewöhnliche Auberginen (etwa 650 g)
2 große Zwiebeln, in große Würfel geschnitten
2 Knoblauchzehen, in Scheiben geschnitten
2 große rote Chilischoten, schräg in 1 cm breite Stücke geschnitten
1 TL gemahlener Kreuzkümmel
1 TL gemahlener Koriander
1 TL türkische Chiliflocken
Saft von 1 Zitrone
200 ml Olivenöl
200 ml Gemüsebrühe (Fertigprodukt oder s. S. 88)
Meersalz und frisch gemahlener weißer Pfeffer
2 Weinblätter* zum Garnieren (frisch, eingelegt oder vakuumverpackt; nach Belieben)

Sauce

450 g Sahne
20 Safranfäden
Saft von ½ Zitrone
Meersalz und frisch gemahlener weißer Pfeffer

Den Backofen auf 200 °C (Umluft) vorheizen.

Für das Gemüse die Auberginen schälen und längs vierteln (gewöhnliche Auberginen in breite Spalten schneiden).

Die Auberginen mit Zwiebeln, Knoblauch und Chilis in eine Schüssel geben. Gewürze, Zitronensaft und Öl hinzufügen und alles gründlich mischen.

Das Ganze in eine ofenfeste Form geben. Die Brühe oder 200 ml Wasser dazugießen. Die Auberginen kräftig salzen und pfeffern, dann im heißen Ofen ohne Abdeckung 35 Minuten rösten. Dabei gelegentlich die Form schwenken und das Gemüse in der würzigen Flüssigkeit wenden, damit es gleichmäßig gart.

In der Zwischenzeit für die Sauce die Sahne in einen kleinen Topf geben und zum Kochen bringen. Safran, Zitronensaft und je 1 großzügige Prise Salz und Pfeffer hinzufügen. Die Sahne 2 Minuten köcheln lassen, dann vom Herd nehmen.

Nachdem sie 25 Minuten im Ofen waren oder wenn sie weich sind und Farbe annehmen, die Auberginen mit der Safran-Zitronen-Sahne begießen. Weitere 10 Minuten garen, dann in der Form heiß oder warm servieren.

***Anmerkung:** Werden frische Weinblätter verwendet, diese für 30 Sekunden in kochendes Wasser geben, dann in kaltem Wasser abschrecken. Eingelegte oder vakuumverpackte Weinblätter sollten 10 Minuten eingeweicht und anschließend gründlich trocken getupft werden. Die getrockneten Blätter rundherum mit Olivenöl bestreichen und auf ein mit Backpapier ausgelegtes Backblech legen. Eine Schicht Backpapier darauflegen und die Blätter mit einem weiteren Backblech beschweren. Im 160 °C heißen Ofen 8–10 Minuten backen, bis sie hart und durchscheinend sind.

Gebackene Tomaten & Auberginen mit Estragon-Joghurt-Guss

Dieses Gericht erinnert mit seinem cremigen, kräuterwürzigen Guss an ein griechisches Moussaka. Mit einem schlichten Salat dazu ist es ein schönes Abendessen.

FÜR 4 PERSONEN

Gemüse

1 kg Auberginen
40 ml Olivenöl
1 große Zwiebel, fein gewürfelt
2 Knoblauchzehen, fein gehackt
1 TL gemahlener Piment
700 g Rispen-Kirschtomaten, halbiert, oder 2 Dosen gehackte Tomaten à 400 g
150 ml Pflanzenöl
25 g Cheddar oder Parmesan, gerieben
Meersalz und frisch gemahlener Pfeffer

Guss

300 g Crème fraîche
1½ TL Speisestärke
1 Ei
150 g griechischer Joghurt
1 Handvoll glatte Petersilienblättchen, fein gehackt
2 EL Schnittlauchröllchen
1 EL fein gehackte Estragonblättchen
25 g Cheddar oder Parmesan, gerieben

Für das Gemüse die Auberginen quer in dicke Scheiben schneiden. In ein Sieb schichten und jede Schicht großzügig salzen. Mit einem Teller beschweren und in der Spüle 30 Minuten abtropfen lassen. Anschließend abspülen und mit Küchenpapier trocken tupfen.*

In der Zwischenzeit das Olivenöl in einem Topf mit schwerem Boden erhitzen. Zwiebel, Knoblauch und Piment darin etwa 10 Minuten anschwitzen, bis die Zwiebel weich ist. Tomaten und Pfeffer hinzufügen und alles etwa 15 Minuten köcheln lassen, bis die Tomaten sehr weich sind. Beiseitestellen.

1 großzügigen Schuss Pflanzenöl in eine Pfanne geben und bei mittlerer Hitze erwärmen. Die Auberginenscheiben darin portionsweise bei mittlerer bis starker Hitze 5–10 Minuten braten (sie sollen weich werden und kräftig bräunen). Dabei wenden, damit sie gleichmäßig garen. Falls nötig, für jede weitere Portion mehr Öl in die Pfanne geben. Die Scheiben auf Küchenpapier abtropfen lassen.

Den Backofen auf 180 °C (Umluft) vorheizen. Den Boden eines ofenfesten Schmortopfs (ideal wäre ein Le-Creuset-Topf mit 23 cm Ø) mit Auberginenscheiben belegen und diese mit der Tomatenmischung bestreichen. Weiterschichten und mit der Tomatenmischung abschließen.

Für den Guss die Crème fraîche in einem kleinen Topf aufkochen, 5 Minuten köcheln lassen und vom Herd nehmen. Währenddessen die Speisestärke mit 2 EL Wasser glatt rühren. Mit dem Ei zum Joghurt geben und unterschlagen. Die Mischung zur Crème fraîche geben. Kräuter und Käse unterrühren. Den Guss auf das Gemüse geben und gleichmäßig verstreichen.

Das Gericht im heißen Ofen 25 Minuten garen. Mit dem Käse bestreuen und weitere 10 Minuten backen, bis der Guss aufgegangen und goldbraun ist. Aus dem Ofen nehmen und vor dem Servieren 10 Minuten ruhen lassen.

***Anmerkung:** Manche meinen, es sei unnötig, Auberginen zu salzen, weil sie heute weniger bitter sind als früher. Will man sie aber braten, empfiehlt es sich, diesen Schritt nicht auszulassen. Es geht dabei nämlich nicht um den Geschmack, sondern darum, den Auberginen Wasser zu entziehen, damit sie beim Braten nicht so viel Öl aufsaugen. Auch das Braten bei hoher Temperatur reduziert die Fettaufnahme.

Möhrentajine mit Joghurt & Honigpinienkernen

Der Joghurt, der zum Schluss an dieses ungewöhnliche, süßlich-würzige Schmorgericht gegeben wird, macht es wunderbar üppig und pikant. Zur Tajine passen schlichter Buttercouscous, Hochzeitscouscous (S. 219) oder Frühlingsgemüse mit Sultaninen & Couscous (S. 217). Köstlich ist sie auch mit Langkornreis mit Zitrone & gerösteten Mandeln (S. 193).

FÜR 4 PERSONEN

Tajine
40 ml Olivenöl
1–2 EL Butter
1 große Zwiebel, fein gerieben
1 große Möhre, fein gerieben
2 Knoblauchzehen, fein gerieben
1 TL gemahlener Kreuzkümmel
1 TL gemahlener Koriander
½ TL gemahlene Kurkuma
½ TL fein gemahlener Pfeffer
1 EL flüssiger Honig
400 g Kichererbsen (aus der Dose), abgespült und abgetropft
400 g sehr kleine Bundmöhren, geschrubbt und das Grün auf wenige cm gekürzt
600 ml Gemüsebrühe (Fertigprodukt oder s. S. 88)
200 g Joghurt
1 EL Speisestärke
1 Eigelb
1 Handvoll Korianderblättchen

Honigpinienkerne
1 EL Butter
1 TL Honig
60 g Pinienkerne
1 große Prise Meersalz

Den Backofen auf 180 °C (Umluft) vorheizen.

Für die Tajine das Öl mit der Butter in einem großen ofenfesten Schmortopf bei schwacher Hitze erwärmen. Zwiebel, Möhre, Knoblauch, Gewürze und Honig hinzufügen. Alles etwa 10 Minuten anschwitzen.

Kichererbsen und Bundmöhren in den Topf geben. Die Brühe dazugießen und alles aufkochen. Zugedeckt im heißen Ofen 30 Minuten garen.

Den Topf aus dem Ofen nehmen und auf den Herd stellen. Die Tajine bei mittlerer Hitze warm halten.

Den Joghurt in einer kleinen Schüssel mit Speisestärke und Eigelb verquirlen. 1 EL Garsud aus dem Schmortopf zum Joghurt geben und gut unterrühren. Den Joghurt in den Topf geben. Das Gericht unter Rühren köcheln lassen, bis die Sauce leicht andickt.

Für die Honigpinienkerne Butter und Honig in einer kleinen Pfanne bei mittlerer Hitze erwärmen. Sobald die Butter geschmolzen ist, Pinienkerne und Salz hinzufügen. Etwa 2 Minuten braten, bis die Pinienkerne goldbraun werden.

Die Korianderblättchen unter die Tajine rühren. Die Pinienkerne abtropfen lassen, das Gericht damit bestreuen und servieren.

Getreidegerichte

Wenn es eine Gruppe von Nahrungsmitteln gibt, von der man sagen kann, sie sei weltweit ein Grundnahrungsmittel, dann ist es Getreide. Weizen, Reis und Mais werden seit Tausenden von Jahren kultiviert. Manche Historiker behaupten sogar, dass dies die Menschheit zivilisiert hat, indem es uns zwang, das Nomadenleben aufzugeben, sesshaft zu werden und Ackerbau zu betreiben.

In den Ländern des Vorderen Orients sind Weizen und Reis (dem wir ein eigenes Kapitel gewidmet haben) Grundnahrungsmittel, wobei Weizen häufiger verwendet wird. Das mag daran liegen, dass Reis dort nicht heimisch ist, während Weizen aus der Gegend – dem fruchtbaren Halbmond zwischen den Flüssen Euphrat und Tigris – stammt.

Weizen ist ein sehr wandlungsfähiges Getreide, das sich auf vielfältige Art zubereiten lässt. Die ungeschälten Körner werden für Pilaws, Füllungen und Salate verwendet. Polierte Körner sind schneller gar und eignen sich für cremige, Porridge-artige Gerichte. Beide Körnerarten werden häufig mit Hülsenfrüchten oder Milchprodukten (oder tierischem Eiweiß) kombiniert, damit die Mahlzeit vollwertig wird. In Mühlen werden die Körner zu Flocken gepresst, zu Grieß oder im Extremfall zu Mehl für unser tägliches Brot (S. 32–43) vermahlen.

Das Getreide, das wohl am ehesten dem Vorderen Orient zugeordnet wird, ist Bulgur – dank seiner Verwendung als Zutat für Taboulé, den allgegenwärtigen Salat. Für Bulgur werden die Weizenkörner vorgegart, dann getrocknet, geschält und grob oder fein geschrotet. Dadurch ist der Weizen schneller gar und bekommt einen angenehm nussigen Geschmack. Wir verwenden Bulgur nicht nur für diverse Salate, sondern auch als Zutat für Bratlinge, Füllungen und deftige Pilaws.

In diesem Kapitel stellen wir auch orientalisch inspirierte Rezepte für Emmer, eine alte Weizensorte, sowie *freekeh* (eine Art Grünkern) und Quinoa vor (obwohl letztere aus Südamerika stammt). Diese stärkehaltigen Körner bilden die perfekte Grundlage für kräftigere Aromen. Ob in warmen, herzhaften Gerichten oder in kühlen Salaten – wir kombinieren sie gern mit ausdrucksstarken Oliven, säuerlichen Tomaten und Zitrusfrüchten, kräftigen Kräutern und scharfen Gewürzen und runden die Gerichte zum Schluss mit einem kräftigen Schuss Olivenöl ab. So wird der zurückhaltende Geschmack der (Getreide-)Körner aufgefrischt und die bissfeste Konsistenz kommt besser zur Geltung.

Quinoa-Salat mit Gurke, Estragon & Joghurt

Wir sind große Fans von Quinoa. Botanisch gesehen ist Quinoa ein Fuchsschwanzgewächs und kein Getreide wie Weizen. Die winzigen Samen sind sehr nährstoffreich und liefern viel Eiweiß, Ballaststoffe, Eisen und andere lebenswichtige Mineralstoffe. Vor allem aber sind sie erstaunlich schnell und einfach zuzubereiten. Sie eignen sich gut als glutenfreie Alternative in Gerichten, für die man ansonsten Couscous oder Weizenschrot verwenden würde, sind sehr zart und haben einen feinen Eigengeschmack. Darüber hinaus sehen die fast durchsichtigen, perlmuttschimmernden Körner sehr hübsch aus. Diese Eigenschaft tritt besonders bei diesem leichten Sommersalat mit den feinen Anisnoten von Fenchel und Estragon hervor.

FÜR 4 PERSONEN

100 g Quinoa
350 ml kochend heiße Gemüsebrühe (Fertigprodukt oder s. S. 88)
1 kleine Salatgurke, geschält, entkernt und in 5 mm große Würfel geschnitten
½ kleiner Fenchel, in 5 mm große Würfel geschnitten
1 Handvoll Kapuzinerkresseblätter (nach Belieben)
1 Handvoll essbare Blüten (nach Belieben)
3 EL gehackte Estragonblättchen
2 EL gehackte glatte Petersilienblättchen
2 EL Schnittlauchröllchen
1 TL getrocknete Minze
50 g griechischer Joghurt
40 ml natives Olivenöl extra
Saft von ½ Zitrone
100 g cremiger Feta, zerbröckelt
Meersalz und frisch gemahlener Pfeffer

Die Quinoa in einen Topf geben und mit der Brühe oder 350 ml kochend heißem Wasser bedecken. 10 Minuten köcheln lassen, dann in ein Sieb abgießen und etwa 10 Minuten abtropfen lassen. Dabei gelegentlich mit den Fingern hindurchfahren, damit die Flüssigkeit besser ablaufen kann. Die Quinoa mit Küchenpapier trocken tupfen.

Die abgekühlte Quinoa in eine Schüssel geben. Gurke, Fenchel, nach Belieben Kresse und Blüten sowie frische und getrocknete Kräuter hinzufügen. Joghurt, Öl und Zitronensaft dazugeben. Mit Salz und Pfeffer würzen. Den Feta hinzufügen und alles behutsam mischen. Den Salat abschmecken und bis zum Servieren 10–15 Minuten kalt stellen.

Geröstete Quinoa mit Koriander, Limette & knusprigem Kürbis

Dieser Salat ist deftiger als der auf Seite 178 und deshalb finden wir, dass es der Quinoa guttut, wenn man sie vor dem Garen anröstet und ihr so eine nussige Note verleiht.

Orientalische Gerichte werden üblicherweise mit knusprigen gebratenen Zwiebelringen garniert (s. S. 194). Wir haben kürzlich begonnen, stattdessen gebratene Kürbisraspel zu verwenden, die ebenfalls süßlich schmecken. Das funktioniert großartig! Servieren Sie dieses hocharomatische Gericht warm oder bei Raumtemperatur.

FÜR 4 PERSONEN

Salat

100 g Quinoa
350 ml Gemüsebrühe (Fertigprodukt oder s. S. 88)
150 g Kürbisfruchtfleisch, geraspelt
250 ml Pflanzenöl
½ TL gemahlener Kreuzkümmel
½ TL Meersalz
3 Frühlingszwiebeln, fein gewürfelt
4 Rispen-Kirschtomaten, gewürfelt oder halbiert
2 Handvoll Korianderblättchen, in Streifen geschnitten
1 sehr kleine Handvoll Purpurbasilikum- oder Basilikumblättchen
1 TL türkische Chiliflocken

Limetten-Sumach-Dressing

Saft von ½ Limette
30 ml natives Olivenöl extra
1 TL gemahlener Sumach
½ TL gemahlener Kreuzkümmel
Meersalz und frisch gemahlener Pfeffer

Für den Salat einen kleinen Topf erhitzen und die Quinoa darin ohne Fett 2–3 Minuten rösten. Dabei rühren, damit sie gleichmäßig bräunt. Die Brühe oder 350 ml Wasser angießen (es wird kräftig sprudeln, aber das legt sich gleich wieder). Aufkochen, dann 10 Minuten köcheln lassen. In ein Sieb abgießen und beiseitestellen.

Die Kürbisraspel in ein Geschirrtuch geben und so viel Flüssigkeit wie möglich herausdrücken.

Das Öl in einer kleinen Pfanne erhitzen, bis es Schlieren bildet. Die Kürbisraspel hineingeben und bei mittlerer Hitze unter ständigem Rühren 4–5 Minuten braten. (Möglicherweise müssen Sie die Raspel portionsweise braten.) Erst in einem Sieb, dann auf Küchenpapier abtropfen lassen. Mit Kreuzkümmel und Salz bestreuen und beiseitestellen.

Für das Dressing alle Zutaten in eine Schüssel geben und mit einem Schneebesen verrühren.

Die Quinoa in eine Schüssel geben. Frühlingszwiebeln, Tomaten, Koriander- und Basilikumblättchen sowie Chiliflocken untermischen. Das Dressing unterrühren. Den Salat mit den gebratenen Kürbisraspeln garnieren und sofort servieren.

Bulgur mit Apfel, Sultaninen & Joghurt

Bulgur – geschroteter Weizen – ist im Vorderen Orient sehr beliebt. In vielen Ländern ist er ein bedeutenderes Grundnahrungsmittel als Reis. Feiner Bulgur wird als Aromaträger für kräuterlastige Salate wie Taboulé (S. 145) und für die knusprigen Hüllen von Kibbeh (S. 118) verwendet. Mittleren und groben Bulgur, der nussig-erdig schmeckt, nimmt man eher für Pilaws und zum Füllen.

Einer der Vorteile von Bulgur ist, dass man ihn nicht kochen muss. Feinen Bulgur braucht man nur 15 Minuten in warmem Wasser quellen zu lassen. Mittlere und grobe Varianten müssen etwas länger eingeweicht werden. Dass die Körner dabei etwas Biss behalten, ist erwünscht.

FÜR 4 PERSONEN

200 g feiner Bulgur
100 ml Olivenöl und Olivenöl zum Abschmecken
Saft von 1 Limette und Limettensaft zum Abschmecken
1 TL gemahlener Kreuzkümmel
1 TL gemahlener Koriander
½ TL gemahlene Kurkuma
½ TL türkische Chiliflocken
1 Sternanis, zu Pulver zerstoßen
30 g Sultaninen, grob gehackt
1 Apfel (vorzugsweise Granny Smith), geschält, vom Kerngehäuse befreit und gehackt
40 g geröstete Haselnusskerne, gehackt
Schale von ½ kleinen Salzzitrone (Fertigprodukt), fein gehackt
1 kleine Handvoll Korianderblättchen, in Streifen geschnitten
Meersalz und frisch gemahlener Pfeffer
griechischer Joghurt zum Servieren

Den Bulgur 15 Minuten in warmem Wasser einweichen. In ein Sieb abgießen und mit den Händen möglichst viel Wasser herausdrücken. Anschließend auf ein Geschirrtuch geben. Das Tuch zusammendrehen und noch mehr Wasser aus dem Bulgur pressen. Wenn er so trocken wie möglich ist, den Bulgur in eine große Schüssel geben.

Das Öl mit Limettensaft und Gewürzen in einer kleinen Schüssel verrühren. Die Mischung zum Bulgur gießen. Sultaninen, Apfel, Nüsse, Zitronenschale und Korianderblättchen hinzufügen und alles behutsam mischen. Den Salat mit 1 TL Salz und ½ TL Pfeffer würzen. Mit Limettensaft, Öl, Salz und Pfeffer abschmecken. Den Salat sofort mit reichlich Joghurt servieren.

Scharfer türkischer Kisir

Was für den Libanon und Syrien Taboulé ist, das ist für die Türkei *kısır*. Die Zutaten unterscheiden sich von Ort zu Ort, doch im Südosten des Landes wird er häufig mit scharfer roter Paprikapaste und Granatapfelsirup aufgepeppt. Während es sich bei arabischen Taboulévarianten im Prinzip um Kräutersalate mit etwas Bulgur handelt, besteht der türkische *kısır* überwiegend aus Getreide. Beide Salate sind eine Bereicherung für die Mezze-Auswahl und man sollte sie mit kleinen Salatblättern löffeln.

Nehmen Sie auf keinen Fall mehr Wasser, als im Rezept angegeben ist. Die Menge scheint gering, aber der Bulgur quillt später im Saft der Tomaten und im Dressing weiter.

FÜR 4 PERSONEN

200 g feiner Bulgur
1 EL Tomatenmark
1 TL Türkische Paprikapaste*
Saft von 1 Zitrone und Zitronensaft zum Abschmecken
1 TL Granatapfelsirup und Sirup zum Abschmecken
60 ml natives Olivenöl extra
1 große grüne Chilischote, entkernt und fein gehackt
3 große Rispentomaten, gehackt
5 Frühlingszwiebeln, fein gehackt
1 große Handvoll glatte Petersilienblättchen, in Streifen geschnitten
1 große Handvoll Minzeblättchen, gehackt
Meersalz und frisch gemahlener weißer Pfeffer
Kopfsalatherz-Blätter zum Servieren

Den Bulgur 15 Minuten in 125 ml kochend heißem Wasser einweichen, dann in eine große Schüssel geben. (Die Flüssigkeit muss nicht herausgedrückt werden, weil er noch weiterquellen soll.)

Tomatenmark, Paprikapaste, Zitronensaft, Sirup und Öl zum Bulgur geben. Die Körner mit sauberen Händen vermischen, damit sich die Zutaten gleichmäßig verteilen und der Bulgur schön rosa wird. Chili, Tomaten, Frühlingszwiebeln und Kräuter hinzufügen und sorgfältig untermischen. Den Salat probieren und mit Salz, Pfeffer, Zitronensaft und Granatapfelsirup abschmecken.

Den Kisir auf eine Servierplatte häufen und mit Salatblättern garniert servieren. (Alternativ den Salat zu walnussgroßen Kugeln formen und diese in die Salatblätter setzen.)

***Anmerkung:** Türkische Paprikapaste gibt es in türkischen Lebensmittelgeschäften und in einigen gut sortierten Supermärkten. Sie können sie auch selbst herstellen (s. S. 69).

Geröstete Nüsse, Saaten & Körner mit Kirschen, Kräutern & Ziegenfrischkäse

Uns gefällt die kontrastreiche Kombination von Bulgur und roter Quinoa in diesem großartigen gemischten Salat. Hier dreht sich alles um die Vermählung unterschiedlicher Texturen – bissfeste Körner, knackige Nüsse sowie saftige Kirschen – und intensiver Aromen. Geizen Sie nicht mit dem (wirklich fabelhaften) Dressing: Bulgur und Quinoa werden es aufsaugen.

FÜR 4 PERSONEN

Salat

100 g mittlerer bis grober Bulgur
50 g rote Quinoa
70 g Pekannusskerne
2 EL Sonnenblumenkerne
2 große Handvoll Brunnenkresseblätter oder Rucola
1 große Schalotte, in sehr dünne Ringe geschnitten
1 große grüne Chilischote, entkernt und in dünne Streifen geschnitten
1 kleine Handvoll Minzeblättchen, in Streifen geschnitten
1 kleine Handvoll glatte Petersilienblättchen, in Streifen geschnitten
12 frische pralle Kirschen*, entsteint und angedrückt
100 g Ziegenfrischkäse oder Feta, zerbröckelt
Meersalz und frisch gemahlener Pfeffer

Limetten-Ingwer-Dressing

45 ml Limettensaft
30 ml Granatapfelsirup
160 ml Olivenöl
½ TL frisch geriebener Ingwer
¼ TL türkische Chiliflocken
Meersalz und frisch gemahlener Pfeffer

Für den Salat den Bulgur 25–30 Minuten in kochend heißem Wasser einweichen. In ein Sieb abgießen und mit den Händen möglichst viel Wasser herausdrücken. Anschließend auf ein Geschirrtuch geben. Das Tuch zusammendrehen und noch mehr Wasser aus dem Bulgur pressen. Wenn er so trocken wie möglich ist, den Bulgur in eine große Schüssel geben.

Während der Bulgur quillt, einen kleinen Topf erhitzen und die Quinoa darin ohne Fett unter Rühren 2–3 Minuten rösten. Mit reichlich kochend heißem Wasser bedecken (es wird kräftig sprudeln, aber das legt sich gleich wieder). 10 Minuten köcheln lassen, dann in ein Sieb abgießen und etwa 5 Minuten abtropfen lassen. Dabei gelegentlich mit den Fingern hindurchfahren, damit die Flüssigkeit besser ablaufen kann. Die Quinoa auf ein Tablett schütten und so gut wie möglich mit Küchenpapier trocken tupfen. Die abgekühlte Quinoa zum Bulgur geben.

Eine Pfanne erhitzen und die Pekannüsse darin ohne Fett unter Rühren 2–3 Minuten rösten. Grob hacken und mit den übrigen Zutaten bis auf den Käse in die Schüssel geben.

Für das Dressing alle Zutaten in ein Schraubdeckelglas füllen. Das Glas fest verschließen und kräftig schütteln. Das Dressing über den Salat gießen (möglicherweise wird nicht alles benötigt, aber Bulgur und Quinoa werden es begierig aufsaugen). Alles behutsam mischen. Den Salat mit Salz und Pfeffer abschmecken. Den Käse unterheben und den Salat sofort servieren.

***Anmerkung:** Wenn keine frische Kirschen erhältlich sind, kann man sie durch 100g getrocknete Kirschen ersetzen. Auch sie sind köstlich in diesem Salat.

Emmer mit gerösteten Tomaten, Artischocken, Oliven & Oregano

Auf Emmer sind wir erst vor Kurzem gekommen. Er ist, wie Dinkel und Kamut, eine uralte Weizensorte. Emmer war so ziemlich das Erste, was im fruchtbaren Halbmond kultiviert wurde. Die Körner schmecken herrlich nussig und behalten beim Garen ihren Biss. Manchmal wird Emmer vorgeworfen, er schmecke langweilig, aber wir finden, dass man ihn einfach nur beim Kochen kräftig aromatisieren muss, bevor andere Zutaten hinzugefügt werden. Dadurch wird er so köstlich, dass wir ihn auch einfach pur essen – allerdings mit reichlich Butter, Salz und frisch gemahlenem Pfeffer.

Häufig behandeln wir Emmer wie Bulgur, Couscous und andere stärkehaltige Getreidesorten und verwenden ihn kalt als Grundlage für Salate, aber er passt auch großartig in warme Gerichte. Wir kombinieren ihn gern mit Zutaten, die kräftig schmecken, wie die Oliven, die Paprikapaste und die gerösteten Tomaten in diesem mediterran inspirierten Pilaw.

FÜR 4 PERSONEN

150 g Emmer
1 EL Apfelessig
½ EL Türkische Paprikapaste* oder Tomatenmark
½ TL Meersalz
½ Stange Staudensellerie
1 Lorbeerblatt
1 Thymianzweig und ½ EL Thymianblättchen
30 ml Olivenöl
60 g Parmesan, gerieben
30 g entsteinte schwarze Oliven
2 Artischockenböden in Öl (Fertigprodukt oder s. S. 158), in Stücke gezupft
6 Geröstete Tomaten (s. S. 79)
2 EL gehackte Oreganoblättchen
1 großer Spritzer Zitronensaft
Meersalz und frisch gemahlener Pfeffer
Joghurt, 12 Stunden abgetropft (s. S. 73), zum Servieren
Olivenöl zum Servieren (nach Belieben)

Den Emmer mit Essig, Paprikapaste, Salz, Sellerie, Lorbeer, Thymian und 500 ml Wasser in einen Topf geben. Aufkochen, dann bei schwacher Hitze ohne Rühren etwa 30 Minuten köcheln lassen. (Der Emmer nimmt während des Garens die Flüssigkeit auf; sollte er zu trocken werden, etwas Wasser hinzufügen.) Sobald die Flüssigkeit aufgenommen wurde und die Körner gar, aber noch leicht bissfest sind, den Emmer in ein Sieb abgießen. Sellerie, Lorbeer und Thymian entfernen.

Den Emmer in eine große Schüssel geben. Olivenöl und die Hälfte des Parmesans unterrühren. Oliven, Artischocken, Tomaten und Oregano unterheben. Den Salat mit Salz und Pfeffer abschmecken und mit dem Zitronensaft beträufeln. Den Labneh mit dem restlichen Parmesan und nach Belieben etwas Olivenöl daraufgeben und den Salat sofort servieren.

***Anmerkung:** Türkische Paprikapaste gibt es in türkischen Lebensmittelgeschäften und in einigen gut sortierten Supermärkten. Sie können sie auch selbst herstellen (s. S. 69).

Freekeh-Pilaw mit geröstetem Kürbis & Schalotten

Für Freekeh werden Weizenkörner geerntet, solange sie noch unreif und grün sind. Anschließend entzündet man sie; dabei verbrennt die Spreu, die Körner aber bleiben intakt und erhalten einen intensiven, rauchigen Duft. In westlichen Küchen ist Freekeh noch relativ unbekannt, im Vorderen Orient verwendet man ihn schon seit Jahrtausenden. Eine gute heimische Alternative ist Grünkern, unreife Dinkelkörner, die wie oben beschrieben behandelt werden. In diesem gehaltvollen Pilaw harmonieren die Körner wunderbar mit der Süße von Röstkürbis und -schalotten. Ein tolles Essen für einen kalten Winterabend!

FÜR 4 PERSONEN

200 g Freekeh oder Grünkern
60 ml Olivenöl
1 TL gemahlener Piment
½ TL gemahlener Zimt
1 TL türkische Chiliflocken
2 Knoblauchzehen, geschält
10 Schalotten, geschält und 2 davon halbiert
1 Lorbeerblatt
2 Thymianzweige
750 ml–1 l Gemüsebrühe (Fertigprodukt oder s. S. 88)
400 g Butternusskürbis, geschält und in 2 cm große Würfel geschnitten
2 TL Granatapfelsirup
Meersalz und frisch gemahlener Pfeffer
Zitronenhälften und Joghurt zum Servieren
Olivenöl zum Servieren (nach Belieben)

Den Freekeh von Verunreinigungen wie Steinchen oder Erde befreien. Mit kaltem Wasser abspülen, dann abtropfen lassen.

Die Hälfte des Öls in einem ofenfesten Schmortopf erhitzen. Freekeh, Piment, Zimt und die Hälfte der Chiliflocken hinzufügen und durch Rühren damit überziehen. Knoblauch, Schalottenhälften und Kräuter dazugeben. 750 ml Brühe dazugießen. Aufkochen, dann bei sehr schwacher Hitze bis zu 1 Stunde köcheln lassen. (Nicht rühren, sonst wird das Getreide matschig. Gelegentlich kontrollieren, dass es nicht am Topfboden ansetzt, und bei Bedarf etwas Brühe nachgießen.)

In der Zwischenzeit den Backofen auf 200 °C (Umluft) vorheizen.

Die restlichen Schalotten mit den Kürbiswürfeln in eine große Schüssel geben. Den Sirup mit ½ TL Salz, ½ TL Pfeffer, dem restlichen Öl und den übrigen Chiliflocken hinzufügen und alles gründlich mischen.

Die Schalotten aus der Schüssel nehmen und in eine ofenfeste Form geben. Im heißen Ofen 10 Minuten rösten, bis sie weich werden und an den Rändern bräunen. Die Kürbiswürfel dazugeben und 10 Minuten mitrösten. Falls der Kürbis dann noch nicht weich ist, die Backofentemperatur auf 180 °C (Umluft) reduzieren und den Kürbis weitere 10 Minuten rösten.

Sobald der Freekeh bissfest gegart ist, kontrollieren, ob die gesamte Flüssigkeit verkocht ist. Falls nicht, die Temperatur erhöhen, bis die Körner alle Flüssigkeit aufgenommen haben. Vom Herd nehmen und nach Belieben Lorbeer und Thymian entfernen. Kräftig umrühren, dann mit Salz und Pfeffer abschmecken.

Kürbis und Schalotten unterheben und den Pilaw sofort mit Zitronenhälften, Joghurt und nach Belieben ein wenig Olivenöl servieren.

Reisgerichte

Reis wurde im Fernen Osten vor gut 12000 Jahren domestiziert. Dank arabischer Händler fand er seinen Weg in den Rest der Welt. Reis ist ein Getreide, das große Treue und leidenschaftliche Hingabe erweckt. In vielen Kulturen ist eine Mahlzeit ohne Reis undenkbar.

Obwohl Reis nicht aus dem Vorderen Orient stammt, wurde er von den Ländern dieser Region bereitwillig angenommen. Türken und Iraner entwickelten das Reiskochen zu einer kulinarischen Kunstform. (Es lohnt sich zu lernen, wie man den legendären *tahdig* – den knusprigen goldbraunen Boden persischer Polos – hinbekommt!) Meist wird Reis als sättigende Beilage zu Gegrilltem und Schmorgerichten serviert, dabei gelegentlich aromatisiert oder mit butteriger Safranflüssigkeit beträufelt. Er kann aber auch das Herz eines Gerichts sein, wenn er mit weiteren Zutaten gegart wird. Beste Beispiele dafür sind die türkischen Pilaws, die persischen Polos und die arabischen Gerichte auf Biryani-Art.

Im Vorderen Orient wird überwiegend Langkornreis verwendet, denn er ist weniger stärkehaltig und daher ideal für Gerichte, bei denen der Reis trocken und locker sein soll. Rundkornreis wird ebenfalls verwendet, aber hauptsächlich für Füllungen, bei denen es erwünscht ist, dass die Körner aneinanderkleben (auf den Seiten 105 und 108 finden Sie Beispiele dafür).

Zu Beginn seiner Karriere als Koch verbrachte Greg ein ganzes Jahr damit, in einem Restaurant in Norditalien Risotto zuzubereiten, ein Gericht, von dem er bis heute nicht genug bekommen kann. Zwar ist es keine orientalische Garmethode, doch sind wir überzeugt davon, dass cremige Risottos sich gut mit orientalischen Zutaten vertragen. Wir konnten nicht widerstehen und haben ein Beispiel in dieses Kapitel aufgenommen.

Und zu guter Letzt wird, wie im Westen, sehr kurzkörniger Rundkornreis für Süßspeisen verwendet. In einigen Ländern des Vorderen Orients gibt es Geschäfte, die nichts anderes als diese Desserts auf Milchbasis verkaufen. Eines unserer liebsten finden Sie im Dessertkapitel auf Seite 243.

Persischer Baghali Polo mit Borlottibohnen & Dill

Unsere Reisen in den Iran in den Jahren 2009 und 2010 haben in uns Liebe und Respekt für die persische Küche geweckt – besonders für ihr beeindruckendes Repertoire an Reisgerichten, das von buttrigem Safran-*chelo* bis zu geschichteten Polos mit Fleisch, Gemüse, Nüssen, Kräutern und allen möglichen exotischen Gewürzen reicht. Baghali Polo ist einer unserer Favoriten, weil er zeigt, wie gut Dicke Bohnen und Dill harmonieren. Einige Varianten werden zum Schluss mit Safranbutter beträufelt, aber dies hier ist einer der seltenen Fälle, wo wir es vorziehen, den Safran wegzulassen und die Aromen von Gemüse und Kräutern zu betonen. Borlottibohnen sind keine traditionelle Zutat, aber ihre Konsistenz und ihr Geschmack sind eine Bereicherung für dieses Gericht.

Persischer Reis wird üblicherweise durch Vorgaren, Spülen und Dämpfen gekocht. Diese Methode führt zu herrlich lockerem, duftendem Reis. Das Wichtigste ist die knusprige goldbraune Kruste (*tahdig*), die sich dabei am Boden des Topfes bildet. In diesem Rezept gehen wir detailliert auf die Zubereitungsart ein und wir raten Ihnen, sich genau an die Beschreibung zu halten. Nach unserer Erfahrung braucht es ein paar Anläufe, bis man den Bogen raus hat, doch die Mühe lohnt sich.

FÜR 4 PERSONEN

- 650 g frische Dicke Bohnen-Schoten oder 200 g Dicke-Bohnen-Kerne (TK)
- 400 g frische Borlottibohnen-Schoten (ersatzweise Dicke Bohnen)
- 200 g Basmatireis
- 1 TL Meersalz
- 50 ml Pflanzenöl
- 1 große Handvoll Dillspitzen, gehackt
- 1 gehäufter TL getrocknete Minze
- 30 g Butter, zerlassen
- 1 Knoblauchzehe, leicht angedrückt
- 1 langer Streifen Schale von 1 Bio-Zitrone
- griechischer Joghurt und Salzflocken zum Servieren

In einem Topf Wasser aufkochen. Die Bohnen enthülsen. Die Kerne nach Sorten getrennt kurz in das kochende Wasser geben. Die Dicke-Bohnen-Kerne häuten. (Gefrorene Dicke-Bohnen-Kerne aus den Häuten drücken.)

Den Reis gründlich waschen, dann in reichlich warmem Wasser 30 Minuten einweichen. Gelegentlich mit den Fingern hindurchfahren, um die Stärke zu lösen. Den Reis in ein Sieb abgießen und mit warmem Wasser abspülen.

In einem großen Topf 1½ l Wasser aufkochen. Das Wasser salzen. Den abgetropften Reis unterrühren. 4 Minuten kochen, dann ein Reiskorn durch Kneifen oder Hineinbeißen testen (es soll außen weich, innen aber noch hart sein). Den Reis in ein Sieb abgießen und wieder mit warmem Wasser abspülen. Mehrere Male durchrühren, damit so viel Wasser wie möglich abtropft.

Den Reistopf wieder auf den Herd stellen und darin das Öl mit 2 EL Wasser bei mittlerer Hitze erwärmen. Sobald es brutzelt, mit einem Löffel so viel Reis hineingeben, dass der Topfboden dünn damit bedeckt ist. Bohnen, Dill und Minze unter den restlichen Reis heben. Die Mischung mit einem Löffel pyramidenförmig in den Topf füllen. Mit einem Kochlöffelstiel 5–6 Löcher bis zum Topfboden in den Reis stechen, damit sich der Dampf besser verteilt. Die zerlassene Butter mit 2 EL Wasser verrühren und den Reis damit beträufeln. Knoblauch und Zitronenschale oben auf den Reis geben. Den Topfdeckel in ein Geschirrtuch wickeln und so fest wie möglich auf den Topf legen.

Bei mittlerer bis starker Hitze entwickelt sich nach 2–3 Minuten deutlich erkennbarer Dampf (er tritt stoßweise am Topfrand aus). Die Hitze reduzieren. Den Topf bei schwacher Hitze 40 Minuten vollständig in Ruhe lassen (widerstehen Sie der Versuchung, hineinzusehen – dabei tritt Dampf aus und die Garzeit wird beeinflusst). Der Reis kann bei schwächster Hitze problemlos weitere 20 Minuten auf dem Herd stehen bleiben.

Unmittelbar vor dem Servieren kaltes Wasser in die Spüle füllen und den Topf hineinstellen. (Die plötzliche Temperaturänderung »erschreckt« den Reis, lässt ihn nach innen schrumpfen und löst die knusprige Unterseite.) Knoblauch und Zitronenschale entfernen, dann den Reis auf eine Servierplatte stürzen. (Wenn alles gutgeht, rutscht er brav im Ganzen mit einer herrlich knusprigen goldbraunen Krone heraus.)

Läuft es nicht nach Plan und der *tahdig* zerbricht, ist das kein Drama. Den Reis einfach in eine vorgewärmte Servierschüssel löffeln und zu einem ansehnlichen Hügel formen. Den *tahdig* vom Topfboden lösen und kunstvoll auf dem Reis anrichten (wirklich wichtig ist dabei nur, dass er in gleich große Portionen zerteilt wird). Das Gericht mit reichlich Joghurt und Salzflocken servieren.

Langkornreis mit Zitrone & gerösteten Mandeln

Wir servieren diesen schlichten, aber eleganten Reis zu Gerichten mit viel Sauce, z. B. zu Schmorgerichten.

FÜR 4 PERSONEN

300 g Basmatireis
30 ml Pflanzenöl
1–2 EL Butter
¼ Zimtstange
5 Kardamomkapseln, zerdrückt
1 Sternanis
2 Lorbeerblätter
Zesten und Saft von ½ Bio-Zitrone
1 kleiner Streifen Schale von 1 Bio-Orange
30 g Mandelblättchen
einige Handvoll Korianderblättchen, in dünne Streifen geschnitten

Den Reis in einem Sieb abspülen, bis das ablaufende Wasser klar ist. Schütteln, damit möglichst viel Wasser abtropft.

Das Öl mit der Butter in einem Topf mit schwerem Boden bei mittlerer Hitze erwärmen. Den Reis hineingeben und rühren. Gewürze, Lorbeer und Zitrusschalen unterrühren. 450 ml Wasser angießen und zum Kochen bringen. Den Reis zugedeckt bei schwacher Hitze 15 Minuten garen.

Den Topf vom Herd nehmen und den Reis auflockern. Den Topf mit einem Geschirrtuch abdecken und den Deckel fest auflegen. Den Reis 5–8 Minuten ausdampfen lassen (das Tuch nimmt den Dampf auf und der Reis wird noch lockerer).

In der Zwischenzeit in einer Pfanne die Mandelblättchen bei mittlerer Hitze ohne Fett unter Rühren 3–4 Minuten rösten.

Den Reis noch einmal mit einer Gabel auflockern. Nach Belieben die Gewürze entfernen (wir lassen sie lieber drin). Den Reis in eine Schüssel füllen, mit Mandel- und Korianderblättchen bestreuen und servieren.

Libanesischer Reis mit Linsen

Für uns ist dies DAS Reisgericht des Vorderen Orients. Süß und erdig zugleich, gekrönt von karamellisierten Zwiebeln, tut es unglaublich gut. Ein Rezept dafür steht zwar schon in unserem allerersten Buch, *Arabesque,* doch in einem vegetarischen Kochbuch darf es nicht fehlen. In fast jedem Land des Vorderen Orients gibt es dieses Gericht, weil man weiß, dass Linsen den Proteingehalt von Reisspeisen erhöhen. Und so haben die Perser ihren *adas polo,* und überall sonst gibt es Varianten von *mujaddara* (Libanon und Syrien), *moukentra* (Zypern) oder *megadarra* (Ägypten). Zu dem Reis passt sauer angemachter bitterer Blattsalat.

FÜR 4 PERSONEN

Reis

40 ml Olivenöl
1 Zwiebel, fein gewürfelt
40 g kleine schwarze Linsen (Belugalinsen)
80 g Langkornreis, gründlich gewaschen und abgetropft
½ TL gemahlener Kreuzkümmel
1 TL getrocknete Rosenblütenblätter (nach Belieben)

Zwiebel-Topping

2 Zwiebeln, in dünne Ringe geschnitten
Meersalz
2 EL Speisestärke
½ TL gemahlener Kreuzkümmel
Pflanzenöl zum Frittieren

Für den Reis die Hälfte des Olivenöls in einem Topf erhitzen. Die Zwiebel darin einige Minuten anschwitzen, bis sie weich ist. Linsen und 500 ml Wasser hinzufügen und zugedeckt 15 Minuten garen. Den Reis untermischen und alles unter gelegentlichem Rühren weitere 15 Minuten garen. Sobald das Wasser aufgenommen wurde, nach und nach mehr dazugeben (insgesamt bis zu 500 ml).

Das Gericht ist fertig, sobald die Reiskörner aufgequollen sind und fast platzen und die Linsen auseinanderzufallen beginnen und alles dunkel färben. (Schwarze Linsen halten die Form besser als braune, die man sonst für dieses Gericht verwendet, und werden nicht so matschig.) Den Kreuzkümmel unterrühren.

Während Reis und Linsen garen, für das Topping die Zwiebeln mit Salzwasser bedecken und 15 Minuten darin einweichen. In ein Sieb abgießen, abspülen und mit Küchenpapier trocken tupfen. Die Zwiebeln großzügig und gleichmäßig mit Speisestärke und Kreuzkümmel bestäuben.

Eine Fritteuse oder einen Topf etwa 8 cm hoch mit Öl füllen und das Öl auf 170 °C* erhitzen. Die Zwiebeln darin portionsweise knusprig und goldbraun frittieren. Auf Küchenpapier abtropfen lassen.

Den Libanesischen Reis auf Raumtemperatur abkühlen lassen. Mit den Zwiebeln und nach Belieben mit Rosenblütenblättern garnieren und servieren.

***Anmerkung:** Die knusprigen Zwiebelringe bilden einen attraktiven Farbkontrast zum schwärzlichen Reis. Allerdings müssen wir gestehen, dass es sich hier um eine sehr elegante *Mujadarra*-Variante handelt. Wenn Sie keine Lust haben, Zwiebelringe einzuweichen und zu frittieren, können Sie sie in einer Mischung aus Olivenöl und Butter braten, bis sie karamellisiert und dunkelbraun sind.

Auberginen-Pilaw mit Joghurt & Zhoug

Ein wunderbares Reisgericht, reich an cremigen Auberginenstücken in einer üppigen Tomatensauce, in dem die Minze einen erfrischenden Kontrapunkt darstellt. Servieren Sie dazu die jemenitische Würzpaste Zhoug und viel kalten Joghurt.

FÜR 4 PERSONEN

Pilaw

1 große Aubergine, in 1 cm große Würfel geschnitten
250 g Langkornreis
100 ml Olivenöl
1 Zwiebel, fein gewürfelt
1 Knoblauchzehe, fein gehackt
2 Rispentomaten, gehackt
½ TL türkische schwarze Chiliflocken (Pul Biber Isot)
1 EL grob gehackte Minzeblättchen
1 EL grob gehackte glatte Petersilienblättchen
300 ml kochend heiße Gemüsebrühe (Fertigprodukt oder s. S. 88)
Meersalz und frisch gemahlener Pfeffer
1 Handvoll Kräuter- oder Salatblätter
griechischer Joghurt und Fladenbrot zum Servieren

Zhoug

Samen aus 4 Kardamomkapseln
1 TL Kümmelsamen
1 TL Pfefferkörner
4–6 kleine rote Chilischoten, entkernt
2 große Handvoll Koriandergrün
6 Knoblauchzehen, geschält
¼ TL Meersalz
1–2 EL Olivenöl

Für die Zhoug Kardamom- und Kümmelsamen mit den Pfefferkörnern in einem Mörser zerstoßen. Große Stücke heraussieben. Die Chilis mit Koriandergrün, Knoblauch, Salz und 1 Schuss Wasser in einem Mixer zu einer Paste pürieren. Mit den Gewürzen mischen und in ein sterilisiertes Schraubdeckelglas füllen. Zum Versiegeln das Öl daraufgießen.

Für den Pilaw die Auberginenwürfel in ein Sieb schichten, dabei jede Schicht großzügig salzen. Mit einem Teller beschweren und 20 Minuten in der Spüle abtropfen lassen, dann abspülen und mit Küchenpapier trocken tupfen.*

Den Reis in einer Schüssel mit Wasser waschen. Das Wasser immer wieder wechseln, bis es klar bleibt.

In einem großen Topf mit schwerem Boden 40 ml Öl bei mittlerer bis starker Hitze erwärmen. Die Hälfte der Auberginenwürfel darin braten, bis sie etwas Farbe angenommen haben. Mit einem Schaumlöffel herausheben und beiseitestellen. Mit den restlichen Auberginenwürfeln und weiteren 40 ml Öl ebenso verfahren. Das restliche Öl in den Topf geben und die Zwiebel darin mit dem Knoblauch bei mittlerer Hitze etwa 8 Minuten braten, bis sie weich wird. Auberginenwürfel, Tomaten und Chiliflocken hinzufügen. Mit Salz und Pfeffer würzen. Minze und Petersilie dazugeben und alles gut mischen.

Den Reis in den Topf geben (nicht untermischen, sondern auf das Gemüse geben, damit die Auberginenwürfel nicht in den Reis geraten, wenn sie zerfallen). Vorsichtig die Brühe oder 300 ml kochend heißes Wasser angießen. Ohne Rühren aufkochen, dann zugedeckt bei schwacher Hitze 18–20 Minuten köcheln lassen.

Am Ende der Garzeit den Herd ausschalten und den Deckel abnehmen. Ein Geschirrtuch auf den Topf legen und den Deckel wieder auflegen. Das Gericht 10 Minuten ausdampfen lassen. Unmittelbar vor dem Servieren den Reis unter das Gemüse rühren. Den Pilaw mit den grünen Blättern garnieren und mit Zhoug, Joghurt und reichlich Fladenbrot servieren.

***Anmerkung:** Manche meinen, es sei unnötig, Auberginen zu salzen, weil sie heute weniger bitter sind als früher. Will man sie aber braten, empfiehlt es sich, diesen Schritt nicht auszulassen. Es geht dabei nämlich darum, den Auberginen Wasser zu entziehen, damit sie beim Braten nicht so viel Öl aufsaugen. Auch das Braten bei hoher Temperatur reduziert die Fettaufnahme.

Zucchiniblütenrisotto mit Parmesan & Ricotta

Zucchiniblüten haben etwas Ätherisches - nicht nur, dass ihre Saison nur einen Augenblick dauert, wegen ihrer Zartheit fühlen sie sich zudem im Supermarkt nicht besonders wohl. Sie müssen auf dem Wochenmarkt oder bei gut sortierten Gemüsehändlern danach fahnden oder selbst Zucchini kultivieren (das geht sogar auf dem Balkon und ist sagenhaft einfach).

Weil die Blüten lang und hohl sind, werden sie meist gefüllt und dann frittiert, aber die in Streifen geschnittenen Blüten sind in Risottos wunderschöne Farbtupfer und bereichern sie mit ihrem dezenten Geschmack und ihrer wundervollen Konsistenz. Hier werden sie mit Salzzitronenschale und einem cremigen Ricotta-Topping an unseren neuen frühsommerlichen Lieblingsrisotto gegeben.

FÜR 4 PERSONEN

5 Babyzucchini mit Blüten
30 ml Olivenöl
100 g Butter
1 kleine Zwiebel, grob zerkleinert
1 Knoblauchzehe, geviertelt
300 g Arborio-Reis
60 ml Weißwein
bis zu 1½ l köchelnde Gemüsebrühe (Fertigprodukt oder s. S. 88)
Schale von ¼ Salzzitrone (Fertigprodukt), sehr fein gewürfelt
60 g Parmesan, gerieben
80 g Ricotta
1 kleine Handvoll Basilikumblättchen, in dünne Streifen geschnitten
Meersalz und frisch gemahlener Pfeffer

Die Blüten von den Zucchini abtrennen. Stempel und Staubgefäße herausknipsen und die Blüten sauber wischen. Die Zucchini in hauchdünne Scheiben schneiden.

Das Öl mit 2 EL Butter in einem großen Topf erhitzen. Zwiebel und Knoblauch darin 5 Minuten anschwitzen, um das Fett zu aromatisieren, dann herausnehmen und entsorgen.

1 EL Butter in den Topf geben. Sobald sie schäumt, die Zucchinischeiben hinzufügen und 3–4 Minuten braten, bis sie weich und leicht gebräunt sind. Mit einem Schaumlöffel herausheben und beiseitestellen.

Den Reis in den Topf geben und einige Minuten rühren, bis die Körner mit dem Fett überzogen sind. Den Wein angießen und verkochen lassen. So viel Brühe auf den Reis schöpfen, dass er 1 Fingerbreit bedeckt ist. Den Reis bei mittlerer Hitze unter gelegentlichem Rühren garen, bis er den Großteil der Brühe aufgenommen hat.

Noch einmal dieselbe Menge Brühe hinzufügen. Den Reis weitergaren, bis er sie fast vollständig aufgenommen hat. In der Zwischenzeit die Zucchiniblüten in Streifen schneiden.

Wieder Brühe dazugeben, dabei etwa 100 ml zurückbehalten. Wenn sie zur Hälfte aufgenommen wurde, Zitronenschale, Zucchinischeiben und -blüten hinzufügen. Behutsam rühren, bis die gesamte Brühe aufgenommen wurde.

Die restliche Brühe mit der übrigen Butter und 40 g Parmesan unterrühren. Den Topf vom Herd nehmen und zugedeckt einige Minuten ruhen lassen.

Während der Risotto ruht, den restlichen Parmesan mit Ricotta und Basilikum verrühren.

Den Risotto mit Salz und Pfeffer abschmecken und auf tiefe Teller verteilen. Die Käsemischung in Tupfen auf die Portionen geben. Den Risotto sofort servieren.

Gerichte mit Hülsenfrüchten

Bohnen, Linsen und die übrigen Hülsenfrüchte gehören zu den ersten Kulturpflanzen der Menschheit – und nach wie vor gibt es wenige, die sich so leicht, kostengünstig und ertragreich anbauen lassen. Hülsenfrüchte spielen seit Ewigkeiten eine bedeutende Rolle in unserer Ernährung und schon deswegen sollten wir ihnen den gebührenden Respekt erweisen. Sie sehen vielleicht unscheinbar aus, aber ernährungstechnisch gesehen sind sie Superstars. Sie strotzen nur so vor Proteinen, Vitaminen und Mineralstoffen und sind deshalb für Menschen, die sich überwiegend pflanzlich ernähren, unverzichtbar. Mit Getreide kombiniert, ergeben sie Mahlzeiten, die praktisch unseren gesamten Eiweißbedarf decken und mit Fleischgerichten ohne Weiteres mithalten können.

Die verschiedenen Hülsenfrüchte unterscheiden sich wesentlich in Form, Größe und Konsistenz. Dementsprechend variieren auch die Zubereitungsarten. So zerfallen braune und grüne Linsen relativ schnell und sind deswegen besonders für Suppen (S. 98) geeignet, während die winzigen Puy- und Belugalinsen gut die Form behalten und sich daher als Zutat für Salate anbieten. Und – was jeder Mensch im Vorderen Orient nur zu gut weiß – Hülsenfrüchte zeichnen sich dadurch aus, dass sie sehr gut andere Aromen aufnehmen. Wir verwenden gern cremige weiße Bohnen für Aufläufe und Kichererbsen für eine fast unvorstellbare Vielzahl von Gerichten: Knabbereien, Suppen, Eintöpfe, Dips – nicht zu vergessen die herrlich salzigen gerösteten Kichererbsen, die es an fast jeder Straßenecke gibt, oder üppig-cremigen Hummus (S. 71), knusprig frittierte Falafel (S. 114), Kichererbsenklöße, -krapfen und -brote.

Gebackene Bohnen mit türkischen Gewürzen & Knusperbröseln

Getrocknete Bohnen machen oft einen eher nüchternen, langweiligen Eindruck. Aber wenn man sie wie hier verschwenderisch würzt und im Ofen gart, werden sie zu etwas ganz Besonderem.

Servieren Sie das Gericht so, wie es ist, mit warmem Brot und viel Crème-fraîche-Butter (S. 52) oder peppen Sie es mit den Knusperbröseln auf. Gleichwie, verwenden Sie die aromatischsten Tomaten, die Sie finden können. Im Winter sollten es Rispen-Kirschtomaten sein, die es fast überall gibt und die einigermaßen gut schmecken, allerdings nicht so gut wie Sommertomaten. Wie bei allen Schmorgerichten entwickelt sich auch bei diesem der Geschmack erst mit der Zeit. Deshalb kann man es wunderbar am nächsten oder sogar übernächsten Tag servieren.

FÜR 4 PERSONEN

Bohnen

250 g getrocknete Cannellinibohnen, über Nacht eingeweicht
300 g Rispen-Kirschtomaten, gewaschen
3 Schalotten, geviertelt
6 Knoblauchzehen, leicht angedrückt
4–5 Thymianzweige
2 Lorbeerblätter
40 ml natives Olivenöl extra
40 g Türkische Paprikapaste* oder Tomatenmark
1 EL hochwertige Harissa*
1 EL Granatapfelsirup
450 ml Gemüsebrühe (Fertigprodukt oder s. S. 88)
½ TL frisch gemahlener Pfeffer
1 großzügiger Spritzer Zitronensaft
1 TL Meersalz

Brösel

150 g trockenes Sauerteigweißbrot
1 Knoblauchzehe, gerieben
abgeriebene Schale von 1 Bio-Orange
1 EL gehackte Thymianblättchen
¼ TL Meersalz
40 ml Olivenöl

Den Backofen auf 160 °C (Umluft) vorheizen.

Für die Bohnen die eingeweichten Bohnen in ein Sieb abgießen und gründlich abspülen. In eine ofenfeste Form geben. Tomaten, Schalotten, Knoblauch und Kräuter darauf verteilen. Das Öl mit Paprikapaste, Harissa und Sirup mischen und unter die Brühe rühren. Die Bohnen damit begießen und mit Pfeffer (aber noch nicht mit Salz) würzen. Die Form erst mit Backpapier, dann mit Alufolie abdecken. Im heißen Ofen 1 Stunde garen, dann Zitronensaft und Salz hinzufügen. Ohne Abdeckung weitere 45 Minuten backen, bis die Bohnen sehr weich sind und die Flüssigkeit fast vollständig verdampft ist. Vor dem Servieren bis zu 4 Stunden beiseitestellen oder mit den Knusperbröseln (siehe unten) bestreuen und überbacken.

Für die Brösel das Brot in Stücke brechen und diese in einem Mixer zu groben Bröseln verarbeiten. Knoblauch, Orangenschale und Thymian dazugeben. Mixen, bis feine Brösel entstanden sind. Salz und Öl untermixen. Die Bohnen mit den Bröseln bestreuen und im heißen Ofen weitere 15 Minuten backen, bis die Brösel knusprig und goldbraun sind.

***Anmerkung:** Türkische Paprikapaste und Harissa gibt es in türkischen Lebensmittelgeschäften und in einigen gut sortierten Supermärkten. Sie können sie allerdings auch selbst herstellen (s. S. 69 und S. 56).

Würzige Puy-Linsen mit Steinpilzen & Kräutern

Wir trauen uns fast nicht zu sagen, wie oft wir diesen Salat – oder eine Variante – zubereiten. Grundsätzlich sind die winzigen Puy-Linsen für Salate ideal. Sie sind schnell gar, behalten die Form und harmonieren mit ihrer erdigen Süße mit allen möglichen spritzigen, kräuterwürzigen Dressings. Verwenden Sie dieses Rezept als Leitfaden und probieren Sie diverse Kombinationen aus, bis Sie Ihren Favoriten gefunden haben (unten finden Sie einige unserer bevorzugten Zusammenstellungen). Die Steinpilze kann man auch weglassen, aber wir finden, dass ihr Aroma die erdige Note der Linsen schön zur Geltung bringt.

FÜR 4 PERSONEN

Salat

25 g getrocknete Steinpilze (nach Belieben)
250 g Puy-Linsen
1 Lorbeerblatt
1 Thymianzweig
40 ml natives Olivenöl extra
Saft von 1 Zitrone
3 Frühlingszwiebeln, in Ringe geschnitten
1 große Handvoll Korianderblättchen, in Streifen geschnitten
1 kleine Handvoll Minzeblättchen, grob in Streifen geschnitten
1 kleine Handvoll glatte Petersilienblättchen, grob in Streifen geschnitten
Meersalz und frisch gemahlener Pfeffer
Joghurt, 12 Stunden abgetropft (s. S. 73), oder Ziegenfrischkäse zum Servieren

Dressing

2 kleine Knoblauchzehen, mit ½ TL Meersalz zerdrückt
Saft von 1 Zitrone
50 ml natives Olivenöl extra
1 TL Dijonsenf
Meersalz und frisch gemahlener Pfeffer

Falls sie verwendet werden, für den Salat die Steinpilze 15 Minuten in warmem Wasser einweichen.

Die Linsen mit Lorbeer und Thymian in einen Topf mit kaltem Wasser geben. (Kein Salz hinzufügen, sonst bleiben die Linsen hart.) Aufkochen, dann 20–25 Minuten köcheln lassen, bis die Linsen weich sind. Abgießen, gut abtropfen lassen und in eine Schüssel geben. Öl und Zitronensaft unter die warmen Linsen rühren. Die Mischung großzügig mit Salz und Pfeffer würzen. Frühlingszwiebeln und Kräuter unterheben.

Die Steinpilze aus der Einweichflüssigkeit fischen und trocken tupfen. Grob hacken und unter die Linsen mischen.

Für das Dressing alle Zutaten in ein Schraubdeckelglas füllen. Das Glas fest verschließen und kräftig schütteln. Das Dressing über die Linsen gießen und untermischen. Den Labneh in Tupfen auf den Salat geben. Den Salat sofort servieren.

Varianten

Den Salat mit weich gekochten Eiern anreichern.

Die Kräuter durch Dill und glatte Petersilie ersetzen, 1 gewürfelte reife Birne hinzufügen.

Statt Labneh 50 g selbst gemachten Shanklish (S. 72) auf den Salat krümeln.

Anstelle der Pilze Avocadospalten und Rosa-Grapefruit-Filets dazugeben.

In lange Streifen geschnittene Paprika & Schalotten in Zitronenöl (S. 83) auf dem Salat anrichten.

Probieren Sie eine Mischung aus glatter Petersilie, Granatapfelkernen und Feta oder Rucola und gegrillte Zitrone oder geröstete Kürbis- oder Süßkartoffelwürfel.

Linsen mit süßen Möhren, Datteln & goldgelber Sahne

Linsen vertragen kräftige Aromen sehr gut. Dazu gehören Brunnenkresse oder Rucola, gebratene Zwiebelringe, Chili und Knoblauch genauso wie süße Datteln und Möhren, die wir hier sehr wirkungsvoll mit einem dezent mit Curry gewürzten Sahnedressing einsetzen. Puy- oder Belugalinsen behalten gut die Form und eignen sich für diesen Salat am besten.

FÜR 4 PERSONEN

Salat

100 g Puy-Linsen
½ Zwiebel, halbiert
1 Knoblauchzehe, geschält
1 Thymianzweig
1 Lorbeerblatt
1 kleines Stück Zimtstange
1 große Prise Meersalz
40 ml natives Olivenöl extra
½ Möhre, in sehr dünne Stifte geschnitten
3 Medjool-Datteln, fein gewürfelt
2 Handvoll glatte Petersilienblättchen, in Streifen geschnitten
1 Handvoll Estragonblättchen, grob gehackt
1 kleine Handvoll Brunnenkresse, Rucola oder Erbsensprossen (nach Belieben)

Goldgelbe Sahne

1 EL Olivenöl
1 Schalotte, fein gewürfelt
½ TL gemahlener Ingwer
½ TL gemahlener Koriander
½ TL gemahlener Kreuzkümmel
¼ TL gemahlene Kurkuma
150 g Sahne
2 EL Zitronensaft
100 g griechischer Joghurt
Meersalz

Für den Salat die Linsen abspülen. Mit Zwiebel, Knoblauch, Thymian, Lorbeer und Zimtstange in einen kleinen Topf geben und mit viel Wasser bedecken. (Noch nicht salzen, sonst werden die Linsen zäh!) Aufkochen, dann 15 Minuten köcheln lassen, bis die Linsen weich sind.

Abgießen und gut abtropfen lassen. Zwiebel, Knoblauch, Thymian, Lorbeer und Zimtstange entfernen. Die Linsen in eine Schüssel füllen, Salz und 1 EL Olivenöl untermischen und beiseitestellen.

Für die goldgelbe Sahne das Öl in einem kleinen Topf erhitzen. Die Schalotte mit den Gewürzen darin 5 Minuten anschwitzen, bis sie weich ist. Sahne und Zitronensaft hinzufügen. Aufkochen und 5 Minuten köcheln lassen. Den Joghurt unterrühren. Die Sauce abschmecken.

Möhre, Datteln und zwei Drittel der goldgelben Sahne zu den Linsen geben. Alles gut verrühren und bis zum Servieren bis zu 8 Stunden kalt stellen.

Unmittelbar vor dem Servieren die Kräuter unter die Linsen mischen. Die Linsen auf eine Servierplatte häufen oder auf Schälchen verteilen. Oben eine Mulde hineindrücken und die restliche goldgelbe Sahne hineinfüllen. Die Linsen mit dem restlichen Öl beträufeln und zimmerwarm servieren. Nach Belieben vorher mit Brunnenkresse, Rucola oder Erbsensprossen garnieren oder einen Blattsalat dazu reichen.

Libanesische Kichererbsen & Auberginen mit Pitabrot

Dies ist unsere Version eines traditionellen, sehr beliebten Gerichts namens *fatteh*. Im Libanon und in anderen Teilen der Levante gibt es zahllose Varianten davon, doch alle haben gebratenes oder geröstetes trockenes Pitabrot als Basis, auf die dann Joghurt, Kichererbsen und alles, was man sich sonst noch vorstellen kann, gegeben werden.

Einige *Fatteh*-Varianten enthalten würziges Lamm- oder Hähnchenfleisch, doch wir bevorzugen Auberginen – für dieses Rezept die langen japanischen, sehr aromatischen Früchte. Bei diesem Gericht kann man gut Brot vom Vortag verwenden. Gewürze und kontrastierende Texturen machen aus dem *fatteh* viel mehr als die Summe seiner Teile.

FÜR 4–6 PERSONEN

500 g Rispen-Kirschtomaten, gewaschen
natives Olivenöl extra
2 Zwiebeln, in dünne Ringe geschnitten
2 große grüne Chilischoten, entkernt und in dünne Streifen geschnitten
½ TL gemahlener Ingwer
½ TL gemahlener Zimt
½ TL gemahlener Piment
½ TL frisch gemahlener Pfeffer
250 ml Gemüsebrühe (Fertigprodukt oder s. S. 88)
650 g gewöhnliche oder japanische Auberginen, geschält und in breite Spalten geschnitten
250 g gekochte Kichererbsen (notfalls hochwertige Kichererbsen aus der Dose)
1 Pitabrot
250 g griechischer Joghurt
Meersalz

Den Backofen auf 200 °C (Umluft) vorheizen. Die Tomaten in eine ofenfeste Form legen und mit 1 großzügigen EL Öl beträufeln. Im heißen Ofen 10 Minuten rösten, bis sie leicht gebräunt sind und platzen. Herausnehmen und kurz abkühlen lassen, dann häuten.

In einem Topf mit schwerem Boden 2–3 EL Öl bei schwacher Hitze erwärmen. Die Zwiebeln darin mit Chilis und Gewürzen 10 Minuten anschwitzen, bis sie glasig und sehr weich sind.

Die Brühe in den Topf geben und aufkochen. ½ TL Salz hinzufügen. Die Tomaten mitsamt dem Garsud dazugeben und 15–20 Minuten köcheln lassen, bis die Flüssigkeit um etwa ein Viertel eingekocht ist.

In der Zwischenzeit die Auberginen in einer großen ofenfesten Form mit 100 ml Öl und etwas Salz mischen. Im heißen Ofen 15–20 Minuten rösten, bis sie weich sind. Die Form gelegentlich schwenken, damit sie gleichmäßig bräunen.

Die Kichererbsen zu den Tomaten geben. Alles weitere 5 Minuten garen, dann die gerösteten Auberginen hinzufügen und behutsam unterheben. (Die Form beiseitestellen und den Ofen nicht ausschalten.)

Das Pitabrot fest aufrollen und in 2–5 mm dicke Streifen schneiden. In die Form geben, in der zuvor die Auberginen waren, und mit etwas Öl beträufeln. Im heißen Ofen unter gelegentlichem Schwenken 5–7 Minuten rösten, bis sie knusprig und gebräunt sind.

Das Gericht in eine Servierschüssel füllen und den Joghurt in Tupfen daraufsetzen. Mit dem gerösteten Brot bestreuen und sofort servieren.

Tomaten-Kichererbsen-Curry mit Kokos & Koriander

Auf der Arabischen Halbinsel gibt es eine große indische Bevölkerungsgruppe. Unser Interesse an vegetarischem indischem Essen wächst stetig. Dieses leichte, aromatische Curry gehört zu unseren Lieblingsgerichten, weil es ganz einfach ist – es gibt nur zwei Hauptzutaten. Lassen Sie sich nicht von der langen Gewürzliste abschrecken: Sie bekommen alles im Supermarkt oder Asienladen und es dauert wirklich nicht lange, sie zu mischen. Für ein Curry ist dieses Gericht sehr unkompliziert. Servieren Sie es mit Naan (S. 36), Langkornreis mit Zitrone & gerösteten Mandeln (S. 193) oder sogar – gänzlich untraditionell – mit Couscous.

FÜR 4 PERSONEN

1 kg Rispentomaten (möglichst mit Stielen), gewaschen
80 ml Olivenöl
Samen aus 6 Kardamomkapseln, zerstoßen
½ TL Fenchelsamen
¼ TL schwarze Senfsamen
6 Gewürznelken
2 Sternanis
1 kleine getrocknete rote Chilischote
1 TL gemahlener Kreuzkümmel
1 TL gemahlener Koriander
½ TL gemahlene Kurkuma
1 Zwiebel, gerieben
3 Knoblauchzehen, gerieben
1 EL frisch geriebener Ingwer
250 ml Kokosmilch
400 g Kichererbsen (aus der Dose), abgespült und abgetropft
Meersalz und frisch gemahlener Pfeffer
gehacktes Koriandergrün, Reis, Naan (S. 36) und griechischer Joghurt zum Servieren

Den Backofen auf 180 °C (Umluft) vorheizen.

Die Tomaten in eine ofenfeste Form legen. Mit der Hälfte des Öls beträufeln und mit etwas Salz bestreuen. Im heißen Ofen 10 Minuten rösten, bis sie zu platzen beginnen. Die Hälfte der Tomaten beiseitelegen (dafür die schönsten heraussuchen), den Rest häuten und hacken. (Die Häute für Brühe aufbewahren, s. S. 88.)

Eine Pfanne bei mittlerer Hitze erwärmen. Kardamom-, Fenchel- und Senfsamen, Gewürznelken und Sternanis darin unter häufigem Rühren etwa 2 Minuten rösten, bis sie gebräunt sind und aromatisch duften (sie dürfen nicht verbrennen!). In einen Mörser füllen, die Chilischote dazugeben und alles zu möglichst feinem Pulver zerstoßen. Große Stücke heraussieben, dann mit Kreuzkümmel, Koriander, Kurkuma und ½ TL Pfeffer mischen.

Das restliche Öl in einem Schmortopf oder in einem Topf mit schwerem Boden erhitzen. Die Zwiebel darin mit Knoblauch und Ingwer etwa 10 Minuten anschwitzen. Die Gewürze hinzufügen und unter Rühren 2–3 Minuten mitbraten. Die gehackten Tomaten mit der Kokosmilch dazugeben. Mit Salz und Pfeffer abschmecken. Das Ganze bis knapp unter den Siedepunkt erhitzen, dann bei schwacher Hitze etwa 15 Minuten köcheln lassen.

Die Kichererbsen mit den beiseitegelegten Tomaten in den Topf geben. Das Curry 8–10 Minuten schwach köcheln lassen, bis die Tomaten richtig heiß sind (sie sollen dabei nicht zerfallen).

Das Curry mit viel Koriandergrün bestreuen und mit Reis, Naan und reichlich Joghurt servieren.

Pasta- & Couscousgerichte

Je nachdem, woher wir stammen, halten wir Nudeln für typisch italienisch, chinesisch oder japanisch. Aber Nudelgerichte spielen auch in der orientalischen Küche eine wichtige Rolle. Gefüllte Nudelteigtaschen, die im Libanon *shish barak,* in der Türkei *manti* heißen, sind im gesamten Vorderen Orient beliebt. Nudeln, die von Iranern *reschteh,* im Libanon und in Syrien *rishta* genannt werden – was übersetzt »Faden« bedeutet – werden für eine Vielzahl von Gerichten verwendet. Man gibt sie in Suppen, gart sie mit Gemüse in einer Tomatensauce im Ofen und bereitet sie zusammen mit Reis oder Linsen zu. Für Salate nehmen wir auch gern kurze Nudelsorten wie griechische Orzo (reisförmige Nudeln) oder sardische Fregola. Unbedingt zu erwähnen ist hier auch Couscous, das Nationalgericht des Maghreb. Die kleinen Kügelchen bestehen aus feinem Weizengrieß und sind somit auch eine Art Pasta.

Couscous ist berberischen Ursprungs. In Marokko, Algerien und Tunesien isst man ihn täglich. Auf traditionelle Art dämpft man die winzigen »Körnchen« über einem Fleisch- oder Gemüseeintopf. Im aromatischen Dampf quellen sie auf, werden weich und unglaublich locker. Der Couscous wird auf ein großes, rundes Tablett gehäuft und mit Brühe und Fleisch oder Gemüse serviert. Dazu isst man oft eine scharfe, mit Harissa gewürzte Sauce. Es gibt auch Couscous mit bis zu erbsengroßen Körnern. Diese Couscous-Perlen (Moghrabieh-Couscous) werden üblicherweise in der Brühe gegart und nicht gedämpft.

Seitdem Couscous die Welt erobert hat, gibt es das liebevoll und mit Muße zubereitete Gericht des Maghreb nicht mehr. An seine Stelle ist ein zeitsparender Hochstapler getreten, der mit kochend heißem Wasser aus dem Kessel »zubereitet« wird. So sehr wir diesen Verlust an Romantik bedauern, akzeptieren wir doch, dass heutzutage nur wenige Menschen Zeit und Lust haben, Couscous auf althergebrachte Weise zuzubereiten. Wir bleiben große Fans dieser nützlichen, wandlungsfähigen Zutat, die sich für so viele unterschiedliche Gerichte eignet, und genießen sie auf vielfältige Weise, traditionell oder modern zubereitet, pikant oder süß. Man kann Couscous ganz schlicht mit Milch und Obst zum Frühstück essen (S. 21) oder Butter untermischen und ihn zu einer exotisch gewürzten marokkanischen Tajine servieren. Außerdem geben wir Couscous gern in Suppen, kombinieren ihn mit sanft gegartem Gemüse und reichen ihn zu deftigen Mahlzeiten oder mischen ihn für sommerliche Salate mit Kräutern, Nüssen und Trockenfrüchten.

Fregola mit Zucchini, Zitrusfrüchten & Basilikum

Fregola ist einer unserer neuen Lieblinge! Es handelt sich um geröstete kugelförmige Pasta aus Sardinien, die traumhaft anzusehen ist, weil die einzelnen Kugeln unterschiedlich cremefarben bis dunkelbraun getönt sind, je nachdem wie stark sie geröstet wurden. Fregola schmeckt nussig, was wirklich gut zu sauren Zitrusfrüchten passt. Wir mögen besonders die bitter-säuerlichen rosa Grapefruit, aber Clementinen, Tangelos oder Blutorangen (wenn sie Saison haben) sind auch wunderbar. Sofern Sie das Zitrusöl selbst herstellen, müssen Sie dies bereits am Vortag tun.

FÜR 4 PERSONEN

Salat

1 l Gemüsebrühe (Fertigprodukt oder s. S. 88)
150 g Fregola (Feinkostgeschäft oder Internethandel)
Meersalz und frisch gemahlener Pfeffer
Zitrusöl (siehe unten) oder hochwertiges Mandarinenöl
50 g blanchierte Haselnusskerne
1 rosa Grapefruit
1 Orange
1 kleine Zucchini, in winzige Würfel geschnitten
2 Frühlingszwiebeln, in dünne Ringe geschnitten
1 kleine Handvoll Basilikumblättchen, in Streifen geschnitten
1 kleine Handvoll Minzeblättchen, in Streifen geschnitten
1 kleine Handvoll Erbsensprossen

Zitrusöl

125 ml Traubenkernöl
125 ml hochwertiges mildes Olivenöl (kein natives Olivenöl extra)
2 Bio-Orangen
1 Lorbeerblatt
¼ TL Koriandersamen

Für das Zitrusöl die Öle in einen kleinen Topf geben. Die Schale der Orangen mit einer feinen Metallreibe in den Topf reiben. Lorbeer und Koriander hinzufügen. Das Öl auf Körpertemperatur erwärmen. Den Topf vom Herd nehmen. Das Öl 24–48 Stunden ziehen lassen, dann durch ein feines Sieb in eine sterilisierte Flasche oder ein sterilisiertes Glas gießen.

Für den Salat die Gemüsebrühe oder 1 l Wasser aufkochen und kräftig köcheln lassen. Die Fregola darin in etwa 10 Minuten bissfest garen. In ein Sieb abgießen und einige Minuten abtropfen lassen, dann in eine Schüssel geben. Mit Salz und Pfeffer würzen und mit 1 EL Zitrusöl beträufeln. Alles mischen, dann abkühlen lassen.

In der Zwischenzeit eine Pfanne bei mittlerer Hitze erwärmen. Die Nüsse darin ohne Fett unter häufigem Rühren in 3–4 Minuten goldbraun rösten. Herausnehmen, grob hacken und beiseitestellen.

Grapefruit und Orange mit einem scharfen Messer so schälen, dass auch die weiße Haut entfernt wird. Die Früchte über die Schüssel mit den Nudeln halten, um den Saft aufzufangen. Die Filets zwischen den Trennhäuten herausschneiden und in die Schüssel geben.

Zucchini, Frühlingszwiebeln, Kräuter, Sprossen und Nüsse zu den Nudeln geben. Einige EL Zitrusöl hinzufügen und alles behutsam mischen. Den Salat sofort servieren.

***Anmerkung:** In gut sortierten Feinkostgeschäften kann man diverse Zitrusöle kaufen, doch ist es ganz einfach, sie selbst zu machen, und eine Freude, sie zu verwenden. Wir mögen am liebsten Mandarinenöl, aber das selbst herzustellen ist schwierig. Also nehmen wir eher Orangenschale. Die angegebenen Mengen ergeben 250 ml Öl – es lohnt sich kaum, weniger anzusetzen. Das Öl ist im Kühlschrank in einem fest verschlossenen Gefäß bis zu 1 Monat haltbar. Sie werden es garantiert benutzen!

Nudeltäschchen mit Ziegenkäse & zweierlei Minze

Pasta assoziiert man eher selten mit der orientalischen Küche, doch sind Nudeln, insbesondere gefüllte, in einigen Ländern des Vorderen Orients sehr beliebt. Gefüllte Nudeltäschchen, *manti* genannt, sind ein wichtiger Bestandteil der türkischen Küche. Man vermutet, dass sie im achten Jahrhundert von den Uiguren aus Nordchina nach Anatolien gebracht wurden. Die allerbesten *manti* sind winzig. Um sie herzustellen, braucht man Geduld und Fingerfertigkeit. (Wie sie gemacht werden, steht in *Turquoise,* einem unserer früheren Bücher.) Diese hier sind etwas größer und weniger kompliziert, aber genauso köstlich. *Manti* werden üblicherweise mit Lammhackfleisch gefüllt und mit cremigem Joghurt bedeckt. Unsere vegetarische Variante mit kräuterwürziger Ziegenkäsefüllung wird mit einem leichten, pikanten Granatapfeldressing serviert.

FÜR 4 PERSONEN

Teig

2–3 Eier
1–2 EL Olivenöl
250 g italienisches Weizenmehl Tipo 00, gesiebt, und Mehl zum Verarbeiten
1 TL Meersalz und Salz zum Kochen
1 Eiweiß, mit 1 EL Wasser verquirlt

Füllung

1 TL Butter
1 Schalotte, sehr fein gewürfelt
1 kleine Knoblauchzehe, sehr fein gehackt
250 g Ziegenfrischkäse
¼ TL Meersalz
frisch gemahlener weißer Pfeffer
abgeriebene Schale von ½ Bio-Zitrone
½ TL getrocknete Minze
1 TL in Streifen geschnittene Minzeblättchen

Tomaten-Granatapfel-Dressing

2 Rispentomaten, fein gewürfelt
1 Schalotte, sehr fein gewürfelt
1 Knoblauchzehe, sehr fein gehackt
3 EL Granatapfelkerne
Saft von 1 Zitrone (oder nach Geschmack)
1 EL Granatapfelsirup
125 ml natives Olivenöl extra
½ TL türkische schwarze Chiliflocken (Pul Biber Isot)

Für das Dressing alle Zutaten bis auf die Chiliflocken in eine Schüssel geben und mit einem Schneebesen verrühren. In ein Schraubdeckelglas füllen und bis zu 5 Tage im Kühlschrank aufbewahren. Vor dem Servieren Raumtemperatur annehmen lassen.

Für den Teig 2 Eier mit 1 EL Öl verquirlen. Mit Mehl und Salz in die Schüssel einer Küchenmaschine geben. Mit den Händen rasch zu einem Teig verarbeiten (ist er zu fest, 1 Ei und 1 EL Öl hinzufügen, ist er zu feucht, mehr Mehl dazugeben). Den Teig mit dem Knethaken auf niedriger Stufe 2–3 Minuten kneten, bis alles gut verbunden ist. Auf die Arbeitsfläche geben und von Hand einige Minuten kneten, bis er sehr glatt und formbar ist. Den Teig in 2 Portionen teilen und jede in Frischhaltefolie wickeln. Bei Raumtemperatur mindestens 1 Stunde ruhen lassen (im Kühlschrank ist er bis zu 2 Tage haltbar).

Für die Füllung die Butter in einer Pfanne zerlassen. Die Schalotte mit dem Knoblauch darin 8–10 Minuten anschwitzen, bis sie glasig ist. Vom Herd nehmen und auskühlen lassen.

Den Käse in eine Schüssel bröckeln. Die kalte Zwiebelmischung mit Salz, Pfeffer, Zitronenschale, getrockneter und frischer Minze hinzufügen und alles mit einer Gabel mischen.

1 Teigportion auf die bemehlte Arbeitsfläche legen und mit einem bemehlten Nudelholz flach drücken. Zu einem Rechteck formen und durch eine Nudelmaschine drehen, erst bei größtem Walzenabstand, dann den Walzenabstand reduzieren, bis der zweitkleinste erreicht ist (bei kleinstem Abstand ist der Teig zu empfindlich).

Die Teigplatte flach auf die Arbeitsfläche legen und Kreise (6 cm Ø) ausstechen. Auf jeden Kreis 1 gehäuften Teelöffel Füllung geben und den Teigrand mit verquirltem Eiweiß bestreichen. Für die traditionelle Form zwei gegenüberliegende Teigränder über der Füllung zusammendrücken. Die beiden anderen Ränder nach oben falten und die seitlichen »Nähte« fest zusammendrücken. (Die angestrebte Form ist eine Art vierzackiger Stern.) Mit dem restlichen Teig und der restlichen Füllung ebenso verfahren.

Fertig geformte *manti* auf ein dünn bemehltes Tablett legen, bis Teig und Füllung aufgebraucht sind. (Mit Frischhaltefolie abgedeckt können sie einige Stunden im Kühlschrank aufbewahrt werden.)

In einem großen Topf reichlich Salzwasser aufkochen. Die Teigtäschchen darin portionsweise 3–4 Minuten köcheln lassen, bis sie weich sind. Mit einem Schaumlöffel in vorgewärmte Schalen heben. Mit dem Granatapfeldressing beträufeln, mit den Chiliflocken bestreuen und sofort servieren.

Gebutterte Eiernudeln mit Artischocken, Steinpilzen & Safran

Nudeln sind im Iran, wo sie *reschteh* heißen, sowie im Libanon und in Syrien, wo sie *rishta* genannt werden, sehr populär. Oft serviert man sie mit Gemüsesaucen oder – besonders im Iran – in Suppen. Dieses Gericht enthält einige unserer Lieblingszutaten: Artischocken, Steinpilze und Safran sowie *taklia,* eine vielseitig einsetzbare Würzpaste.

FÜR 4 PERSONEN

Nudeln

100 ml Olivenöl
2 Schalotten, in dünne Ringe geschnitten
1 EL Taklia (siehe unten)
8–10 Safranfäden, angeröstet und zerstoßen
8 Artischockenböden in Öl (Fertigprodukt oder s. S. 158), halbiert
2 Rispentomaten, gewürfelt
100 g junge Erbsen (frisch oder TK)
Schale von ½ Salzzitrone (Fertigprodukt), in dünne Streifen geschnitten
60 ml Wermut oder Weißwein
25 g getrocknete Steinpilze, 10 Minuten in 100 ml kaltem Wasser eingeweicht
400 g frische Eiernudeln (Fertigprodukt)
1 EL Butter
Saft von ½ Zitrone
1 Handvoll zarte Kräuterblättchen (nach Belieben)
Meersalz und frisch gemahlener Pfeffer
warmes knuspriges Brot zum Servieren

Taklia

1 EL Olivenöl
6 Knoblauchzehen, grob gehackt
1 TL Meersalz
2 TL gemahlener Koriander
geschmacksneutrales Öl zum Versiegeln

Für die Taklia das Öl in einer kleinen Pfanne bei schwacher Hitze erwärmen. Den Knoblauch darin 1 Minute anschwitzen, aber nicht bräunen lassen. In einen Mörser geben und mit Salz und Koriander zu einer Paste zerdrücken. Die Taklia in ein sterilisiertes Glas füllen und die Oberfläche dünn mit Öl bedecken. Die Paste ist im Kühlschrank bis zu 2 Monate haltbar.

Für die Nudeln das Olivenöl in einem Topf mit schwerem Boden bei schwacher Hitze erwärmen. Die Schalotten mit der Taklia darin etwa 5 Minuten anschwitzen, bis sie weich sind. Safran, Artischocken, Tomaten, Erbsen, Zitronenschale und Wermut hinzufügen und alles kräftig köcheln lassen, bis die Sauce andickt. Mit Salz und Pfeffer abschmecken.

Die Steinpilze aus dem Einweichwasser nehmen und in den Topf geben. Das Einweichwasser durch ein feines Sieb gießen, um Verunreinigungen zu entfernen. Die Hälfte der Flüssigkeit in den Topf geben.

Die Nudeln in sprudelnd kochendem Wasser garen (das dauert nur wenige Sekunden). In ein Sieb abgießen und gut abtropfen lassen, dann in eine große Schüssel füllen. Die Butter untermischen. Die Gemüsesauce und den Zitronensaft darübergeben und alles gut mischen. Nach Belieben mit den Kräuterblättchen bestreuen, dann sofort mit warmem Brot servieren.

Frühlingsgemüse mit Sultaninen & Couscous

Dies ist ein fabelhaftes Couscousgericht, in dem das Frühlingsblattgemüse gut zur Geltung kommt: Mangold, Grünkohl und Bärlauch. Normalerweise bekommt man sie auf dem Wochenmarkt und in Hofläden. Wenn Sie mitten in der Stadt wohnen und dieses Gemüse für Sie nicht verfügbar ist, können Sie auf eine Mischung aus Rucola oder Brunnenkresse mit Mangold oder Spinat zurückgreifen und diese mit 1–2 zerdrückten Knoblauchzehen anschwitzen.

FÜR 4 PERSONEN

200 g Couscous
70 ml natives Olivenöl extra
2 Schalotten, in dünne Ringe geschnitten
1 Handvoll Mangold- oder Spinatblätter, in dünne Streifen geschnitten
2 Handvoll Grünkohl- oder Palmkohlblätter, in dünne Streifen geschnitten
1 Handvoll Bärlauchblätter, in dünne Streifen geschnitten
40 g Sultaninen, grob gehackt
Saft von ½ Zitrone
Meersalz und frisch gemahlener Pfeffer
griechischer Joghurt zum Servieren

Den Couscous mit 1 EL Öl in eine Schüssel geben. Die Körner mit den Fingern reiben, bis sie alle von Öl überzogen sind. 250 ml kochend heißes Wasser angießen und gut unterrühren. Den Couscous mit einem Geschirrtuch abdecken und 10 Minuten quellen lassen, dabei gelegentlich mit einer Gabel auflockern. Sobald der Couscous abgekühlt ist, mit den Fingern hindurchfahren und eventuell noch vorhandene Klümpchen auflösen. (Soll er nicht gleich verwendet werden, kann der Couscous in einem fest verschlossenen Behälter bis zu 2 Tage im Kühlschrank aufbewahrt werden. Zum Aufwärmen den Couscous in eine Schüssel geben und mit einem Geschirrtuch abdecken. In der Mikrowelle auf höchster Stufe 2–3 Minuten erhitzen. Dabei werden die Körner meist noch lockerer. Wenn Sie keine Mikrowelle besitzen, können Sie den Couscous in einem Topf auf dem Herd aufwärmen.)

Das restliche Olivenöl in einer Pfanne bei schwacher Hitze erwärmen und die Schalotten darin anschwitzen, bis sie weich sind. Das in Streifen geschnittene Blattgemüse hinzufügen und bei starker Hitze unter Rühren in etwa 10 Minuten garen (Spinatblätter erst 2–3 Minuten vor Ende der Garzeit dazugeben). Sultaninen und Zitronensaft untermischen. Das Gemüse mit Salz und Pfeffer abschmecken.

Den Couscous auf eine Servierplatte häufen und das Blattgemüse rundherum anrichten. Sofort mit viel kühlem Joghurt servieren.

Hochzeitscouscous mit Kräutern & Blüten

Das Gericht heißt so, weil es zu Lucys Hochzeitsessen gehörte! Mit seiner Fülle von Kräutern, Nüssen, Berberitzen, Granatapfelkernen und Blüten ist es außergewöhnlich genug, um zu jedem festlichen Anlass serviert zu werden. Dabei ist es, wie bei Couscousgerichten üblich, kinderleicht zuzubereiten. Es schmeckt sowohl warm mit Harissa-Brühe (siehe unten) als auch leicht abgekühlt als Salat. Auf jeden Fall sollten Sie reichlich Joghurt dazu servieren.

Traditionell wird Couscous über einer kräftigen Brühe gedämpft, wobei die Körner aufquellen und das Aroma annehmen. Heutzutage jedoch wollen die meisten Leute Zeit sparen und kippen einfach kochendes Wasser darüber. Eine kleine Warnung: Lassen Sie den Couscous nicht einfach stehen, sonst bildet sich ein fester Klumpen. Halten Sie sich an die hier beschriebene Methode und Ihr Couscous wird wunderbar locker.

FÜR 4 PERSONEN

Couscous

200 g Couscous
70 ml natives Olivenöl extra
1 grüne Chilischote, entkernt und in dünne Streifen geschnitten
abgeriebene Schale von 1 Bio-Orange
1 TL Butter
2 EL getrocknete Berberitzen (ersatzweise 2 EL getrocknete Cranberrys oder Kirschen)
25 g Pistazienkerne
2 EL Granatapfelkerne
1 Handvoll glatte Petersilienblättchen, in Streifen geschnitten
1 Handvoll Estragonblättchen, gehackt
1 kleine Handvoll Purpurbasilikumblättchen, in Streifen geschnitten
1 Handvoll essbare Blüten (z. B. Borretsch-, Kapuzinerkresse-, Kornblumen-, Löwenzahn-, Ringelblumen- oder Veilchenblüten oder Rosenblütenblätter; nach Belieben)
griechischer Joghurt zum Servieren

Harissa-Brühe

1–2 EL Grüne Harissa (s. S. 56)
400 ml Gemüsebrühe (Fertigprodukt oder s. S. 88)
Meersalz und frisch gemahlener Pfeffer

Für den Couscous den Couscous mit 1 EL Öl in eine Schüssel geben. Die Körner mit den Fingern reiben, bis sie alle von Öl überzogen sind. 250 ml kochend heißes Wasser angießen und gut unterrühren. Den Couscous mit einem Geschirrtuch abdecken und 10 Minuten quellen lassen, dabei gelegentlich mit einer Gabel auflockern. Sobald der Couscous abgekühlt ist, mit den Fingern hindurchfahren und eventuell noch vorhandene Klümpchen auflösen. (Soll er nicht gleich verwendet werden, kann der Couscous in einem fest verschlossenen Behälter bis zu 2 Tage im Kühlschrank aufbewahrt werden. Zum Aufwärmen den Couscous in eine Schüssel geben und mit einem Geschirrtuch abdecken. In der Mikrowelle auf höchster Stufe 2–3 Minuten erhitzen. Dabei werden die Körner meist noch lockerer. Wenn Sie keine Mikrowelle besitzen, können Sie den Couscous in einem Topf auf dem Herd aufwärmen.)

Den Couscous in eine Schüssel füllen. Das restliche Öl mit Chili und Orangenschale untermischen.

Für die Harissa-Brühe die Harissa in die Brühe rühren und beides zum Köcheln bringen. Mit Salz und Pfeffer abschmecken und in einen Krug füllen.

Die Butter in einer kleinen Pfanne zerlassen. Berberitzen und Pistazien darin in etwa 1 Minute warm werden lassen. Mit Granatapfelkernen und Kräutern zum Couscous geben und sorgfältig untermischen. Nach Belieben mit Blüten oder Blütenblättern garnieren und mit Harissa-Brühe und viel kühlem Joghurt servieren.

Eiscreme

Angesichts des Klimas ist es nicht verwunderlich, dass Gefrorenes im Vorderen Orient so beliebt ist. Eiscremes und Sorbets sind in den glutheißen Sommern die ideale Erfrischung und ein Ausflug zur nächstgelegenen Eisdiele ist zu jeder Tageszeit, oft bis spät in den warmen Abend üblich. Man nimmt an, dass frühe Versionen von Wassereis aus der Gegend stammen. Auf jeden Fall waren die Perser mit der Methode vertraut, Eis und Schnee von den Bergen in Kühlhäusern zu lagern, um sie im Sommer verwenden zu können.

Bestanden die allerersten gefrorenen Desserts noch aus kaum mehr als frischem Fruchtsaft oder Wein, der mit Schnee oder Eis vermischt wurde, umfasst das heutige Repertoire in den meisten Ländern des Vorderen Orients eine ganze Reihe unglaublich fruchtiger Granitas und Sorbets sowie cremiger Milcheissorten. Klassiker sind eine Eiscreme, die in der Türkei als *dondurma* bekannt ist, und ihre iranische Verwandte *booza*. Diese festen, fast zähen Eiscremes verdanken ihren typischen Geschmack Mastix, dem Harz eines im Mittelmeerraum beheimateten Baumes. Traditionellerweise enthalten sie kein Ei, sondern werden mit Salep (aus der Wurzel einer bestimmten Orchidee) angedickt. Oft sieht man *dondurma* bei Straßenhändlern von Stangen in langen Stücken herunterhängen, von denen die Portionen mit einem bösartig aussehenden Messer abgehackt werden. Üblicherweise ist das Eis so fest, dass man es mit Messer und Gabel essen muss.

Tatsächlich macht man Eiscreme in den Ländern des Vorderen Orients selten selbst. Stattdessen holt man sie in der Nachbarschaft aus einer Eisdiele und bietet sie daheim seinen Gästen an. Es gibt, genau wie im Westen, ständig neue Eiscremesorten. Auf den nächsten Seiten finden Sie einige neue, ungewöhnliche Sorbets und Eiscremes. Alle sind einfach zu machen, allerdings ist das Resultat eindeutig besser, wenn man eine Eismaschine verwendet. Nach dem Rühren muss das Eis mindestens 2 Stunden eingefroren werden, damit es fester wird. Es sollte innerhalb der nächsten 1–2 Tage gegessen werden, weil Geschmack und Konsistenz dann optimal sind.

Crème-fraîche-Eiscreme

Dies ist unser »Eis für alle Fälle« geworden, weil wir es erfrischender finden als das klassische Vanilleeis. Crème fraîche hat eine feine Säure, die uns gut gefällt und die wir hier mit Zitronensaft noch unterstreichen.

ERGIBT ETWA 1 L

250 ml Milch
170 g Zucker
1 Vanilleschote, Mark herausgekratzt
1 Streifen Schale (etwa 5–6 cm) von 1 Bio-Zitrone
1 Prise Meersalz
6 Eigelb
500 g Crème fraîche
Saft von ½ Zitrone

Die Milch mit Zucker, Vanilleschote, Vanillemark, Zitronenschale und Salz in einen Topf geben und erwärmen, bis sich der Zucker aufgelöst hat. Zum Köcheln bringen und vom Herd nehmen.

Die Eigelbe in einer großen Schüssel verquirlen. Unter ständigem Schlagen mit einem Schneebesen langsam ein Viertel der heißen Milch dazugießen. Die Mischung zur restlichen Milch in den Topf geben und kräftig unterschlagen. Bei mittlerer Hitze etwa 10 Minuten köcheln lassen, bis die Mischung puddingartig andickt, dabei ständig mit einem Holzkochlöffel rühren. (Gibt man etwas Mischung auf den Löffelrücken, muss man eine deutlich erkennbare Linie hindurchziehen können.)

Den Topf vom Herd nehmen und sofort in die mit Eiswasser gefüllte Spüle stellen. Gelegentlich rühren, damit die Creme schneller abkühlt. Anschließend im Kühlschrank sehr kalt werden lassen.

Die Creme durch ein feines Sieb streichen, um Zitronenschale und Vanilleschote zu entfernen. Erst die Crème fraîche, dann den Zitronensaft unterschlagen. Die Masse in eine Eismaschine füllen und nach Herstellerangaben gefrieren lassen. Die Eiscreme in einen Kunststoffbehälter geben und vor dem Servieren mindestens 2 Stunden einfrieren.

Bananeneis mit salzigem Dattelkaramell

Industriell hergestelltes Bananeneis mit seinen synthetischen Aromen und der unnatürlichen Farbe mögen wir beide nicht. Aber wir wollten etwas mit Bananen präsentieren, die in Oman, einem unserer liebsten Golfstaaten, zu den wichtigsten Nutzpflanzen gehören. Nachdem wir einige Rezepte ausprobiert hatten, wurden wir süchtig nach diesem hier, besonders in Kombination mit dem unwiderstehlichen salzigen Dattelkaramell.

ERGIBT ETWA 1 L

Eiscreme

400 g geschälte reife Bananen, gehackt
250 ml Milch
250 g Sahne
40 ml Sherry (Amontillado oder medium)
6 Eigelb
50 g Zucker
50 ml Glukosesirup (nach Belieben)
1 TL Zitronensaft
1 Prise Meersalz

Dattelkaramell

100 g Butter
100 g heller Muscovadozucker
3 Lorbeerblätter
100 g Sahne
1 Prise Salzflocken
80 g Medjool-Datteln

Für den Karamell die Butter in einem Topf bei schwacher Hitze zerlassen. Den Zucker hinzufügen und rühren, bis er sich aufgelöst hat. Lorbeerblätter dazugeben und alles einige Minuten köcheln lassen. (Noch wirkt es nicht homogen, doch das ändert sich, sobald die Sahne dazugegeben wird.) Die Sahne angießen (Vorsicht, es kann spritzen!) und kräftig rühren, bis sich alles zu einer dickflüssigen, glänzenden Sauce verbunden hat. Das Salz unterrühren und den Karamell einige Minuten köcheln lassen.

Den Topf vom Herd nehmen. Den Karamell in ein sterilisiertes Glas füllen und dieses fest verschließen. Bis zur Verwendung im Kühlschrank aufbewahren. Der Karamell ist bis zu 2 Wochen haltbar. (Wenn Sie es schaffen, ihn nicht direkt aus dem Glas zu löffeln, können Sie ihn behutsam erwärmen und dann mit Eiscreme servieren.)

Für die Eiscreme die Bananen mit Milch und Sahne in einen Topf mit schwerem Boden geben. Bei sehr schwacher Hitze 10 Minuten köcheln lassen. Gegen Ende dieser Zeit den Sherry untermischen. Den Topf vom Herd nehmen und die Mischung 1 Stunde ziehen lassen. Die Hälfte der Bananen entsorgen, den Rest mit der Flüssigkeit in einen Mixer geben. Fein pürieren, dann durch ein feines Sieb in einen Topf streichen und zum Köcheln bringen.

Die Eigelbe in einer Schüssel mit dem Zucker und nach Belieben mit dem Sirup cremig schlagen. Unter ständigem Schlagen langsam ein Viertel der heißen Bananenmilch dazugießen. Die Mischung zur Milch in den Topf geben und kräftig unterschlagen. Bei mittlerer Hitze etwa 10 Minuten köcheln lassen, bis die Mischung puddingartig andickt, dabei ständig mit einem Holzkochlöffel rühren. (Gibt man etwas Mischung auf den Löffelrücken, muss man eine deutlich erkennbare Linie hindurchziehen können.) Vom Herd nehmen, Zitronensaft und Salz unterrühren und den Topf sofort in die mit Eiswasser gefüllte Spüle stellen. Die Creme gelegentlich umrühren, damit sie schnell abkühlt, dann im Kühlschrank sehr kalt werden lassen.

Die Creme in eine Eismaschine füllen und nach Herstellerangaben gefrieren lassen. Die Eiscreme in einen Kunststoffbehälter geben und vor dem Servieren mindestens 2 Stunden einfrieren.

Vor dem Servieren den Karamell in einen kleinen Topf geben und behutsam erwärmen. In der Zwischenzeit die Datteln für 1 Minute in kochendes Wasser geben. Schälen, entsteinen, fein würfeln und unter den Karamell mischen. Warm zum Bananeneis servieren.

Stracciatella mit Orangenschale

Stracciatella – übersetzt so viel wie »Fetzchen« – ist nicht nur in Italien beliebt. Die Fetzchen entstehen, wenn man gegen Ende der Gefrierzeit warme Schokoladensauce in die Eiscreme gießt. Wunderbarerweise friert sie sofort zu kleinen, knackigen Stückchen. Die Eismasse wird in diesem Rezept mit Orangenschale gewürzt, die einen schönen Kontrast zu der bitteren Schokolade darstellt.

ERGIBT ETWA 1 L

500 g Sahne
250 ml Milch
1 Vanilleschote, Mark herausgekratzt
Zesten von 1 Bio-Orange
1 Prise Meersalz
6 Eigelb
150 g Zucker
70 g hochwertige Bitterschokolade (70 % Kakaoanteil), gehackt

Sahne, Milch, Vanilleschote, Vanillemark, Zesten und Salz in einem Topf zum Köcheln bringen. Vom Herd nehmen und mindestens 1 Stunde ziehen lassen.

Erneut zum Köcheln bringen, dann vom Herd nehmen und kurz abkühlen lassen. Die Eigelbe in einer großen Schüssel mit dem Zucker cremig schlagen. Unter ständigem Schlagen langsam ein Viertel der heißen Sahne dazugießen. Die Mischung zur Sahne in den Topf geben und kräftig unterschlagen. Bei mittlerer Hitze etwa 10 Minuten köcheln lassen, bis die Masse puddingartig andickt, dabei ständig mit einem Holzkochlöffel rühren. (Gibt man etwas Mischung auf den Löffelrücken, muss man eine deutlich erkennbare Linie hindurchziehen können.)

Den Topf vom Herd nehmen und sofort in die mit Eiswasser gefüllte Spüle stellen. Die Creme gelegentlich umrühren, damit sie schnell abkühlt, dann im Kühlschrank sehr kalt werden lassen.

Die Creme durch ein feines Sieb streichen, um Vanilleschote* und Orangenschale zu entfernen. In eine Eismaschine füllen und nach Herstellerangaben gefrieren lassen.

In der Zwischenzeit eine Schüssel auf einen Topf mit köchelndem Wasser setzen (das Wasser darf die Schüssel nicht berühren). Die Schokolade darin schmelzen, dann in einen Krug geben und auf Körpertemperatur abkühlen lassen. Sobald die Creme fast vollständig gefroren ist, den Deckel von der Eismaschine abheben. Das Gerät weiterlaufen lassen und die Schokolade langsam und gleichmäßig direkt in die Creme gießen. Die Maschine noch 20–30 Sekunden rühren lassen (dabei wird die Schokolade zu harten, kleinen Flocken). Die Eiscreme in einen Metallbehälter geben und vor dem Servieren mindestens 2 Stunden einfrieren.

***Anmerkung:** Die Vanilleschote waschen und trocknen, dann zum Aufbewahren in Zucker legen.

Buttermilchsorbet mit Lorbeer & Zitrone

Seitdem wir dieses Rezept entwickelt haben, um die Buttermilch zu verwerten, die bei der Butterherstellung (s. S. 52) anfällt, sind wir süchtig nach der dezenten Säure und feinen Süße dieser Eiscreme. Mit Lorbeer, Koriander und Zitronensaft gewürzt, ist sie der perfekte erfrischende Abschluss einer opulenten Mahlzeit. Natürlich muss die Buttermilch nicht selbst gemacht sein – das Eis ist mit gekaufter Buttermilch genauso lecker.

ERGIBT ETWA 800 ML

200 g Zucker
35 ml Glukosesirup (nach Belieben)
Zesten von ½ Bio-Zitrone
½ TL Koriandersamen, leicht angedrückt
2 große Lorbeerblätter
400 ml Buttermilch
150 g griechischer Joghurt
Saft von 2 Zitronen (etwa 60 ml)

In einem Topf den Zucker mit 250 ml Wasser verrühren. Nach Belieben den Sirup hinzufügen. Langsam erwärmen und den Topf gelegentlich schwenken, bis sich der Zucker aufgelöst hat. Zesten, Koriander und Lorbeer hinzufügen. Das Ganze kurz aufkochen und 3 Minuten köcheln lassen. Vom Herd nehmen und abkühlen, dann im Kühlschrank sehr kalt werden lassen.

Die Buttermilch mit dem Joghurt verquirlen und kalt stellen.

Den Zitronensaft unter den kalten Sirup rühren. Die Flüssigkeit durch ein feines Sieb zur kalten Buttermilchmischung gießen. Die Masse in eine Eismaschine füllen und nach Herstellerangaben gefrieren lassen. Das Sorbet in einen Kunststoffbehälter geben und vor dem Servieren mindestens 2 Stunden einfrieren.

Birnensorbet mit Prosecco, Kardamom & Limette

Birnen haben ein sehr feines Aroma und wenig Säure. Mit Kardamom, Vanille und Zimt lässt sich aus ihnen ein wunderbares herbstliches Dessert zubereiten. Greifen Sie zu perfekt gereiften Birnen mit saftig-herbem Fruchtfleisch. Ideal wäre die französische Passe-Crassane-Birne, doch falls diese schwer erhältlich ist, können Sie auch Comice- oder Williamsbirnen verwenden.

Am besten isst man dieses Sorbet gleich nach dem Gefrieren oder wenige Stunden später, denn der Prosecco verleiht ihm eine schöne, fast schaumige Konsistenz, die beim Einfrieren mit der Zeit verloren geht. Es schmeckt dann zwar immer noch gut, ist aber nicht mehr so luftig.

ERGIBT 1,25 L

250 g Zucker
375 ml Prosecco
50 ml Glukosesirup (nach Belieben)
1 Vanilleschote, Mark herausgekratzt
½ Zimtstange
14 Kardamomkapseln
1,2 kg Birnen, geschält, geviertelt und von den Kerngehäusen befreit
60 ml Limettensaft
2 TL Rosenwasser

Den Zucker mit 300 ml Prosecco und 200 ml Wasser in einen großen Topf geben. Nach Belieben den Sirup hinzufügen. Vanilleschote, Vanillemark und Zimtstange dazugeben und alles langsam erhitzen. Den Topf dabei gelegentlich schwenken, bis sich der Zucker aufgelöst hat.

In der Zwischenzeit die Kardamomkapseln in einer kleinen Pfanne ohne Fett bei schwacher Hitze anrösten, dann mit einem schweren Messer zerstoßen, um an die Samen zu kommen. Die Samen in den Sirup geben und diesen bei schwacher Hitze 5 Minuten köcheln lassen. Die Birnen hinzufügen und ohne Deckel etwa 30 Minuten pochieren, bis sie glasig und sehr weich sind.

Die Birnen in ein feines Sieb abgießen, dabei den Sirup auffangen. Vanille, Zimt und Kardamom entfernen. Die Birnen mit 200 ml Sirup sehr fein pürieren (das Püree sollte die Konsistenz von dünnflüssiger Sahne haben). Den restlichen Prosecco mit Limettensaft und Rosenwasser unter das Püree schlagen, dann abkühlen lassen. Die Masse in eine Eismaschine füllen und nach Herstellerangaben gefrieren lassen. Das Sorbet in einen Kunststoffbehälter geben und vor dem Servieren mindestens 2 Stunden einfrieren.

Negroni-Sorbet mit Blutorange & Granatapfel

Dieses eher für Erwachsene geeignete Sorbet basiert auf Gregs derzeitigem Lieblingscocktail, dem Negroni. Der enthält Campari, Wermut und Gin. Seine leicht bittere Kräuternote harmoniert großartig mit dem herben Granatapfel- und Blutorangensaft. Meist pressen wir den Saft nicht selbst, sondern verwenden hochwertigen gekauften. So können wir dieses Sorbet das ganze Jahr über genießen.

ERGIBT ETWA 900 ML

250 g Zucker
50 ml Glukosesirup (nach Belieben)
250 ml Granatapfelsaft
150 ml Blutorangensaft
20 ml Campari und 1 Schuss Campari*
2 TL Gin*
20 ml Wermut*

Den Zucker mit 250 ml Wasser in einen Topf geben. Langsam erhitzen, dabei den Topf gelegentlich schwenken, bis sich der Zucker aufgelöst hat. Die Mischung aufkochen und 1 Minute köcheln lassen. Vom Herd nehmen und leicht abkühlen lassen.

Nach Belieben den Sirup unterrühren. Säfte und Spirituosen untermischen und alles im Kühlschrank auskühlen lassen.

Die Mischung in eine Eismaschine füllen und nach Herstellerangaben gefrieren lassen. Gegen Ende der Rührzeit 1 Schuss Campari dazugeben und untermischen. Das Sorbet in einen Kunststoffbehälter geben und vor dem Servieren mindestens 2 Stunden einfrieren.

***Anmerkung:** Falls Sie nicht alle Zutaten für einen Negroni im Haus haben, verwenden Sie einfach 50 ml Campari plus den 1 Schuss Campari am Schluss.

Desserts

Im Vorderen Orient ist es nicht üblich, Desserts zu essen – eher werden Mahlzeiten mit frischem Obst beendet. Eine Ausnahme gibt es jedoch: Für Gäste oder zu ganz besonderen Anlässen werden aufwendige Tartes, Kuchen oder Eiscremes gekauft und zu Hause aufgetischt.

Wie fast überall auf der Welt sind Süßigkeiten sehr populär, allerdings isst man sie tagsüber als Snack und nicht nach dem Hauptgericht. Tatsächlich sind Süßspeisen auf Milchbasis in einigen Ländern wie der Türkei so beliebt, dass es Läden – *muhallebici* – gibt, die nichts anderes verkaufen. Die Auswahl an Milchsüßspeisen ist riesig: Einige werden mit Speisestärke, Reis oder gemahlenen Nüssen angedickt, andere hat man mit Safran oder Blütenwasser, Vanille oder Zitrusschale aromatisiert. Manche enthalten Eier, andere Sahne. In Süßspeisenläden findet man außerdem eine sehr dicke Sahne, die *kaymak* oder Ashta (S. 20) genannt wird. Oft formt man sie zu dicken Rollen – die so fest sind, dass man sie in Scheiben schneiden kann – und verwendet sie zum Füllen von Pasteten und anderem Gebäck oder reicht sie zu pochierten Früchten. Auch zum Frühstück isst man sie, mit Brot und Konfitüre oder Wabenhonig.

All dies gibt uns eine gewisse Freiheit, wenn es um das Dessertkapitel geht. Die Rezepte darin haben, entsprechend unseren Vorlieben, überwiegend Obst als Grundlage. Wir haben uns auf die Zutaten, Techniken und Geschmackskombinationen besonnen, die wir auf unseren Reisen kennengelernt haben, und sie mehr auf westliche als orientalische Weise neu interpretiert. Weitere schöne Desserts finden Sie in den Kapiteln »Eiscreme« (S. 220–231) und »Süßes Gebäck« (S. 244–253).

Zitronencreme mit Fenchel-Shortbread

Reine, unverfälschte, seidige Zitronigkeit. In England heißt diese Creme *posset* und lässt sich bis ins Mittelalter zurückverfolgen, wo sie vor dem Zubettgehen als Schlaftrunk gereicht wurde. In alten Rezepten findet man als Zutaten wenig mehr als Milch und säuerliches Bier, Likörwein oder Zitrussaft, womit man die Milch gerinnen ließ. Gerade erlebt *posset* eine Art Renaissance und ist ein herrlich erfrischender Nachtisch, auch wenn die modernen Varianten mit Sahne, Zucker und Zitronensaft deutlich üppiger sind. Man kann die Creme nach Belieben mit Kandierter Zitrusschale (S. 63) und Mandelblättchen garnieren, aber im Prinzip genügt dazu zartes Gebäck zum Eintunken wie das Fenchel-Shortbread auf Seite 259.

FÜR 4 PERSONEN

Saft und abgeriebene Schale von etwa 2½ Bio-Zitronen (120 ml)
125 g Zucker
450 g Sahne
½ TL gemahlener Ingwer (nach Belieben)
Kandierte Zitrusschale (s. S. 63) oder ein wenig Orangen- oder Rosenblütenmarmelade (nach Belieben)
Fenchel-Shortbread (s. S. 259) zum Servieren

Zitronensaft und -schale mit dem Zucker in einen kleinen Topf geben und langsam erhitzen, bis sich der Zucker aufgelöst hat. Aufkochen und vom Herd nehmen.

Die Sahne in einen weiteren Topf geben und nach Belieben den Ingwer hinzufügen. Langsam zum Kochen bringen. Unter ständigem Schlagen mit einem Schneebesen den heißen Zitronensirup dazugießen. Die Mischung 20 Sekunden köcheln lassen, dann vom Herd nehmen. Leicht abkühlen lassen. Durch ein feines Sieb in einen Krug gießen. In hübsche Gläser füllen und über Nacht kalt stellen, bis die Creme fest geworden ist.

Die Zitronencreme nach Belieben mit Zitrusschale garnieren und mit Shortbread servieren.

Baiser-»Blüten« mit Apfelgelee, Himbeeren & Vanille-Labneh

Diese bildhübschen Baisers sind viel leichter zu machen, als man denkt. Sie sind ideal für ein festliches Abendessen, weil man alle Bestandteile im Voraus zubereiten kann. Die hier angegebenen Mengen reichen für 8 Stück – wir finden, dass man sie schlecht weiter reduzieren kann. Übrig gebliebene Baisers sind luftdicht verpackt bis zu 2 Wochen haltbar.

ERGIBT 8 STÜCK

Baisers

5 Eiweiß
200 g Zucker
1 Prise Meersalz
200 g Puderzucker
2 TL Speisestärke
200 g Vanille-Labneh (s. S. 18)
300 g Himbeeren, verlesen
Rosenwasser (nach Geschmack)

Apfelgelee

2½ Blatt Gelatine
250 ml Apfelsaft

Für das Apfelgelee die Gelatine einige Minuten in kaltem Wasser einweichen, dann ausdrücken. 50 ml Saft erhitzen. Die Gelatine unterschlagen, bis sie sich aufgelöst hat. Die Mischung unter den restlichen Saft rühren. In eine kleine Schale füllen und im Kühlschrank erstarren lassen.

Den Backofen auf 120 °C (Umluft) vorheizen und zwei Backbleche mit Backpapier auslegen.

Für die Baisers die Eiweiße in die makellos saubere Schüssel einer Küchenmaschine geben. 2 EL Zucker und Salz hinzufügen. Auf niedriger Stufe schaumig schlagen. Auf höherer Stufe weiterschlagen, bis sich glatte, weiche, glänzende Spitzen bilden. Nach und nach unter ständigem Schlagen den restlichen Zucker dazusieben, bis sich feste Spitzen bilden. Puderzucker und Speisestärke dazusieben und kurz untermischen.

Die Masse in einen Spritzbeutel mit glatter Tülle (1,5 cm Ø) füllen. Auf jedes Backblech mit reichlich Abstand zueinander 4 Baiser-»Blüten« spritzen. Dafür jeweils mit 1 walnussgroßen Tupfer beginnen und diesen mit 6 weiteren Tupfern umranden. Die Spitzen der äußeren Tupfen möglichst nach innen zeigen lassen. Den mittleren Tupfer glatt streichen. (Falls Ihnen das zu kompliziert erscheint, können Sie einfach klassische Baiserschalen aufspritzen.)

Die Baisers im heißen Ofen 1½ Stunden backen, bis sie elfenbeinfarben und knusprig sind. Auf den Blechen 10 Minuten abkühlen lassen, dann vorsichtig auf Gitter heben und auskühlen lassen.

Das Gelee in kleine Würfel schneiden (sie müssen nicht gleichmäßig sein). In die Mitte jeder Baiser-»Blüte« 1 gehäuften EL Labneh geben. Mit Himbeeren und Geleewürfeln garnieren, mit etwas Rosenwasser beträufeln und sofort servieren.

Schokoladen-Muhallabieh mit Kaffee-Granita

Muhallabieh ist eines der beliebtesten libanesischen Desserts und sehr einfach zu machen. Wenn Sie jemandem erzählen, dass es aus kaum mehr als mit Speisestärke angedickter Milch besteht, werden demjenigen wohl Schauder über den Rücken laufen. Doch wir sagen: Erst probieren, dann urteilen! In libanesischen Restaurants serviert man *muhallabieh* mit einem Orangenblütensirup – und den braucht man auch, denn *muhallabieh* selbst ist nicht sehr süß. Wir beträufeln unsere Schokoladenversion gelegentlich mit Kaffeesirup, aber am liebsten mögen wir sie mit eiskalter Kaffee-Granita gekrönt.

FÜR 4 PERSONEN

Muhallabieh

60 g Zucker
30 g Speisestärke
500 ml Milch
40 g hochwertigste Bitterschokolade (70 % Kakaoanteil), gehackt
½ TL Instantkaffee
Schokobohnen zum Garnieren (nach Belieben)

Granita

4 TL Zucker
3 Kardamomkapseln, angedrückt
2½ TL Instantkaffee
1 Blatt Gelatine*

Kaffeesirup

4 TL Zucker
3 Kardamomkapseln, angedrückt
2½ TL Instantkaffee

Für die Granita den Zucker mit 250 ml Wasser in einem Topf erhitzen, bis sich der Zucker aufgelöst hat, dabei den Topf gelegentlich schwenken. Den Kardamom hinzufügen. Die Flüssigkeit aufkochen und 1–2 Minuten köcheln lassen. Vom Herd nehmen und 1 Stunde abkühlen lassen.

250 ml des Sirups in einen kleinen Topf geben und zum Köcheln bringen. Den Kaffee unterrühren, dann vom Herd nehmen.

Die Gelatine 1 Minute in kaltem Wasser einweichen. Ausdrücken und in den heißen Sirup geben. Die Mischung einige Minuten abkühlen lassen, dann unter den kalten Sirup rühren. Durch ein feines Sieb in einen stabilen Kunststoffbehälter füllen und einfrieren.

Den Kaffeesirup ebenso zubereiten (nur ohne Gelatine). Abkühlen lassen.

Für die *muhallabieh* den Zucker mit der Speisestärke in eine kleine Schüssel geben und nach und nach mit 125 ml Milch zu einer sehr glatten Paste verrühren.

Die Schokolade in einer Schüssel über einem heißen Wasserbad schmelzen (das Wasser darf die Schüssel nicht berühren).

Die restliche Milch mit 125 ml Wasser in einen großen Topf geben. Stärkepaste, Schokolade und Kaffee unterrühren. Unter ständigem Rühren aufkochen. Sobald sie aufwallt, die Mischung vom Herd nehmen und leicht abkühlen lassen. Auf hübsche Gläser verteilen (die Gläser nicht ganz füllen, damit Platz für Granita oder Kaffeesirup bleibt).

Zum Servieren mit einem Löffel oder einer Gabel Kristalle von der Granita schaben und auf die *muhallabiehs* geben oder sie mit etwas Kaffeesirup beträufeln. Die Portionen nach Belieben mit Schokobohnen garnieren und sofort servieren.

***Anmerkung:** Die Gelatine scheint in der Granita fehl am Platz zu sein, aber sie sorgt dafür, dass diese auf der Muhallabieh nicht sofort zerfließt.

Muskateller-Crème-caramel mit Orangenblütensahne & kandierten Pistazien

Manchmal kommt man um die Klassiker nicht herum – und wer mag keine Crème caramel? Über die Jahre haben wir diverse Varianten entwickelt, doch wir landen immer wieder bei diesem herrlichen, seidigen Pudding, der ein wenig nach Rosinen schmeckt. Mit den knusprigen kandierten Pistazienkernen obendrauf ist er das perfekte Dessert für einen goldenen Herbstabend. Dieses Rezept ergibt 1 große Crème caramel oder, je nach Größe der Förmchen, 6–8 kleine.

FÜR 1 SOUFFLÉFORM (1,25 L INHALT) ODER 6–8 KLEINE FÖRMCHEN

Creme
200 ml Muskatellerlikör, Muskateller oder Sauternes
50 ml halbtrockener Sherry
300 g Sahne
200 ml Milch
80 g Zucker
2 Eier
4 Eigelb
geschlagene Sahne, und 1 Schuss Orangenblütenwasser zum Servieren
getrocknete Rosenblütenblätter, fein gehackt, zum Garnieren (nach Belieben)

Karamell
120 g Zucker

Kandierte Pistazien
100 g Zucker
200 g Pistazienkerne

Für die kandierten Pistazien den Zucker mit 50 ml Wasser in einen kleinen Topf geben. Erwärmen, bis sich der Zucker aufgelöst hat, dabei den Topf gelegentlich schwenken. Bei mittlerer Hitze etwa 5 Minuten köcheln lassen, bis ein Zuckerthermometer* 110 °C anzeigt.

Die Pistazien unter den Sirup rühren. Bei schwacher Hitze etwa 2 Minuten rühren, bis der Zucker kristallisiert. Weiterrühren, bis die Pistazien gleichmäßig von Zuckerkristallen bedeckt sind. Die Mischung auf einem mit Backpapier ausgelegten Tablett verstreichen. Abkühlen lassen, dann in Stücke brechen. (Was nicht sofort gebraucht wird, kann bis zu 1 Monat eingefroren werden.)

Für den Karamell den Zucker mit 80 ml Wasser in einen kleinen Topf geben und erwärmen, bis sich der Zucker aufgelöst hat, dabei den Topf gelegentlich schwenken. Bei mittlerer Hitze köcheln lassen, bis der Karamell dunkelbraun ist. (Den köchelnden Karamell nicht rühren! Wenn sich an der Topfwand Kristalle formen, diese mit einem angefeuchteten Backpinsel auflösen.) Den fertigen Karamell in eine Souffléform gießen oder in kleine Förmchen geben und durch Schwenken verteilen (Wand und Boden der Form sollen mit Karamell bedeckt sein). 20 Minuten kalt stellen und fest werden lassen.

Den Backofen auf 140 °C (Umluft) vorheizen und die Form oder die Förmchen in ein tiefes Backblech stellen.

Für die Creme den Likör mit dem Sherry in einem kleinen Topf aufkochen. Köcheln lassen, bis die Flüssigkeit auf 80 ml reduziert ist. In eine Schüssel gießen und auskühlen lassen.

Die Sahne mit einem Schneebesen unter die Milch schlagen.

Zucker, Eier, Eigelbe und Muskateller-Reduktion in eine große Schüssel geben. Behutsam mit einem Schneebesen verrühren, aber nicht schaumig schlagen. Die Sahnemischung unterrühren. Die Flüssigkeit durch ein feines Sieb in einen Krug gießen.

Die Flüssigkeit in die Form oder die Förmchen gießen. So viel heißes Wasser in das Backblech gießen, dass die Wand der Form zur Hälfte darin steht. Die Form locker mit Alufolie abdecken. Im heißen

Ofen 1½ Stunden (kleine Portionen 60–70 Minuten) garen, bis die Creme gerade eben gestockt ist. (Sie soll weich sein und glänzen. In der Mitte darf sie noch etwas wackeln; sie stockt weiter, nachdem sie aus dem Ofen genommen wurde.) Die Form aus dem Wasserbad heben und abkühlen lassen. Anschließend abdecken und vor dem Servieren maximal 2 Tage kalt stellen.

Vor dem Servieren mit einem Messer an der Wand der Form entlangfahren. Die Crème caramel auf eine Servierplatte stürzen, mit den kandierten Pistazien und nach Belieben mit Rosenblättern garnieren und mit viel geschlagener Sahne und dem Orangenblütenwasser servieren.

***Anmerkung:** Falls Sie kein Zuckerthermometer besitzen – die richtige Temperatur ist erreicht, wenn 1 Tropfen Sirup in langem, ununterbrochenem Faden von einem Löffel läuft.

Safranmilchreis mit Gewürzaprikosen

In diesem himmlischen Dessert bilden weiche, kräftig orangefarbene Aprikosen einen wunderbar süßsauren Kontrapunkt zum zarten, safranfarbenen Reis. Bereiten Sie es zu, wenn Aprikosen im Sommer Hochsaison haben. Den Rest des Jahres über können Sie im Ofen gegarten Rhabarber verwenden oder die Portionen mit kandierten Blutorangen garnieren.

FÜR 4–6 PERSONEN

Milchreis

800 ml Milch
90 g Zucker
abgeriebene Schale von 1 Bio-Orange
1 kleine Zimtstange
½ Vanilleschote, Mark herausgekratzt
1 EL Safranwasser*
100 g Milchreis
1 Eigelb
150 g Sahne
50 g Pinienkernkrokant (s. S. 260) und essbare Blüten (nach Belieben)

Gewürzaprikosen

500 g feiner brauner Zucker
200 ml Sauternes oder ein anderer Dessertwein
16 Aprikosen, halbiert und entsteint
8 Kardamomkapseln, zerdrückt
½ Zimtstange
Saft und abgeriebene Schale von 1 Bio-Zitrone

Für den Milchreis die Milch mit Zucker, Orangenschale, Zimtstange, Vanilleschote, Vanillemark und Safranwasser in einen großen Topf mit schwerem Boden geben. Aufkochen, dann den Reis unterrühren. Unter Rühren 1 Minute kochen lassen. Bei sehr schwacher Hitze etwa 1 Stunde köcheln lassen, bis der Reis cremig ist und die Milch aufgenommen hat. (Sie müssen nicht unablässig rühren, besonders nicht in den ersten 20 Minuten. Achten Sie aber darauf, dass nichts anbrennt.) Den Topf vom Herd nehmen und den Reis einige Minuten abkühlen lassen.

Währenddessen das Eigelb mit 2–3 EL Sahne verquirlen. Mit einem Schneebesen unter den Reis rühren. Den Reis auskühlen lassen (das geht schneller, wenn man ihn in eine Schüssel gibt, die in kaltem Wasser steht). Vanilleschote und Zimtstange entfernen.

Die restliche Sahne steif schlagen und unter den Reis heben. Den Reis mit Frischhaltefolie abdecken und bis zu 2 Stunden kalt stellen.

Für die Gewürzaprikosen den Zucker mit 500 ml Wasser in einen Topf geben und erwärmen, bis sich der Zucker aufgelöst hat. Aufkochen, dann bei schwacher Hitze 5 Minuten köcheln lassen.

Den Sauternes unterrühren, dann Aprikosen, Kardamom, Zimtstange, Zitronensaft und -schale in den Topf geben. 10–15 Minuten schwach köcheln lassen, bis die Aprikosen weich sind. Die Aprikosen mit einem Schaumlöffel in eine Schüssel heben und nach dem Abkühlen häuten. Den Sirup um ein Drittel einkochen lassen, dann durch ein feines Sieb zu den Aprikosen gießen. Die Schüssel abgedeckt für mindestens 1 Stunde kalt stellen.

Wenn es besonders ansprechend aussehen soll, den Reis auf hübsche Gläser verteilen. Die Aprikosen daraufgeben und nach Belieben mit Krokant und Blüten garnieren. Ansonsten den Reis in Schalen anrichten und die Aprikosen dazu servieren. (Wir wärmen die Aprikosen manchmal auf, dann bilden sie einen schönen Kontrast zu dem kalten, cremigen Milchreis.)

***Anmerkung:** Für das Safranwasser 20 Safranfäden 30 Minuten in 1 EL kochend heißem Wasser einweichen.

Süßes Gebäck

Kann man an den Vorderen Orient denken, ohne sich dabei klebrige, in Rauten geschnittene goldbraune Baklava vorzustellen? Dieses mit Nüssen gefüllte, mit Honig oder Sirup getränkte und mit Blütenwasser aromatisierte Gebäck aus knusprigem Teig ist vermutlich die Speise, die am ehesten mit dieser Region in Verbindung gebracht wird. Man findet es überall, von der Arabischen Halbinsel über den Iran und die Levante bis hin zu den Küsten der Türkei und Griechenlands am östlichen Mittelmeer sowie in ganz Nordafrika.

Es gibt zahllose Varianten dieser honigsüßen Köstlichkeit, doch auch wenn es sie überall gibt, gilt süßes Gebäck im Allgemeinen als Luxus, der Festen oder religiösen Feiertagen vorbehalten ist. Es steht aber auch für die legendäre orientalische Gastfreundschaft und wird Besuchern mit kardamomgewürztem Kaffee gereicht – diesen bitteren Kontrapunkt benötigt man, um die intensive Süße auszugleichen!

Zwar wird überwiegend hauchzarter Filoteig verwendet, doch auch in Streifen geschnittener *kataifi* (eine Filo-Variante) sowie Mürbe- und Blätterteig, Teige aus Grieß und Hefe-Ausbackteige für Frittiertes sind verbreitet. Die Füllungen reichen von gemahlenen, mit Zimt gewürzten Mandeln, Walnüssen oder Pistazien bis hin zu dicker Sahne, Frischkäse oder püriertem Obst – Datteln und Aprikosen sind besonders beliebt.

Wir haben in dieses Kapitel einige neue Rezepte aufgenommen, die durch traditionelle Favoriten der Region inspiriert wurden. Sie können das Gebäck wie im Vorderen Orient mit einem Tässchen Kaffee genießen oder als Nachtisch servieren.

Krapfen mit Lorbeerzucker

Klassische Krapfen werden aus Hefeteig gemacht, doch wir bevorzugen Brandteig, weil die Krapfen dann lockerer und knuspriger werden. Diese Krapfen sind elegant genug, um als Dessert serviert zu werden – vielleicht mit Eiscreme oder Sorbet (S. 220–231).

Frische Lorbeerblätter verleihen dem Zucker ein überraschendes, ungewöhnliches Aroma. Sie können aber auch einige frische Rosmarinnadeln oder Lavendelblüten verwenden.

ERGIBT ETWA 24 STÜCK

Krapfen

100 g kalte Butter, gewürfelt
1 EL Zucker
180 g Mehl
3 Eier
Pflanzenöl zum Frittieren
Fruchtpüree zum Servieren (z. B. s. S. 60 und s. S. 247)

Lorbeerzucker

2 frische Lorbeerblätter
150 g Zucker

Für den Lorbeerzucker die Blätter von harten Adern befreien und fein hacken. Mit 1 EL Zucker in einem Mörser zu einer grünen, etwas feuchten Paste zerstoßen. In eine größere Schüssel geben und gleichmäßig unter den restlichen Zucker mischen (das geht am leichtesten mit einem Pürierstab). Den Lorbeerzucker bis zur Verwendung in einem Schraubdeckelglas aufbewahren.

Für die Krapfen die Butter mit Zucker und 300 ml Wasser in einen Topf geben. Langsam zum Kochen bringen, damit die Butter vollständig schmilzt. Sobald die Flüssigkeit aufwallt, das Mehl auf einmal hineinschütten und mit einem Holzkochlöffel unterrühren. Bei schwacher Hitze 3–4 Minuten schlagen, bis die Mischung glänzt und sich als Kugel von den Seiten des Topfes löst.

Den heißen Teig in die Schüssel einer Küchenmaschine geben. Auf mittlerer Stufe 1 Minute schlagen, dann auf höchster Stufe weiterschlagen. Die Eier einzeln hinzufügen und unterarbeiten. Den Teig noch 5 Minuten weiterschlagen, bis er abgekühlt ist.

Den Brandteig in einen Spritzbeutel mit glatter Tülle (1,5 cm Ø) füllen und mindestens 1 Stunde, höchstens 3 Stunden kalt stellen.

Eine Fritteuse oder einen Topf etwa 8 cm hoch mit Öl füllen und das Öl auf 170 °C* erhitzen. Die Schüssel mit dem Lorbeerzucker in Reichweite stellen.

Den Spritzbeutel über das Öl halten und den Teig langsam und gleichmäßig herausdrücken. 5-cm-Stücke abschneiden und in das Öl gleiten lassen. Die Krapfen portionsweise unter Wenden 5 Minuten frittieren, bis sie aufgegangen und rundherum gleichmäßig goldbraun sind. Einige Sekunden auf Küchenpapier abtropfen lassen, dann im Lorbeerzucker wenden.

Die Krapfen warm mit Fruchtpüree servieren oder aufschneiden und mit etwas Fruchtpüree füllen.

***Anmerkung:** Falls Sie kein Zuckerthermometer besitzen – das Öl hat die richtige Temperatur, wenn 1 Brotwürfel darin in etwa 30 Sekunden bräunt. Geschieht das schneller, ist das Öl zu heiß.

Persische Safrantarte mit Passionsfruchtcreme & Mascarpone-Mousse

Dies ist ein köstliches, beeindruckendes Dessert, das etwas Aufwand erfordert, weil seine drei Komponenten separat zubereitet werden müssen. Außerdem muss die Tarte in zwei Stadien einige Stunden gekühlt werden. Aber die Komponenten können im Voraus zubereitet werden und der Lohn für die Mühe ist eine grandiose elegante, üppige Tarte, die für mindestens 10 Personen reicht.

Wir bereiten häufig gleich die doppelte Menge Teig zu, denn er lässt sich gut einfrieren und mit vielen verschiedenen Füllungen kombinieren.

FÜR 10 PERSONEN

Teig
250 g Mehl und Mehl zum Verarbeiten
100 g Zucker
abgeriebene Schale von 1 Bio-Zitrone
180 g weiche Butter und Butter für die Form
¼ TL Meersalz
1 Eigelb
1 EL kaltes Safranwasser*

Mousse
150 g Zucker
1 Ei und 1 Eigelb
Fruchtfleisch von 3 Passionsfrüchten
1 Blatt Gelatine
100 g Sahne
180 g Mascarpone
Mark von ½ Vanilleschote
1 Schuss Orangenblütenwasser

Fruchtcreme
4 Eier
5 Passionsfrüchte
150 g Zucker
1½ Blatt Gelatine
4 TL Zitronensaft
150 g kalte Butter, klein gewürfelt

Für den Teig das Mehl mit Zucker und Zitronenschale in einem Mixer mischen. Butter und Salz hinzufügen und alles in Intervallen zu Streuseln verarbeiten. Eigelb und Safranwasser dazugeben. In Intervallen weitermixen, bis der Teig zu binden beginnt. Den Teig auf der dünn bemehlten Arbeitsfläche kurz zu einer Kugel zusammenkneten (er ist ziemlich fest und krümelig, trotzdem nicht zu lange kneten). Die Teigkugel flach drücken, in Frischhaltefolie wickeln und mindestens 1 Stunde kalt stellen oder bis zur Verwendung einfrieren.

Für die Mousse den Zucker mit 60 ml Wasser in einen kleinen Topf geben und erwärmen, bis sich der Zucker aufgelöst hat. Aufkochen und ohne Rühren 6–7 Minuten kochen, bis ein Zuckerthermometer 120 °C anzeigt.

Zeitgleich Ei und Eigelb in die Schüssel einer Küchenmaschine geben und in 6–8 Minuten hell und schaumig schlagen. Das Gerät ausschalten.

Vom Sirup 60 ml abmessen (den restlichen Sirup mit dem Passionsfrucht-Fruchtfleisch verrühren und bis zum Servieren beiseitestellen) und vorsichtig zum Eierschaum gießen, ohne dass er an die Schüsselwand oder auf den Schneebesen gerät. Auf niedrigster Stufe unterschlagen. Die Geschwindigkeit stufenweise erhöhen und die Mischung auf höchster Stufe etwa 5 Minuten schlagen, bis sie abgekühlt ist.

In der Zwischenzeit die Gelatine 1 Minute in kaltem Wasser einweichen. Ausdrücken und mit 2 EL Sahne verrühren. Die Mischung 5 Sekunden in der Mikrowelle erhitzen, dann rühren, bis sich die Gelatine aufgelöst hat.

Die restliche Sahne halbsteif schlagen.

Mit einem großen Schneebesen den Mascarpone mit Vanillemark und Gelatinemischung glatt rühren. Etwas Eierschaum hinzufügen und zum Auflockern unterschlagen. Erst den restlichen Schaum, dann die restliche Sahne und das Orangenblütenwasser unterheben. Die Mousse kalt stellen, solange der Tarteboden gebacken wird und abkühlt.

Eine rechteckige Tarteform (etwa 33 × 10 cm) mit Butter einfetten. Den gekühlten Teig auf der bemehlten Arbeitsfläche kurz kneten, bis er sich verarbeiten lässt. Zu einem etwa 3 mm dünnen Rechteck ausrollen (zügig arbeiten, damit der Teig nicht zu warm wird!). Mit dem Nudelholz in die Form heben und mit den Fingern an die Seiten und in die Ecken drücken. Sollte der Teig dabei reißen, die Lücken mit überschüssigem Teig füllen. Den Teig am Rand überstehen lassen (er schrumpft beim Backen). Die Form 30 Minuten tiefkühlen, damit der Teig sehr fest wird.

Den Backofen auf 180 °C (Umluft) vorheizen. Den gekühlten Tarteboden mit Backpapier auskleiden und es mit getrockneten Hülsenfrüchten oder Reis beschweren. Im heißen Ofen 18 Minuten blindbacken, dann Gewichte und Papier entfernen. Den Tarteboden in weiteren 5–10 Minuten goldbraun backen. Herausnehmen und für etwa 1 Stunde zum Auskühlen beiseitestellen.

Den Tarteboden etwa zur Hälfte mit der Mousse füllen, dann die Mousse glatt streichen. 2 Stunden kalt stellen.

Währenddessen für die Fruchtcreme die Eier in einer großen Schüssel verquirlen. Fruchtfleisch und Samen der Passionsfrüchte mit dem Zucker in einen Topf geben und erwärmen, bis sich der Zucker aufgelöst hat. Aufkochen, dann unter ständigem Schlagen mit einem Schneebesen zu den Eiern gießen. Die Mischung in den Topf geben und auf dem Herd einige Minuten weiterschlagen, bis sie andickt. Vom Herd nehmen.

Die Gelatine 1 Minute in kaltem Wasser einweichen. Ausdrücken, dann mit Zitronensaft und Butter zur Passionsfruchtmischung geben. Schlagen, bis die Butter vollständig geschmolzen ist. Die Creme durch ein feines Sieb streichen, um die Samen zu entfernen. Beiseitestellen und in etwa 45 Minuten auf Raumtemperatur abkühlen lassen.

Die abgekühlte Passionsfruchtcreme auf die Mascarpone-Mousse geben und glatt streichen. Die Tarte 2–3 Stunden ruhen lassen, damit die Creme erstarrt und die Schichten beim Anschneiden erhalten bleiben. Die Tarte zum Servieren mit dem Passionsfruchtsirup beträufeln.

***Anmerkung:** Für das Safranwasser 15 Safranfäden 30 Minuten in 1 EL kochend heißem Wasser einweichen. 10 Minuten tiefkühlen, bevor es zum Teig gegeben wird (es muss sehr kalt, darf aber nicht gefroren sein).

Korinthen-Sfihas mit Zimt-Ingwer-Sahne

Das hier ist eine nicht ganz ernst gemeinte Variante der berühmten pikanten Fleischtörtchen aus dem libanesischen Baalbek. Die Füllung besteht aus gewürzten Korinthen und honigsüßer Frischkäsecreme. Die Zuckerkruste auf den Rändern ist herrlich knusprig. Trotzdem sind die Törtchen nicht besonders süß. Sie passen gut zu einer Tasse Tee, sind aber so besonders, dass man sie auch – insbesondere mit der luftigen Zimt-Ingwer-Sahne – als feines Dessert servieren kann.

ERGIBT 12 STÜCK

Törtchen
500 g Butterblätterteig
Mehl zum Verarbeiten
1 Eiweiß, schaumig geschlagen
grober Zucker zum Bestreuen

Korinthenfüllung
100 g Korinthen
45 g dunkler Muscovadozucker
45 g Butter
30 ml halbtrockener Sherry
abgeriebene Schale von ½ Bio-Orange
½ TL gemahlener Zimt
frisch geriebene Muskatnuss

Frischkäsecreme
80 g Ziegenfrischkäse
1 TL flüssiger Honig
1 Schuss halbtrockener Sherry
abgeriebene Schale von ½ Bio-Orange

Zimt-Ingwer-Sahne
1 EL Honig
¼ TL gemahlener Zimt
¼ TL gemahlener Ingwer
150 g Sahne

Für die Füllung die Korinthen mit Zucker, Butter, Sherry, Orangenschale, Zimt und reichlich Muskat in einen kleinen Topf geben. Aufkochen, dann 2 Minuten köcheln lassen, damit die Korinthen in dem buttrigen Sirup weich werden. Vom Herd nehmen und abkühlen lassen.

In der Zwischenzeit für die Frischkäsecreme den Käse mit Honig, Sherry und Orangenschale glatt rühren. Die Creme 20 Minuten kalt stellen.

Währenddessen für die Zimt-Ingwer-Sahne den Honig erwärmen und die Gewürze unterrühren, dann auskühlen lassen. Die Sahne untermischen und luftig aufschlagen. Bis zur Verwendung kalt stellen.

Den Backofen auf 200 °C (Umluft) vorheizen und zwei Backbleche mit Backpapier auslegen.

Für die Törtchen den Teig auf der dünn bemehlten Arbeitsfläche zu einem etwa 45 cm großen Quadrat ausrollen. 12 Kreise (10 cm Ø) ausstechen und auf die vorbereiteten Bleche heben. In die Mitte der Kreise je 1 EL Füllung geben. Die Teigränder mit Wasser bestreichen. Die Teigecken zusammendrücken, die Teigränder leicht nach innen falten.

Die Törtchen mit Eiweiß bestreichen und großzügig mit Zucker bestreuen. Im heißen Ofen 5 Minuten backen, dann herausnehmen und in jedes Törtchen 1 kleinen Klecks Frischkäsecreme geben.

Die Törtchen weitere 5 Minuten backen, bis sie aufgegangen und goldbraun sind. Auf ein Gitter setzen und kurz abkühlen lassen. Warm oder zimmerwarm servieren. Die Korinthen-Sfihas mit der Zimt-Ingwer-Sahne oder mit Crème-fraîche-Eiscreme (S. 223) als Dessert servieren oder pur zu einer schönen Tasse Tee reichen.

Baklava-Röllchen mit Orangensirup

Diese Röllchen sind eine willkommene Abwechslung zur traditionellen, mit Nüssen gefüllten Baklava, die im gesamten Vorderen Orient und im östlichen Mittelmeerraum bekannt ist. Am besten gelingen sie mit hochwertigem hauchdünnem Filoteig. Viele der käuflichen Filoteigblätter sind zu dick, sodass die Röllchen damit nicht so fein werden.

Üblicherweise schlägt man beim Aufrollen die Längsseiten der Teigblätter nach innen. Wir meinen aber, dass dann das Teig/Füllung-Verhältnis nicht stimmt und der empfindliche Teig beim Backen reißt. Nachdem wir unterschiedliche Techniken ausprobiert haben, fanden wir heraus, dass man die meiste Luft herausbekommt (und der Teig seltener reißt), wenn man nicht die Seiten einschlägt, sondern die Enden nach dem Rollen fest zusammendrückt. Der kleine Rand wird nach dem Backen sauber abgeschnitten. Eine detaillierte Beschreibung dieser Methode finden Sie unten.

ERGIBT 8 RÖLLCHEN

Röllchen

2 große oder 3 mittelgroße Bio-Orangen
1 EL Orangenmarmelade
1 TL gemahlene Vanille
3 hochwertige Filoteigblätter
100 g geklärte Butter, zerlassen, und Butter für das Backblech
20 g ungesalzene Pistazienkerne, fein gehackt

Orangensirup

150 g Zucker
6 Kardamomkapseln, leicht angedrückt
½ Zimtstange
1 Streifen Orangenschale (etwa 5–6 cm) von 1 Bio-Orange
¼ TL Orangenblütenwasser oder 1 EL Cointreau

Für den Orangensirup den Zucker mit Kardamom, Zimtstange, Orangenschale und 100 ml Wasser in einen Topf geben. Erwärmen, bis sich der Zucker aufgelöst hat. Aufkochen, dann 5 Minuten schwach köcheln lassen. Vom Herd nehmen, das Orangenblütenwasser untermischen und abkühlen lassen.

In der Zwischenzeit für die Röllchen in einem Topf Wasser zum Kochen bringen. Die Orangen vorsichtig hineinlegen. Aus Backpapier einen passenden Kreis ausschneiden und die Orangen damit bedecken. Mit einem kleinen Teller beschweren, damit die Orangen mit Wasser bedeckt bleiben. Etwa 1 Stunde köcheln lassen, bis die Orangen sehr weich sind.

Die Orangen abgießen und abkühlen lassen. In dicke Scheiben schneiden, die Kerne entfernen. Die Scheiben in einem Mixer sehr fein pürieren (wie fein das Püree wird, hängt davon ab, wie scharf die Klingen sind).

Das Orangenpüree auf ein Geschirrtuch geben. Den Stoff vorsichtig, aber beherzt drücken, um so viel Flüssigkeit wie möglich (etwa 1 EL) aus dem Püree zu pressen. Das Püree in eine Schüssel geben, Marmelade und Vanille unterrühren. Die Mischung in einen Spritzbeutel mit glatter Tülle (1 cm Ø) füllen. Sie ist im Kühlschrank bis zu 3 Tage haltbar.

Den Backofen auf 150 °C (Umluft) vorheizen. Ein kleines bis mittelgroßes Backblech mit Butter einfetten.

1 Teigblatt auf die Arbeitsfläche legen und mit der geklärten Butter bestreichen. Die restlichen Teigblätter darauflegen, dabei jedes mit der geklärten Butter bestreichen. Den Stapel mit einem sehr scharfen Messer in 8 Rechtecke schneiden. Auf jedes Rechteck längs 1 dicken Streifen Orangenpüree spritzen. Dabei an jedem Ende mindestens 1 cm frei lassen, damit die Füllung beim Aufrollen nicht herausquillt. Die Rechtecke von den Längsseiten her vorsichtig, aber möglichst fest aufrollen (anfangs kann ein kleines Messer hilfreich sein), ohne dass Luft eingeschlossen wird. Die offene Kante mit der

geklärten Butter bestreichen und andrücken. Die Röllchen-Enden mit einem Messerrücken fest zusammendrücken.

Die Röllchen auf das Backblech legen und mit der geklärten Butter bestreichen. Im heißen Ofen 25 Minuten backen, dann die Backofentemperatur auf 160 °C (Umluft) erhöhen. Die Röllchen weitere 10 Minuten backen, bis sie knusprig und goldbraun sind.

Kurz vor Ende der Backzeit Gewürze und Orangenschale aus dem Sirup nehmen. Den Sirup aufkochen. Die Röllchen damit begießen, dann auf dem Blech abkühlen lassen. Die überstehenden Enden mit einem scharfen Messer abschneiden. Die Röllchen mit den Pistazien bestreuen und zum Tee oder als Dessert servieren. Köstlich sind sie mit Crème-fraîche-Eiscreme (S. 223), Ashta (S. 20), Joghurt oder geschlagener Sahne.

Kuchen & Kekse

Im Vorderen Orient gibt es zwar eine Reihe feiner Tartes, Törtchen und anderer Süßigkeiten, doch Kuchen und Kekse spielen im kulinarischen Repertoire eine eher untergeordnete Rolle. Bekannt sind die mit Datteln oder Nüssen gefüllten *ma'amoul*, die bei religiösen Festen zu Tausenden unter die Leute gebracht werden. *Ghraybeh* ist eine Art libanesisches Shortbread, und dann sind da noch die berühmten Mandel-Grieß-Kekse aus dem maurischen Spanien. In großen Städten, insbesondere in denen, die französisch beeinflusst waren, bekommt man mit Sahne gefüllte *gateaux*, die aber überwiegend festlichen Anlässen vorbehalten sind. Im Allgemeinen ist die Auswahl sehr viel kleiner, als wir es in westlichen Ländern gewohnt sind.

Daher haben wir uns entschlossen, anstelle von traditionellem Gebäck – die Rezepte dafür sind bereits in unseren vorherigen Büchern zu finden – auf den folgenden Seiten Kuchen und Kekse vorzustellen, die wir gerade gern machen. Alle sind orientalisch beeinflusst, wir berufen uns dabei aber auf kulinarische Freiheit. Darunter sind ein Schoko-Haselnuss-Kuchen, der auf einem köstlichen spanischen Nusskuchen basiert, ein Brombeerstreuselkuchen, der garantiert gut ankommt, und vielseitig einsetzbares Fenchel-Shortbread, das man zu Eiscreme und sahnigen Desserts servieren kann. Im letzten Rezept wird mit einem Augenzwinkern eine äußerst beliebte libanesische Süßigkeit namens »Tarbouche« nachempfunden.

Schoko-Haselnuss-Kuchen mit kandierter Grapefruit

Dieser luftig-leichte Kuchen geht auf einen unserer liebsten spanischen Nusskuchen zurück und beweist, wie gut Schokolade und Haselnüsse zusammenpassen. Die Haselnüsse werden (nicht zu fein) gemahlen und unter den Teig gehoben.

Der Kuchen lässt sich beliebig abwandeln: Ein Orangenzuckerguss ist genauso köstlich wie die Schokoladenglasur. Oder man bestäubt den Kuchen mit Puderzucker und serviert ihn mit Schlagsahne. Aber am allerbesten schmeckt er unserer Meinung nach mit Schokoglasur und kandierter Zitrusschale.

FÜR 8–10 PERSONEN

Kuchen

120 g blanchierte Haselnusskerne
120 g Mehl und Mehl für die Form
1 TL Backpulver
½ TL Meersalz
100 g weiche Butter und Butter für die Form
100 g feiner brauner Zucker
2 Eier, mit 1 Eigelb verquirlt
Mark von ½ Vanilleschote
¼ TL abgeriebene Schale von 1 Bio-Orange
4 EL Milch
20 g hochwertige Bitterschokolade (70 % Kakaoanteil), sehr fein gerieben
Kandierte Zitrusschale (s. S. 63) zum Garnieren

Schokoladenglasur

150 g hochwertige Bitterschokolade (70 % Kakaoanteil)
150 g weiche Butter, in Flöckchen

Den Backofen auf 160 °C (Umluft) vorheizen. Für den Kuchen die Nüsse auf einem Backblech verteilen und im heißen Ofen in 10–12 Minuten goldbraun rösten. Abkühlen lassen.

Die Backofentemperatur auf 180 °C (Umluft) erhöhen. Eine runde Backform (20 cm Ø) mit Butter einfetten, mit Mehl bestäuben und den Boden mit Backpapier belegen.

Das Mehl mit Backpulver, Salz und drei Vierteln der Nüsse in einen Mixer geben. Etwa 2 Minuten mixen, bis die Nüsse fein zerkleinert sind. In eine Schüssel füllen und beiseitestellen.

Die restlichen Nüsse von Hand grob hacken und beiseitestellen.

Die Butter mit dem Zucker in die Schüssel einer Küchenmaschine geben. Auf mittlerer Stufe in etwa 4–5 Minuten hell und schaumig schlagen. Die verquirlten Eier in 3 Portionen gründlich unterarbeiten, dann Vanille und Orangenschale untermischen. Zwischendurch den Teig, der an der Schüsselwand haftet, mit einem Teigschaber zurück in die Schüssel befördern.

Mehlmischung und Milch abwechselnd in 3 Portionen hinzufügen und auf niedriger Stufe untermischen. Mit dem Teigschaber Nüsse und Schokolade unter die Masse heben. Den Teig in die Form füllen und glatt streichen.

Im heißen Ofen etwa 30 Minuten backen. Zur Garprobe einen Holzspieß in den Kuchen stechen (haftet kein Teig daran, ist der Kuchen fertig). Den Kuchen in der Form auf einem Gitter 10 Minuten abkühlen lassen. Mit einem Messer am Rand der Form entlangfahren. Den Kuchen auf einen Teller stürzen. Das Backpapier entfernen, den Kuchen auskühlen lassen.

Für die Glasur die Schokolade in einer hitzebeständigen Schüssel über einem heißen Wasserbad unter gelegentlichem Rühren schmelzen (das Wasser darf die Schüssel nicht berühren). Vom Herd nehmen, die Butter dazugeben und mit einem Pürierstab untermischen (dabei keine Luft unterschlagen!). Die Glasur gleichmäßig über den Kuchen gießen und erstarren lassen, dann mit der kandierten Grapefruitschale garnieren.

Brombeerstreuselkuchen

Das Schöne an diesem köstlichen Kuchen ist, dass er alles verzeiht. Sind keine Brombeeren erhältlich, nimmt man Himbeeren oder Heidelbeeren. Ist keine saure Sahne im Haus, ersetzt man sie durch Joghurt oder sogar Crème fraîche. Das Ergebnis ist immer ein wunderbarer Kuchen mit saftigen Beeren und zimtwürzigen Streuseln. Luftdicht verpackt ist er in der Vorratskammer bis zu 3 Tage, im Kühlschrank bis zu 1 Woche haltbar.

FÜR 8–10 PERSONEN

Kuchen

180 g Mehl und Mehl für die Form
1¼ TL Backpulver
¼ TL Backnatron
¼ TL Meersalz
150 g Brombeeren oder Himbeeren (TK; nicht auftauen)
250 g saure Sahne
Mark von 1 Vanilleschote
150 g weiche Butter und Butter für die Form
200 g feiner brauner Zucker
2 Eier

Streusel

120 g Mehl
50 g Einmachzucker
80 g Muscovado- oder Rohrohrzucker
1 TL gemahlener Zimt
1 Prise Meersalz
100 g Butter, zerlassen

Für die Streusel das Mehl in einer Schüssel mit Zucker, Zimt und Salz mischen. Mit einer Gabel die zerlassene Butter unterrühren. Weiterrühren, bis gleichmäßig feuchte Streusel entstanden sind.

Den Backofen auf 180 °C (Umluft) vorheizen. Eine quadratische Backform (etwa 23 × 23 cm) mit Butter einfetten und mit Mehl bestäuben.

Für den Kuchen Mehl, Backpulver, Natron und Salz in einer Schüssel mit einem Schneebesen verrühren.

Die Beeren in 1 EL Mehlmischung wenden, bis sie gleichmäßig davon umhüllt sind. Die saure Sahne mit der Vanille glatt rühren. Beides beiseitestellen.

Butter und Zucker in die Schüssel einer Küchenmaschine geben. Auf mittlerer Stufe in etwa 4–5 Minuten hell und schaumig schlagen. Die Eier einzeln hinzufügen und untermischen (falls nötig, an der Schüsselwand haftenden Teig mit einem Teigschaber wieder in die Schüssel befördern).

Die Mehlmischung abwechselnd mit der sauren Sahne in 3 Portionen dazugeben und auf niedriger Stufe unterrühren. Sobald die Masse glatt ist, die Beeren mit dem Teigschaber unterheben. Den Teig in die vorbereitete Form füllen und glatt streichen.

Den Teig mit den Streuseln bestreuen, dabei große Streusel mit den Fingern zerkleinern. Im heißen Ofen etwa 45 Minuten backen. Zur Garprobe einen Holzspieß in den Kuchen stechen (haftet kein Teig daran, ist der Kuchen fertig). Den Kuchen in der Form auf einem Gitter auskühlen lassen.

Den Kuchen in der Form in Quadrate schneiden und mit Tee oder Kaffee oder als Dessert servieren.

Fenchel-Shortbread

Fenchelsamen machen dieses Gebäck angenehm würzig. Wir rollen den Teig immer sehr dünn aus, damit die Kekse zart und knusprig werden. Sie passen großartig zu Eiscreme und anderen cremigen Nachspeisen (z. B. zu der Zitronencreme auf Seite 234). Man kann sie aber auch einfach so zu einer Tasse Tee oder Kaffee genießen.

ERGIBT 16–20 STÜCK

125 g eiskalte Butter, gewürfelt
50 g Puderzucker
1 Messerspitze gemahlene Vanille
150 g Mehl und Mehl zum Verarbeiten
1 Prise Meersalz
abgeriebene Schale von 1 Bio-Orange
1½ TL Fenchelsamen, grob zerstoßen

Die Zutaten in einen Mixer geben und mixen, bis die Mischung zu binden beginnt (nicht zu lange verarbeiten!).

Den Teig auf die dünn bemehlte Arbeitsfläche geben und rasch zu einem flachen Rechteck zurechtdrücken. In Frischhaltefolie wickeln und mindestens 1 Stunde kalt stellen oder bis zu 1 Monat einfrieren.

Zwei Backbleche mit Backpapier auslegen. Den Teig halbieren und eine Hälfte wieder in den Kühlschrank legen. Die andere Hälfte zwischen zwei Blatt Backpapier 3 mm dünn oder noch dünner ausrollen. Die Teigplatte in beliebige Formen schneiden (z. B. in elegante längliche Dreiecke, in akkurate Rechtecke oder in Kreise). Das Shortbread vorsichtig auf eines der vorbereiteten Backbleche heben und 20 Minuten kalt stellen. Währenddessen mit dem restlichen Teig ebenso verfahren.

Den Backofen auf 160 °C (Umluft) vorheizen. Das Shortbread im heißen Ofen 10–12 Minuten backen, bis es schwach gebräunt ist. Während der letzten Minuten mehrmals kontrollieren, damit es nicht zu braun wird.

Herausnehmen und einige Minuten auf dem Blech abkühlen lassen, damit es etwas fester wird. Anschließend auf einem Gitter auskühlen lassen.

Tarbouche – libanesische Schokoküsse

Ihren Namen verdanken die im Libanon unglaublich beliebten Happen ihrer Form – *tarbouche* ist die arabische Bezeichnung für den türkischen Fez, eine traditionelle Kopfbedeckung.

Für die schaumige Füllung brauchen Sie Invertzucker und Sie sollten sich genau an das Rezept halten.

ERGIBT ETWA 12 STÜCK

Pinienkernkrokant
150 g Zucker
200 g Pinienkerne

Keksboden
200 g Ingwerkekse
100 g Butter, zerlassen

Füllung
300 g Erdbeeren, grob gehackt
1 TL Rosenwasser
300 g Zucker
250 g Invertzucker (Internethandel)
12 Blatt Gelatine, 10 Minuten in 60 ml kaltem Wasser eingeweicht und ausgedrückt

Schokoguss
250 g hochwertige Bitterschokolade (70 % Kakaoanteil)
50 g weiche Butter, in Flöckchen

essbare Blüten zum Garnieren (nach Belieben)

Zwei Backbleche mit Backpapier auslegen. Für den Krokant den Zucker mit 40 ml Wasser in einen Topf geben und erwärmen, bis sich der Zucker aufgelöst hat. Bei mittlerer bis starker Hitze 5 Minuten köcheln lassen, bis ein Zuckerthermometer* 110 °C anzeigt. Die Pinienkerne unterrühren. Sobald sie Öl freisetzen, kristallisiert der Zucker. 10–15 Minuten weiterrühren, bis sich der Zucker wieder auflöst und karamellisiert. Die Mischung auf eines der Backbleche geben, glatt streichen und abkühlen lassen. Mit einem Nudelholz grob in Stücke schlagen.

Den Backofen auf 160 °C (Umluft) vorheizen. Für den Keksboden die Kekse in einem Mixer fein zerbröseln oder in einen Gefrierbeutel geben und mit einem Nudelholz zerbröseln. Die zerlassene Butter unterrühren. Die Mischung auf dem anderen Backblech 5 mm dick ausrollen. Im heißen Ofen in 8 Minuten goldbraun backen. Abkühlen lassen und Kreise ausstechen (7 cm Ø).

Für die Füllung die Beeren mit dem Rosenwasser in einem Mixer fein pürieren. Durch ein feines Sieb streichen. Den Zucker mit 100 g Invertzucker und 70 g Erdbeerpüree in einen Topf geben und aufkochen.

Währenddessen den restlichen Invertzucker mit 70 g Erdbeerpüree und Gelatine in die Schüssel einer Küchenmaschine geben und auf mittlerer Stufe verrühren. Weiterrühren und den kochend heißen Sirup dazugießen. 5 Minuten weiterrühren, bis die Masse auf Raumtemperatur abgekühlt ist. In einen Spritzbeutel mit glatter Tülle (1,5 cm Ø) füllen, auf die Keksböden spritzen und mit angefeuchtetem Zeigefinger glätten. Zum Festwerden 2 Stunden kalt stellen.

Für den Schokoguss die Schokolade mit der Butter in einer hitzebeständigen Schüssel über einem heißen Wasserbad schmelzen (das Wasser darf die Schüssel nicht berühren). Vom Herd nehmen und kräftig durchrühren. 60 g Krokant abwiegen und unterheben. Die Tarbouches mit dem Guss überziehen und nach Belieben mit Blüten garnieren. Auf ein Gitter setzen und in 20 Minuten fest werden lassen.

***Anmerkung:** Falls Sie kein Zuckerthermometer besitzen – die richtige Temperatur ist erreicht, wenn 1 Tropfen Sirup in langem, ununterbrochenem Faden von einem Löffel läuft.

Nützliche Informationen

DIE ORIENTALISCHE VORRATSKAMMER

Frisches Gemüse und Obst stehen in dieser Rezeptsammlung zwar im Vordergrund, doch sind hier einige der Zutaten, die wir darüber hinaus meist auf Vorrat haben. Einige sind unverzichtbar, andere wurden aufgeführt, weil sie im Westen weniger bekannt sind und daher einer näheren Erklärung bedürfen.

Amardine ist getrocknete Aprikosenpaste. Man bekommt sie am ehesten in arabischen und türkischen Lebensmittelgeschäften. Wir verwenden sie meist gekocht als Ersatz für Aprikosenpüree oder auch klein geschnitten zum Garnieren.

Berberitzen (Sauerdorn, Essigbeeren) werden überwiegend in der persischen Küche verwendet. Die kleinen roten Beeren schmecken herb-süß und sind getrocknet in Gewürzläden, in Reformhäusern oder über den Internethandel erhältlich. Man nimmt sie für Reisgerichte, Füllungen und Omeletts oder macht Fruchtleder daraus.

Blüten erleben in westlichen Küchen gerade eine Renaissance. Im Orient wurden sie schon immer verschwenderisch eingesetzt, besonders in der persischen und der osmanischen Küche. Man gibt sie an Salate und verziert Speisen damit. Gemahlen werden sie Würzmischungen zugesetzt oder für Süßigkeiten und Desserts verwendet. Aus Rosen- und Orangenblüten kann man Konfitüre kochen. Auch werden sie destilliert, um Blütenwasser herzustellen (siehe unten).

Blütenwasser für kulinarische Zwecke wird aus frischen Blüten destilliert und ist für die orientalische Küche unverzichtbar. Im Westen sind Rosen- und Orangenblütenwasser am bekanntesten. Man verwendet sie zum Aromatisieren von Zuckersirup (mit dem süßes Gebäck getränkt wird), Getränkesirup, Desserts und Eiscremes. Dosieren Sie Blütenwasser sparsam, manche sind stärker als andere. Man findet Blütenwasser in türkischen, besonders aber in arabischen Lebensmittelgeschäften.

Brühe ist, wenn sie als Zutat genannt wird, immer eine leichte Gemüsebrühe (s. S. 88). Sie können auch ein Fertigprodukt verwenden, greifen Sie dann aber lieber zu einem flüssigen Produkt. Brühwürfel und gekörnte Brühe schmecken oft unangenehm stark nach getrockneten Kräutern.

Bulgur, Hartweizenschrot, gibt es in unterschiedlichen Feinheitsgraden. Er ist eine Grundzutat der orientalischen Küche und wird oft anstelle von Reis verwendet.

Couscous ist aus vielen Küchen nicht mehr wegzudenken. Achten Sie darauf, dass das Produkt, das Sie kaufen, nicht gewürzt ist.

Essige unterscheiden sich in Geschmack und Säuregrad. Wir haben immer eine Auswahl für Salate oder als Würze für Schmorgerichte oder Marinaden da. Am liebsten nehmen wir Apfelessig, gleich danach kommt ein guter Weißwein- oder Sherryessig.

Freekeh sind unreif geerntete Weizenkörner, die geröstet wurden. Dabei verbrennt die Spreu, die jungen Körner bleiben unversehrt. Meist verwendet man Freekeh für Pilaw.

Gelatine verwenden wir lieber in Blattform als gemahlen. Halten Sie sich beim Dosieren an die Packungsangabe. Vegetarier können Gelatine durch die entsprechende Menge Agar-Agar ersetzen.

Gewürze sind das A und O in der orientalischen Küche. Im Haus haben sollten Sie zumindest Kreuzkümmel-, Koriander-, Fenchel- und Kümmelsamen, Zimt (als Stange und gemahlen), Piment und Paprikapulver. Ausgefallenere Gewürze sind einzeln aufgeführt.

Granatapfelsirup *(pomegranate molasses,* nicht mit Grenadine zu verwechseln) wird aus gekochtem, konzentriertem Granatapfelsaft hergestellt. Er schmeckt intensiv süßsauer und ist in türkischen Lebensmittelgeschäften sowie über den Internethandel erhältlich. Wir geben ihn oft an Dressings, Salate oder Fleischgerichte.

Hefe ist fast immer Trockenhefe, weil sie so unkompliziert ist. Man muss sie nicht wie frische Hefe zu einer Paste verrühren und auch nicht mit warmem Wasser aktivieren, sondern gibt sie einfach zum Mehl (allerdings mit etwas Abstand zum Salz, das die Hefe abtöten kann, bevor sie ihre Wirkung zeigt).

Hülsenfrüchte wie Kichererbsen, weiße Bohnen und verschiedenfarbige Linsen gehören zu unseren wichtigsten Zutaten. Wir kaufen sie meist getrocknet zum Einweichen, aber es ist nicht schlecht, auch gute Konserven zur Hand zu haben.

Kräuter sorgen in orientalischen Gerichten für den authentischen Geschmack. Glatte Petersilie, Minze und Koriandergrün verwenden wir täglich. Weitere Favoriten sind Basilikum, Lorbeer, Thymian und Estragon.

Kurkuma gehört zur Ingwerfamilie. Das Rhizom wird getrocknet und gemahlen. Das Pulver hat einen etwas beißenden Geschmack und verleiht herzhaften Gerichten eine schöne gelbe Farbe. Oft wird Kurkuma als »Safran für Arme« angesehen – verwenden Sie sie aber auf keinen Fall als Safranersatz.

Löwenzahn hat bittere Blätter, die wir gern mit anderen Wildsalaten mischen. Im östlichen Mittelmeerraum und im Vorderen Orient gibt es zahllose, auch regionale Blattsalatsorten, aber Löwenzahn findet man zum Glück überall. Je jünger die Blätter sind, desto milder schmecken sie und desto besser passen sie in Salate. Ältere, bitterere Blätter eignen sich eher für den Kochtopf. Man findet Löwenzahn wild auf Wiesen (selbst gesammelte Blätter gut waschen), er wird aber zunehmend auch kultiviert. Diese Blätter sind länger und zarter als die der Wildpflanzen, die Farbskala reicht von dunkelgrün bis blassgelb.

Mehl gibt es mit diversen Typenbezeichnungen. Weizenmehl Type 405 eignet sich für Kuchen und süßes Gebäck, Type 550 für Brot und Brötchen. Vollkornmehl spielt in der orientalischen Küche keine wesentliche Rolle.

Nigella wird auch als Schwarzkümmel bezeichnet. Jeder, der türkisches Brot kennt, kennt Nigella: Wie im Iran werden die Samen vor dem Backen darübergestreut. Man bekommt sie in orientalischen Lebensmittelgeschäften, im Asienladen oder im Gewürzhandel.

Nüsse wie Wal- und Haselnüsse, aber auch Pinienkerne und Mandeln werden häufig verwendet. Pekannüsse sind eine schöne Abwechslung.

Öl ist überwiegend Olivenöl. Wir verwenden einfaches zum Braten sowie natives Olivenöl extra für Salate. Zum Frittieren nehmen wir auch Sonnenblumen- und Rapsöl, die man stärker erhitzen kann.

Pfeffer wird bei uns immer frisch gemahlen. Meist verwenden wir schwarzen, für einige Speisen (z. B. Mayonnaise) jedoch lieber weißen – wegen des Geschmacks, aber auch weil wir nicht möchten, dass kleine schwarze Flecke sichtbar sind.

Portulak ist eine krautige sukkulente Pflanze. Der Geschmack ist mild, fast gurkenartig. Die knackigen Blätter gibt man in vielen orientalischen Ländern an Salate. Stängel und Blätter bereichern Suppen, Eintöpfe und andere Gerichte mit gegartem Gemüse. Portulak ist in Europa, Nordamerika und Australien weitverbreitet, wird aber seltsamerweise kaum verwendet. Im Winter greifen wir auch zu Winterportulak (Postelein), der mit Portulak zwar nicht verwandt ist, aber in Salaten genauso gut schmeckt und sehr hübsch anzusehen ist.

Quinoa gehört zu unseren neuen Favoriten, auch wenn sie nicht orientalisch ist. Wir verwenden sie, wie Bulgur, für Salate und Pilaw.

Reis ist ein weiteres Grundnahrungsmittel im Vorderen Orient.

Für persisches *polo* haben wir immer langkörnigen Basmatireis im Haus. Für Süßspeisen und Risottos brauchen wir außerdem Rundkornreis.

Saaten, also Körner und Samen, sind eine gute Ergänzung für Salate und Gebäck. Wir mögen Sesamsamen sowie Sonnenblumen- und Kürbiskerne.

Safran schmeckt intensiv und leicht scharf. Safranfäden sollten vor der Verwendung immer etwas angewärmt werden, damit sich das Aroma entfaltet. Man kann sie ohne Fett anrösten (dabei dürfen sie nicht zu trocken werden) und zu feinem Pulver zerstoßen oder die Fäden in etwas heißem Wasser einweichen und mitsamt dem Wasser an die Speisen geben.

Salz verwenden wir in zwei Ausführungen: feines, rieselfähiges Meersalz zum Kochen und Salzflocken zum Würzen in letzter Minute. Es gibt zahllose Varianten. Wir nehmen am liebsten *Maldon Sea Salt* aus England, *Fleur de Sel* aus Frankreich oder australische Salzflocken.

Salzzitronen sind eine marokkanische Spezialität. Fruchtfleisch und Schale werden sowohl für pikante als auch für süße Speisen verwendet. Salzzitronen können selbst gemacht oder in orientalischen Lebensmittelgeschäften, in Feinkostgeschäften oder über den Internethandel gekauft werden.

Sauerkirschen sind im gesamten Vorderen Orient beliebt. Im Sommer isst man sie frisch und macht daraus Fruchteis, Konfitüren und Fruchtpasten. Getrocknete Sauerkirschen schmecken ein wenig nach Vanille. Sie sind in Bioläden, in Reformhäusern und über den Internethandel erhältlich. Wenn Sie es schaffen, sie nicht gleich aus der Packung zu essen, können Sie sie in Reis- oder Eintopfgerichte geben oder in mit Limettensaft aromatisiertem Zuckersirup pochieren und zu Milchreis oder Eiscreme servieren. Notfalls kann man sie durch getrocknete Süßkirschen (aber nicht durch Cocktailkirschen) ersetzen.

Sumach, eine kleine rote Beere mit säuerlichem Zitrusaroma, ist in türkischen Lebensmittelgeschäften sowie im Gewürz- und Internethandel erhältlich. Man kann sie gemahlen in Dips oder Salate geben und zum Würzen von Gegrilltem verwenden. In der Würzpaste Zatar, die zum Bestreichen von *Manoushi*-Brot verwendet wird, ist er der unverzichtbare Partner des gleichnamigen Krauts. Wie Greg so schön sagt: »Zatar ohne Sumach ist gar nichts.«

Tahin, oder Tahini, ist eine Sesampaste bzw. ein Sesammus. Man verwendet sie für Dips oder Dressings und gelegentlich mit Melassesirup vermischt als süßen Brotaufstrich.

Türkische Chiliflocken können mild und süß, aber auch sehr scharf sein. Wir bevorzugen einen mittleren Schärfegrad.

Türkische Paprikapaste ist eine konzentrierte Paste aus roten Paprikaschoten. Man bekommt sie mild oder scharf in türkischen Lebensmittelgeschäften und gut sortierten Supermärkten. Falls Sie die Paste selbst herstellen möchten, finden Sie auf S. 69 ein entsprechendes Rezept. Sie wird, ähnlich wie Tomatenmark, zum Aromatisieren von Suppen und Eintöpfen verwendet.

Weinblätter schmecken frisch am besten, sind so aber schwer zu bekommen – es sei denn, Sie bauen selbst Wein an. In Lake eingelegte oder vakuumverpackte Weinblätter sind ein akzeptabler Ersatz.

Zatar ist eines der wichtigsten Küchenkräuter des Vorderen Orients. Es handelt sich um eine Art wilden Thymian, dessen Geschmack irgendwo zwischen Oregano und Thymian liegt. In Ländern, in denen er im Überfluss wächst, verwendet man die frischen Blätter für alle möglichen Gerichte. Anderswo trifft man eher die getrocknete Variante an, die üblicherweise mit anderen Gewürzen (z. B. Sumach und Sesam) gemischt und dann mit Olivenöl zu einer Paste verrührt wird. (Diese heißt auch Zatar!)

AUS DEM KÜHLSCHRANK

Butter ist eine unserer Lieblingszutaten, besonders wenn sie selbst gemacht ist (s. S. 52).

Eier sind oft ein heikles Thema. Ob Sie sich für Freilandeier, Bio-Eier oder für Eier aus Bodenhaltung entscheiden, ist Ihnen überlassen. Wir kaufen Eier am liebsten dort, wo die Hennen so artgerecht wie möglich gehalten werden. Für die Rezepte benötigen Sie Eier der Gewichtsklasse M. Sie wiegen etwa 60 g, doch darauf kommt es, außer beim Backen, nicht besonders an.

Geklärte Butter wird für Süßigkeiten, Desserts und Gebäck verwendet oder für Gerichte, bei deren Zubereitung die festen Bestandteile der Butter verbrennen könnten. Sie ist als Butterschmalz im Handel erhältlich und kann hoch erhitzt werden. Ghee, die indische Variante, bekommt man im Bio- oder Asienladen. Doch es ist ganz einfach, Butter selbst zu klären: In einem kleinen Topf zerlassen, bis sie schäumt, dann durch ein feines Tuch (z. B. Musselin) gießen. Die festen Bestandteile entsorgen. Die geklärte Butter ist im Kühlschrank bis zu 3 Monate haltbar.

Joghurt ist in unseren jeweiligen Küchen das wohl am meisten geschätzte Lebensmittel. Wir essen ihn zu fast allem und nehmen ihn für Suppen und Schmorgerichte, Dips und Saucen. Wir verwenden zwei Sorten: griechischen Joghurt, der abgetropft ist und einen Fettgehalt von etwa 10 % hat, sowie herkömmlichen Vollmilchjoghurt, der meist etwas dünnflüssiger ist, aber auch stichfest sein kann. Fettarmen Joghurt meiden wir, weil er zu wässerig ist. Joghurt aus Ziegen- oder Schafmilch verwenden wir selten, weil Kuhmilchjoghurt einen frischeren, reineren Geschmack hat.

Käse ist im Vorderen Orient überwiegend frischer Weißkäse, der nicht schmilzt (z. B. Feta oder Halloumi). Wir mögen aber jede Art von Käse. Für unsere Rezepte verwenden wir gern Ziegenkäse und Parmesan. Diese sind für Vegetarier nicht geeignet, weil sie üblicherweise mit tierischem Lab hergestellt werden. Von fast allen Käsen gibt es aber auch Varianten, die mit mikrobiellem Lab produziert wurden. Wir stellen auch abgetropften Joghurtkäse (Labneh, s. S. 73) her, der für Vegetarier (nicht aber für Veganer) geeignet ist, weil er kein Lab enthält.

Milch ist in unseren Rezepten immer Vollmilch. Wichtig ist dies aber nur bei den Eiscreme- und Dessertrezepten.

Sahne (mindestens 30 % Fettgehalt) kann flüssig oder geschlagen an Speisen gegeben werden. Wir verwenden auch Crème fraîche (ebenfalls mindestens 30 % Fettgehalt). Sie schmeckt leicht säuerlich und gefällt uns daher gelegentlich besser als süße Sahne.

MASSE & GEWICHTE

Die Zutaten in den Rezepten werden gezählt oder gewogen, außerdem gibt es Angaben wie TL (Teelöffel), EL (Esslöffel) und Handvoll.

Bei Kräutern bevorzugen wir Angaben in Handvoll oder Esslöffel, weil Bundgrößen sehr unterschiedlich sein können und einige Mengen zu gering sind, um mit üblichen Küchenwaagen abgewogen zu werden. Im Allgemeinen ist die Exaktheit der Menge bei Kräutern aber auch nicht allzu wichtig.

Unsere grundsätzliche Empfehlung lautet, sich nicht unnötig mit dem ganz genauen Abwiegen und Abzählen von Zutaten aufzuhalten. Bei den meisten Hauptgerichten macht ein bisschen mehr oder weniger von diesem oder jenem keinen großen Unterschied. Wirklich wichtig ist exaktes Abmessen nur beim Backen und bei manchen Desserts.

BACKOFENTEMPERATUREN

Wir benutzen Backöfen mit Umluft – das scheint inzwischen üblich zu sein. Meist ist Umluft etwa 20 °C heißer als Ober-/Unterhitze. Falls Sie einen konventionellen Backofen mit Ober-/Unterhitze verwenden, müssen Sie die Temperatur also entsprechend höher einstellen.

Register

Danksagung
Unser Dank gilt all den Menschen, die geholfen haben, dieses Buch zum Leben zu erwecken, und die dafür gesorgt haben, dass die Sache trotz der logistischen Komplikationen – wir leben in verschiedenen Teilen der Welt – reibungslos lief.

Vor allem ein Dank an Laura Herring, die unvergleichliche Redaktionsleiterin. Mit Besonnenheit, Effizienz und Organisationstalent sorgte sie dafür, dass alles rechtzeitig fertig wurde. Sie managte alles – und uns – mit Charme und Gelassenheit. Auch David Eldridge möchten wir danken. Wegen seines großartigen, eleganten Layouts ist es eine Freude, dieses Buch in die Hand zu nehmen und anzuschauen.

Ein großes Dankeschön geht an Alan Benson für sein unfehlbares fotografisches Auge und an David Morgan für sein kreatives Styling. Gemeinsam ließen sie Gregs Gerichte auf dem Teller lebendig werden. Das Shooting war besonders ihretwegen lustig und anregend, aber wir danken auch Brooke Payne, Gregs früherem Küchenchef im *MoMo* Restaurant in Melbourne, für seine Qualitäten als Koch und Manager. Ohne dich hätten wir es nicht geschafft, Brooke – und Greg wurde wieder einmal klar, wie sehr er dich vermisst.

Wir danken auch Josue, Sabrina und Franco von *Natoora* und Rob Davies von *First Choice Produce* in Covent Garden. Die Hingabe, mit der sie herrlich frisches Gemüse und Obst aufspürten, ist auch ein Grund dafür, dass das Essen auf diesen Seiten so köstlich aussieht.

Wie immer, sind wir auch diesmal den Leuten bei Hardie Grant für ihre nicht nachlassende Begeisterung für unsere Ideen zu Dank verpflichtet, hauptsächlich Paul McNally, weil er als Katalysator fungierte, uns Mut machte und unterstützte – und durch London rannte, um in letzter Minute Zutaten zu besorgen.

Zum Schluss ein paar persönliche Worte: Greg dankt Paul Mitchell und den Londoner Rushbrookes dafür, dass sie ihn auf seinem Weg nach Kent beherbergt und ertragen haben. Wir beide danken George dafür, dass er so unermüdlich und enthusiastisch mit uns geschlemmt hat. Lucy dankt ihm für alles andere.

Programmleitung Paul McNally
Projektbetreuung und Lektorat Laura Herring
Gestaltung und Satz David Eldridge, Two Associates
Fotos Alan Benson
Foodstyling David Morgan
Herstellung Todd Rechner

Für die deutsche Ausgabe:
Programmleitung Monika Schlitzer
Projektbetreuung Sarah Fischer
Herstellungsleitung Dorothee Whittaker
Herstellungskoordination Katharina Dürmeier
Herstellung Kim Weghorn

Titel der englischen Originalausgabe:
New Feast

Der Originaltitel erschien 2014 bei
Hardie Grant Books Australia und Hardie Grant Books UK

Übersetzung Regine Brams
Lektorat Lara Tunnat

ISBN 978-3-8310-2835-1

Repro Splitting Image Colour Studio
Druck und Bindung
1010 Printing International Limited, China

Besuchen Sie uns im Internet
www.dorlingkindersley.de